Agnes Bührig, Alexander Budde
Schweden
Eine Nachbarschaftskunde

VESTERÅLEN

LOFOTEN

Narvik

NORWG.

FINNLAND

Kiruna

Torneälven

Gällivare

Bodø

Polarkreis

Rovaniemi

Jokkmokk

Luleälven

Luleå

Oulu

Atlantischer Ozean

Skellefälven

Umeälven

NORWEGEN

N o r r l a n d

Umeå

L
a
p
p
l
a
n
d

FINNLAND

Trondheim

Indalsälven

Angerman-
älven

Östersund

Sundsvall

Bottnischer
Meerbusen

Ljusnan

Tampere

D a l a r n a

Klarälven

Lillehammer

Mora

ÅLAND-
INSELN

Turku

HELSINKI

S v e a l a n d

OSLO

Dalälven

Uppsala

Karlstad

Mälarsee

STOCKHOLM

Finnischer Meerbusen

Örebro

Hjälmarsee

TALLINN

ESTLAND

Vänersee

Skagerak

Vättersee

Göteborg

Jönköping

Visby

G ö t a l a n d

Gotland

RIGA

Ålborg

S m å l a n d

LETTLAND

Kattegat

Karlskrona

Öland

O s t s e e

LITAUEN

KOPENHAGEN

Malmö

Klaipeda

0   50   100 km

DÄNEMARK

Agnes Bührig, Alexander Budde

Schweden

Eine Nachbarschaftskunde

Mit Fotos von Kai-Uwe Och

Ch. Links Verlag, Berlin

Die Deutsche Nationalbibliothek verzeichnet
diese Publikation in der Deutschen Nationalbibliographie;
detaillierte bibliographische Daten sind im Internet
über http://dnb.ddb.de abrufbar.

1. Auflage, April 2007
© Christoph Links Verlag – LinksDruck GmbH
Schönhauser Allee 36, 10435 Berlin, Tel.: (030) 44 02 32-0
Internet: www.linksverlag.de; mail@linksverlag.de
Lektorat: Felix Kriszun, Berlin
Umschlaggestaltung: KahaneDesign, Berlin
Karten: Klaus Linke, Leipzig
Satz und Lithos: Agentur Marina Siegemund, Berlin
Druck und Bindung: Friedrich Pustet, Regensburg

ISBN 978-3-86153-429-7

Inhalt

Anhang

Vorwort

»Schweden? Das ist ja wunderbar!«, frohlockten unsere Freunde, als wir uns im Frühjahr 2001 entschlossen, von Berlin nach Stockholm zu ziehen. Irgendwie schienen alle ihre ganz klaren Vorstellungen davon zu haben, was uns in diesem weiten Land im Norden erwarten würde. Kein Wunder: Generationen von Deutschen haben die Kinderbücher Astrid Lindgrens verschlungen und zur Musik der Popgruppe ABBA geschwoft. Da wurden Knäckebrote verputzt, Elchschilder geklaut und IKEA-Regale montiert. Eine treue Lesergemeinde folgt dem ewig grübelnden Kommissar Kurt Wallander an die Schauplätze grausiger Verbrechen im trügerisch lieblichen Schonen. Lauter prägende Erlebnisse.

Schon zu DDR-Zeiten war Schweden der mehr oder minder heimliche Traum vieler Ostdeutscher. Das neutrale Land war friedfertig und der lebende Beweis, dass eine Gesellschaft sowohl gerecht als auch frei sein kann. Auch in der alten Bundesrepublik dachten viele, die Schweden seien im Grunde die besseren Deutschen: In den Rekordjahren des deutschen Wirtschaftswunders hatten nämlich auch die einst so bitterarmen Nachbarn im Norden ihren weltweit bewunderten Sozialstaat aufgebaut.

Schweden, das ist ein Land mit unglaublich viel Platz. Von Süden bis Norden misst es mehr als 1500 Kilometer, ist maximal knapp 500 Kilometer breit. Gerade einmal neun Millionen besiedeln das fünftgrößte Flächenland Europas, das macht 20 Menschen pro Quadratkilometer – in Deutschland sind es mehr als zehnmal so viele.

Schweden, das ist eine Gesellschaft, die mit sich selbst im Reinen zu sein scheint, die uns mit ihrem Entwurf des guten Lebens überzeugt. Was wir uns zu Hause niemals gefallen ließen, erscheint uns in diesem Musterland sinnvoll und angemessen. Die Schweden mögen gnadenlos sparen, Sozialleistungen streichen und junge Leute in die Frühpension schicken – beim schwärmenden Betrachter lebt die Vorstellung vom fürsorglichen »Volksheim« weiter, Realität hin oder her.

In der Tat läuft einiges besser in Schweden: Entspannte Väter schieben ihre Sprösslinge im Kinderwagen durch den Park, und die meisten Mütter können ein Jahr nach der Geburt wieder Vollzeit arbeiten. Keine Schwedin muss der Kinder wegen auf berufliche Erfolge verzichten. Parlament und Regierung sind zur Hälfte weiblich. In Sachen Gleichberechtigung sind die Schweden ihren deutschen Nachbarn um Lichtjahre voraus!

Das Land lockt nicht nur Sozialromantiker: Als Reiseziel hat es auch allerhand Naturschönheiten zu bieten. Infolge der Urbanisierung haben die Schweden eine Menge roter Holzhütten zurückgelassen, die sich zu bezahlbaren Preisen mieten oder kaufen lassen. Millionen deutscher Urlauber sind schon dem Ruf des Nordens gefolgt, in Fleecepullover und Fjällräven-Jacken gehüllt, das Kanu auf dem Dachgepäckträger, die Angelrute im Gepäck. Inbegriff der Sehnsüchte ist die Sommersoap »Inga Lindström«, die das ZDF mit deutschen Schauspielern in echter schwedischer Naturidylle produziert. Das Strickmuster ist immer gleich: Eine attraktive Blondine zieht sich – gestresst von der Hektik der Großstadt – in die Stille der Natur zurück, begegnet dort einem gestandenen Mannsbild, und alles wird gut. In Zeiten des Umbruchs und der wirtschaftlichen Nöte träumt sich das deutsche Publikum hinweg in eine heile Welt.

Urlauber wähnen sich in Schweden oft in der Wildnis, befreit von den Zwängen der Zivilisation. Und es gibt sie tatsächlich, die eingeschneiten Dörfer, wo die Kinder im Winter auf Skiern zur Schule fahren.

Vor zwei Generationen waren die Schweden noch bitterarm. Mit reichlich Sprengstoff haben sie sich ihre widerspenstige Natur gefügig gemacht. Heute ist ihr Land so durchorganisiert, dass selbst deutsche Perfektionisten vor Neid erblassen dürften. Sogar in den endlosen Weiten Lapplands und noch auf der winzigsten Schäreninsel hat das Handy Empfang. Und fast jeder Haushalt ist online. Von der Wiege bis zur Bahre: Vater Staat hat alle Lebenslagen unter Kontrolle. Behörden werden auf Schwedisch *myndigheter* genannt, also »Mündigkeiten«, als ob die Bürger allesamt unmündige Wesen wären.

Die modernen Schweden haben sich einige altmodische Sitten bewahrt, wie den Ringeltanz um den Maibaum und die urtümliche Elchjagd. Wann immer möglich, fliehen sie aus ihren Städten, um Luft zu schnappen und in der Natur aufzugehen. *Villa, Volvo,*

Vowe – so lautet die Dreifaltigkeit schwedischer Sehnsüchte: Ein Holzhaus auf dem Lande, ein schmuckes Auto und ein vierbeiniger Gefährte. Das ist das Mindeste, was man vom Leben erwarten darf – doch Werte und Traditionen verändern sich.

Schweden gehört wie Deutschland zu den Ländern, die in den letzten Jahrzehnten überaus großzügig Flüchtlinge und Einwanderer aus allen Teilen der Erde bei sich aufgenommen haben. Das einst so homogene Land ist längst zu einer multikulturellen Gesellschaft geworden. Mehr als eine Million der rund neun Millionen Einwohner sind Einwanderer oder Kinder von Zugewanderten.

Bereits im 13. und 14. Jahrhundert kamen vor allem aus Norddeutschland Tausende Kaufleute, Handwerker und Architekten herüber. Und viele ließen sich in Schweden nieder. Praktisch jedes Königsgeschlecht der schwedischen Geschichte – mit Ausnahme der Bernadottes – hat deutsche Wurzeln. Auch der Barockkomponist Johan Helmich Roman, der als Vater der schwedischen Musik betrachtet wird, hatte deutsche Vorfahren, genauso wie der weltbekannte Symphoniker Franz Berwald, der im 19. Jahrhundert wirkte und nach dem die Konzerthalle des schwedischen Radio-Symphonie-Orchesters benannt ist. Viele schwedische Künstler lebten eine Zeitlang in Deutschland oder ließen sich dort inspirieren. Deutsch war die Sprache der Intellektuellen und der Oberschicht. Viele Schweden blieben auch während der Nazizeit »Deutschenfreunde«, einige sogar bis Stalingrad. Das Land lieferte Eisenerz und Kugellager und gewährte den Durchmarsch der Wehrmacht zu den Fronten in Norwegen und Finnland.

Für die Schweden ist ihre Kollaboration mit Nazideutschland bis heute ein Trauma und Tabuthema. Die meisten europäischen Nachbarn sind seit langem in einen tiefen und ehrlichen Versöhnungsprozess mit Deutschland eingetreten. Die Schweden aber bearbeiten noch immer ihre eigenen Schuldgefühle. In den Schulen stößt die Sprache der Dichter und Denker auf wenig Interesse. Jugendliche sprechen ein perfektes Englisch, was vor allem auf der Hinwendung zur angelsächsischen Kultur nach dem Zweiten Weltkrieg beruht. Die Simpsons, Ophrah Winfrey und andere TV-Serien in Originalsprache beherrschen die Kanäle. Gleichzeitig wurden viele der schlichtesten Klischees über die Deutschen übernommen, wie etwa ihre stets beschworene Überheblichkeit, Effizienz und Streitlust. Was auf dem »Kontinent« geschieht, interessiert nur eine Minderheit. Allerdings haben auch in Schweden viele junge Leute ihr Herz für das neue Berlin entdeckt, wo sie die Freiheiten der wilden Metropole auskosten. Während der Fußball-WM im Sommer 2006 berichteten einige Reporter schwedischer Medien gar im schwärmerischen Tonfall, es gebe ein bis dato gänzlich unbekanntes, fröhliches und weltoffenes Deutschland wiederzuentdecken.

Dass wir Fremde sind, haben uns die Schweden ohnehin nie spüren lassen. Ihre Toleranz und Offenheit erstaunt uns immer wieder. Gleichzeitig fiel es uns lange Zeit schwer, ihnen wirklich nahezukommen. Schweden haben ein Problem damit, Gefühle zu zeigen. Ihr größtes Bestreben scheint es zu sein, nicht aufzufallen und jedem Streit aus dem Weg zu gehen. Nur von den Finnen werden sie für gesprächig gehalten.

Nach sechs Jahren in Schweden glauben wir, Land und Leute etwas besser zu verstehen. Wir haben erlebt, wie die Zeit im Winter lang wird, und uns mit den Schweden ins Freie gestürzt, als das Licht zurückkehrte. In Schweden haben wir die Langsamkeit entdeckt und das konstruktive Schweigen schätzen gelernt. Von unserer Zuneigung für dieses Land wollen wir erzählen, aber auch von den Irritationen im Umgang mit seinen Bewohnern.

Von stolzen Königen und freien Bauern
Schwedische Geschichte

Die Insel Björkö liegt malerisch im Mälarsee: sanfte Hügel, grüne Wiesen, blanke Felsen. Drei Stunden dauert die Fahrt mit dem Holzdampfer aus Stockholm. An Bord sind Tagesausflügler, die den Archäologen auf der Insel ein paar Stunden lang beim Ausgraben zuschauen wollen. Im 9. Jahrhundert ging es hier lebhafter zu. Wo heute Schafe grasen, blühte um das Jahr 800 die Handelsmetropole Birka auf, günstig gelegen an den Handelsrouten der Ostsee. Hinter dicken Burgmauern residierte der Svear-König. In den Lagerhäusern am Hafen stapelten sich Felle und Handschuhe, Trockenfisch und Silberschätze aus dem Orient. In den Buchten schreinerten Bootsbauer flache und seetüchtige Segelschiffe, die bei Bedarf auch gerudert werden konnten. Das Land bestellten freie Bauern, die gelegentlich als Matrosen bei der Flotte anheuerten.

Dänische und norwegische Wikinger entdeckten zwischen 870 und 880 Island und Grönland und gingen mit Erik dem Roten um das Jahr 1000 in Nordamerika an Land. Schwedische Wikinger, die Waräger, erkundeten die Ostseeküste, siedelten in Finnland und ruderten in ihren Booten die Flüsse Newa und Wolga hinauf. Mit den mächtigen Byzantinern und der arabischen Welt gab es rege Handelsbeziehungen. Man bot warme Pelze, goldenen Bernstein und gefangene Sklaven feil und erhielt im Gegenzug allerhand Luxusgüter und kostbare Silbermünzen. Im Frühjahr gingen die Männer auf die Boote. Oft blieben die Seekrieger Monate oder gar Jahre auf See, während ihre Frauen mithilfe von Sklaven und Unfreien die Höfe versorgten.

Tausende Runensteine im ganzen Land künden von ausgedehnten Handelsfahrten und Raubzügen der Waräger. Die Heldentaten der ruhmreichen Ahnen wurden in Stein gemeißelt, aber auch Alltägliches über Erbschaften und Schenkungen. In kühnem Schwung fließen die Texte über die Steine und sind oft mit hübschen Tierdarstellungen verziert. Aus den Grabhügeln von Birka bergen die Archäologen noch heute arabische Münzen und kunstvoll gefertigten Silberschmuck. Auch auf der Insel Gotland, dem zweiten Stützpunkt des Seefahrervolkes, bringen pflügende Bauern, spielende Kinder und professionelle Schatzsucher immer wieder Kostbarkeiten ans Tageslicht. Der bislang größte Fund an Silbermünzen, Hals- und Armringen brachte stolze 41 Kilo auf die Waage.

Aus der Wikingerzeit stammen vermutlich auch Schiffssetzungen wie die *Ales stenar* an der Steilküste von Kåseberga bei Ystad. Bis zu zwei Meter hohe Granitblöcke formen den Grundriss eines an beiden Seiten spitz zulaufenden Bootes. Anhänger des Okkulten dürfen sich an der auffälligen Ausrichtung der Steine im Verhältnis zu den Gestirnen erfreuen: Die Nordwestspitze der Steinlegung zeigt nämlich genau auf die Stelle, wo am längsten Tag des Jahres die Sonne untergeht, der Achtersteven markiert den Punkt des Sonnenaufgangs zur Wintersonnenwende. Die Archäologen rätseln noch immer, wozu die größte Schiffssetzung Skandinaviens gedient haben könnte: Ob sie zum Gedenken an die auf See gebliebenen Besatzungen, zur Markierung eines Grabes oder als Kultstätte errichtet wurde, wird wohl für immer im Dunkel der Sagen und Legenden bleiben.

Etwas sicherer ist sich die Forschung über die Besiedlung des Landes durch nomadisierende Jäger und Sammler in der späten Steinzeit. Am Ende der letzten Eiszeit, vor rund 12 000 Jahren, folgten diese Pioniere den zurückweichenden Gletschern nach Norden. Aus jener Zeit stammen Hünengräber sowie zahlreiche Felsritzungen mit religiösen Motiven. Ackerbau und Viehzucht sind seit 2500 v. Chr. nachgewiesen.

Lange Zeit blieben die Nordvölker unter sich. Die Kunde von Land und Leuten war entsprechend dürftig. Vermutlich im Winter des Jahres 52 v. Chr. notiert Julius Caesar in »De Bello Gallico« seine Gedanken zum Elch: Etwas größer als eine Ziege, aber ähnlich im Aussehen, mit stumpfen Hörnern und steifen Beinen, behauptet der römische Imperator, würden sich müde Elche abends zum Schlafen an Bäume lehnen. Entsprechend kurios gestalte sich dann auch die Jagd auf die Tiere, vermutet Cäsar: Die schlauen Ureinwohner bräuchten nicht mehr zu tun, als die von den Elchen bevorzugten Schlafbäume anzusägen. »Wenn sich die Tiere nach ihrer Gewohnheit daran lehnen, bringen sie mit ihrem Gewicht die ihres Haltes beraubten Bäume zu Fall und stürzen zusammen mit ihnen um.« Da Caesar davon überzeugt war, dass Elche keine Kniegelenke besitzen und daher nicht selbständig aufstehen könnten, müssten die Jäger seiner Meinung nach die gestürzten »Riesenziegen« nur noch am nächsten Morgen einsammeln.

Viel mehr ist es nicht, was der Historiker Cornelius Tacitus im Jahr 98 über die »Insel im Nordmeer« in Erfahrung brachte. Der Römer saß nicht nur den falschen geographischen Vorstellungen seiner Zeit auf, er musste sich auch auf Klatsch und Tratsch benachbarter Germanenvölker berufen. Von der mächtigen Flotte der Suionen schwärmt er in seiner Völkerkunde »Germania« und vom Reichtum der weit gereisten Seekrieger.

Auf tatsächliche Begegnungen stützen sich hingegen arabische Quellen aus dem 10. Jahrhundert, die von den Wikingern als geldgierige Kaufleute berichten, aber auch von ihrer Schamlosigkeit und ihren schlechten Manieren. So hat Ibn Fadlan, ein Handelsreisender aus der Gesandtschaft des Kalifen Muktadir, in seiner Korrespondenz aus dem Jahr 912 wenig Schmeichelhaftes über die Geschäftspartner aus dem Norden mitzuteilen: Diese, so klagt der Araber, schnäuzten sich ungeniert die Nasen, spuckten in weitem Bogen auf die Straße und hätten allgemein ein Problem mit der Körperpflege.

Die meisten Berichte über das angeblich so blutrünstige Seefahrervolk stammen von fränkischen und angelsächsischen Missionaren, die sich lange Zeit vergeblich mühten, den Schweden neben dem christlichen Glauben auch feinere Bildung und kontinentale Lebensweise nahezubringen. Im Jahr 829 reist der junge Benediktinermönch Ansgar nach Birka, wo er im Auftrag des Svearkönigs Björn das Evangelium verkündet. Der unermüdliche Prediger in seiner hölzernen Stabkirche erreicht tatsächlich, dass sich die christlichen Gebräuche allmählich gegen die heidnischen Kulte durchsetzen. Doch die alten Mythen lebten noch lange fort: Himmelsgott Thor beherrschte bis weit ins 13. Jahrhundert hinein das Firmament. Gefallene Krieger leisteten Odin, dem Herrscher der Unterwelt, in Walhall Gesellschaft. Mächtige Asen rangen mit Riesen bis zum Untergang der Welt. Auch der Glaube an Zwerge, Elfen und Trolle blieb über die Reformation hinaus erhalten und ist vielen Schweden bis heute noch nicht ganz ausgetrieben.

Die Stammesfürsten indes erkannten früh die Möglichkeiten, die ihnen das Christentum beim Aufbau feudaler Herrschaftsstrukturen und der Ausweitung ihrer Machtbefugnisse bot. Das schwedische Königreich war im ausgehenden 10. Jahrhundert noch ein loser Verbund selbständiger Landschaften in Süd- und Mittelschweden, wo jeweils eigene Gesetze galten. Der Adel erkor aus seiner Mitte den »Würdigsten« für den Königsthron. Nach dessen Tod wiederholte sich die Prozedur. Salbung und Krönung durch die Kleriker verschafften den gewählten Königen eine gewisse Würde, die sie zur Durchsetzung ihrer Interessen gegenüber der neidischen Aristokratie bitter nötig hatten. Der Einfluss der Krone blieb aber zunächst gering, weil sich die einflussreichen Sippen blutige Kämpfe um die Thronfolge lieferten.

Erst im 13. Jahrhundert wurden die Voraussetzungen für ein stabiles Staatsgebilde geschaffen. Um ihre Zentralmacht zu stärken, hatten die Könige eine Reihe fester Burgen überall im Land bauen lassen, wie etwa Stockholm, Örebro und Kalmar, die später zu mächtigen Schlössern erweitert wurden. Zeitgleich schritt der Aufbau der kirchlichen Organisation voran. Unter dem Schutz der Krone entstanden Bistümer und Klöster mit gewaltigen Latifundien. Schon im Jahre 1164 durfte Rom den ersten Erzbischof nach Uppsala entsenden. Unterdessen tobte der Kampf um die weltliche Macht zwischen den Geschlechtern Sverkers und Eriks, die sich abwechselnd die Königskrone abjagten.

Um etwa 1200 gesteht König Magnus Ladulås all jenen Steuerfreiheit zu, die gerüstet und zu Pferde dienen. Zwar herrschen seine Verwandten bald in allen Reichen des Nordens, doch friedlich geht es selten zu. Gegen die gepanzerten Ritterheere und Berufssöldner der Nachbarn können Bauernaufgebote wenig ausrichten. König Ladulås muss sich Berufskrieger zulegen, und die fordern ähnliche Privilegien wie ihre Kollegen auf dem Kontinent. Treue Gefolgsleute erhalten Burglehen zum Lohn und pressen den Bauern Steuern ab, um die teure Rüstung zu finanzieren. In der Folge entwickelt sich auch der weltliche Adel zu einem das Reich umfassenden Stand mit ausgedehnten Besitzungen. Allerdings sind die Lehen nicht erblich, was Schweden vor den übelsten Auswüchsen der Kleinstaaterei bewahrt, unter denen man zur selben Zeit schon im Deutschen Reich zu leiden hat. König Ladulås will sein Reich in eine Erbmonarchie umwandeln, doch damit sind die »Königsmacher« des Hochadels überhaupt nicht einverstanden. Sie stellen dem Regenten einen Reichsrat zur Seite, in dem die mächtigsten Männer der Kirche und des Adels die Politik bestimmen. In den folgenden Jahrzehnten bleibt das Verhältnis angespannt. Im Streit um Steuerfragen und die Vergabe der Schlosslehen werden Revolten angezettelt und Könige gestürzt. Vielen Aristokraten im Norden fiel es schwer zu entscheiden, ob sie nun Schweden, Dänen oder Norweger waren. Verbandelt waren sie ohnehin: durch strategische Ehen und weit gestreuten Grundbesitz.

Im Jahr 1248 übernimmt Birger Jarl, Stammvater der mächtigen Folkunger-Dynastie, als Reichsverweser die Geschicke des Staates und macht sich als visionärer Gesetzgeber einen Namen. Sein Streben nach einer einheitlichen Rechtsordnung für das ganze Reich findet die Unterstützung der Kirchenfürsten. Diese können in den folgenden Jahren ihrerseits wichtige soziale Reformen durchsetzen, allen voran die Abschaffung der weitverbreiteten Sklaverei. Birger Jarl und seine Nachfolger bringen auch den Ostseehandel in Schwung. Königliche Versicherungen gegenüber den deutschen Küstenstädten bestätigen die Zollprivilegien der Hanse.

Vor allem aus Norddeutschland kamen im 13. und 14. Jahrhundert Tausende deutsche Architekten, Handwerker und Kaufleute herüber, und viele ließen sich dauerhaft in Schweden nieder. Sie bauten die Hafenstadt Stockholm auf, die Hansehochburg Visby und viele andere mauergeschützte Marktorte und Siedlungen an der Ostsee. Die Schweden schätzten ihre Gastarbeiter, denn die passten vom Aussehen und Gemüt her gut in die Landschaft, waren fleißig und murrten nicht. Auch Sprachprobleme gab es kaum, denn Schwedisch war als plattdeutsche Variante in den norddeutschen Fürstentümern des Mittelalters wohlbekannt. Unter dem Schutz der Krone konnten sich die Städte ungestört entfalten. Die Bürger mussten Steuern entrichten, durften ihre Verwaltung und Gerichtsbarkeit aber selbst organisieren. Um 1250 schloss Birger Jarl einen Vertrag mit der Hansestadt Lübeck, der den deutschen Hanseaten in Schweden großzügige Privilegien einräumte: Deutsche Kaufleute und Handwerker sollten in den Städten des Gastlandes »als Schweden gelten«. Sie durften sich in Gilden und Bruderschaften verbinden und sollten allgemein dieselben Rechte und Pflichten haben wie ihre schwedischen Mitbürger. Schon bald nahmen die Deutschen paritätisch an den Sitzungen des Stadtrats teil, und viele brachten es als Ratsherren zu Ruhm und Ehren, wovon heute noch die Wappen der einflussreichen Patrizier im Stockholmer Dom künden. Während auf dem Lande die Pest wütete und ganze Dörfer entvölkerte, blühten die Siedlungen an der Küste auf.

Reise in die Vergangenheit: Auf der Wikingerinsel Birka

Die Hanse

Gotland gehört nicht wirklich zu Schweden, behaupten die stolzen Insulaner und zählen gern auf, was sie vom Festland unterscheidet: Tatsächlich ist es vor allem die Anzahl der Runensteine und der Schafe. Und doch müssen sie alljährlich im Sommer die Invasion ihrer urlaubenden Landsleute erdulden, die dann in ganzen Heerscharen über die Insel hereinbrechen. In der kargen Landschaft mit ihren von Winden gezausten Kiefernhainen, bizarren Felsgebilden an den Küsten und uralten Steinsetzungen der Ahnen können sich Schweden nämlich wunderbar entspannen.

Die Insel ist nicht nur hübsch, sie liegt auch strategisch günstig in der Ostsee. Deutsche Gotlandfahrer verbünden sich 1161 in Visby zu einer mächtigen Gilde, die zur Keimzelle der Hanse wird. Die nächsten 200 Jahre treiben die Kaufleute einen florierenden Handel vor allem mit den deutschen Hansestädten, die sich unter der Führung Lübecks vereinigt haben. Ihre dickbauchigen Koggen pendeln zwischen Lübeck, Reval und Nowgorod. In den Packhäusern von Visby werden Teppiche und Tücher, Gläser und Krüge, Bier und Wein, Gewürze und andere Luxusgüter vom Kontinent umgeschlagen. Das Agrarland Schweden liefert Getreide, Flachs und Holz, später auch Eisenerz und Kupfer aus den Gruben.

In Visby häuften die Patrizier durch die florierenden Handelsfahrten ein beachtliches Vermögen an. Ihre Stadt schmückten sie mit dem Beinamen »Regina Maris«, Königin des Meeres. Prachtvolle Steinhäuser, mächtige Kirchenruinen und die fast vollständig erhaltene Stadtmauer zeugen noch heute vom einstigen Glanz. Einmal im Jahr, für acht Tage im August, taucht das hübsche Städtchen tief zurück ins Mittelalter. Dann bevölkern Narren, Ritter und Kaufleute die schmalen Gassen. Turniere, Umzüge, Schwerterklang und Minnesang locken die Besucher.

Das hübsche Museum in Visby erinnert an die Brandschatzung der Stadt durch Waldemar Atterdag im Jahre 1361. Der Dänenkönig hatte zuvor mit Hilfe deutscher Söldner Skåne, Blekinge und Halland erobert und vor den Mauern von Visby ein gotländisches Bauernheer hingemetzelt. Die schlauen Kaufleute bezahlten dem ungebetenen Gast ein Lösegeld und durften auch weiterhin ungestört Handel treiben. Doch die einst so mächtige Hanse hatte nicht mehr lange Freude an ihrer Niederlassung. Die Entdeckung neuer Welten in Übersee, dreiste Seeräuber sowie der Untergang der Russen im Mongolensturm trugen dazu bei, dass die Ostsee bald ein nur noch regional bedeutsames Binnenmeer war. Von diesem Niedergang hat sich Visby nie mehr erholt.

Im Jahr 1363 tragen die Reichsstände, genervt vom ewigen Streit der Folkunger, Albrecht von Mecklenburg die Krone an. Doch der Herbeigerufene besetzt die Burgen flugs mit deutschen Vögten und enttäuscht seine Schweden bitterlich. Nach einer Verbündeten gegen ihren undankbaren König braucht die schwedische Opposition nicht lange zu suchen. Dänenkönig Atterdag hat eine Tochter namens Margarete hinterlassen, die obendrein mit einem norwegischen Regenten verheiratet ist. Mit vereinten nordischen Kräften gelingt es, Albrecht und seine Königstreuen zu vertreiben. Im Juni 1397 unterzeichnen die Reichsräte von Dänemark, Schweden und Norwegen unter Federführung der dänischen Königin jenen Vertrag, der ihre Länder für eineinhalb Jahrhunderte vereinen soll. In der »Kalmarer Union« durfte laut Vertrag jedes Reich nach eigenen Sitten und Gesetzen regiert werden, gegen Eindringlinge wollte man sich gemeinsam wappnen.

Die Union umfasst auch das heutige Finnland, das nach blutigen Kreuzzügen gegen die Karelier im 12. und 13. Jahrhundert unter schwedischer Herrschaft stand, sowie Island und die Färöer, die zur norwegischen Krone gehörten. Zum ersten Mal in ihrer von Kriegen und Raubzügen geprägten Nachbarschaft keimt so etwas wie friedliche Eintracht zwischen den Völkern des Nordens auf. Doch Papier ist geduldig. Schon bald wird der Bürgerkrieg der mächtigen Adelsfraktionen untereinander und gegen die dänischen Unionskönige für neue Zwietracht sorgen.

Die heilige Birgitta

Das hübsche Städtchen Vadstena am Vättersee birgt ein Kloster, das zu Ehren der heiligen Birgitta errichtet wurde. Schon als Kind erfährt diese einzige Heilige des Nordens Offenbarungen, die von ihrer künftigen Sendung zeugen. Die Gattin des Edlen Ademar Ulf Gudmarsson stammt aus einer mächtigen Adelsfamilie, die eine stolze Ahnenreihe von Großgrundbesitzern und Politikern des Reichsrates hervorbrachte. Im Jahr 1341 pilgern die Eheleute einmal quer durch Europa zum spanischen Wallfahrtsort Santiago de Compostela. Ulf kehrt nie zurück nach Schweden: Er stirbt auf der Heimreise an Krankheit und Erschöpfung. Birgitta aber erlebt neue Visionen und fühlt sich fortan zur »Braut Christi« erwählt. Im Jahr 1349 gründet sie in Vadstena ihren Erlöserorden und beginnt ein neues Leben als Prophetin und Politikerin. Mit ihren Nonnen kümmert sich die Ordensfrau um die Mühsamen und Beladenen. Vor geistigen Würdenträgern und weltlichen Autoritäten kennt die zierliche Schwedin keine Scheu: Sie zürnt den Päpsten in Avignon und fordert diplomatische Schritte, um das Gemetzel des Hundertjährigen Krieges zwischen England und Frankreich zu beenden.

Als Papst Urban V. den »Birgitten« 1370 seinen Segen gibt, ist die Ordensgründerin bereits aus der kalten Heimat ins sonnige Italien umgezogen. Im Alter von 69 Jahren reist Birgitta nach Jerusalem und zurück nach Rom, wo sie in ihrem letzten Wohnsitz an der Piazza Farnese im Juli 1373 stirbt. Im Oktober 1391 wird sie auf Anregung der späteren Unionskönigin Margarete von Papst Bonifatius IX. heiliggesprochen. Ihre Tochter Katharina überführt die Gebeine der Mutter in die »Blaukirche«, wie die Klosterkirche von Vadstena im Volksmund wegen der im Abendlicht blau schimmernden Sandsteinfassade genannt wird. Zum 700. Geburtstag der Heiligen im Jahr 2003 pilgerten mehr als 100 000 Gläubige aus aller Welt zu ihrem Grab, um der mutigen Visionärin zu gedenken.

Solange Königin Margarete als Vormund ihres Großneffen Erich von Pommern das Sagen hat, geht alles gut. Doch ihren Nachfolger treiben eigene Machtgelüste. König Erik will die Union in einen von Kopenhagen aus regierten Einheitsstaat umwandeln. Die Verwaltung seines Reiches traut er am ehesten deutschen und dänischen Statthaltern zu, die ihm treu ergeben sind. Auch mischt sich die Krone in die Personalpolitik der Bistümer ein. Zu allem Überfluss dreht der Monarch wieder kräftig an der Steuerschraube: Von den Mecklenburgern hat er für eine hübsche Summe Gotland erworben, auch der Kampf um Holstein drückt auf die Finanzen. Von allen Schiffen, die durch den Öresund fahren, fordert die Krone Zoll, was die Hanse zu empfindlichen Sanktionen bewegt. Unter der Blockade der Häfen leidet auch der deutschstämmige Hüttenbaron Engelbrekt Engelbrektsson. In seinen Lagern in Dalarna stapeln sich die Eisenwaren bis unter die Decke. Am Mittsommerabend 1434 stürmen zornige Bauern und aufgebrachte Bergleute unter seiner Führung die Burg in Borganäs – Auftakt zu einer Erhebung der einfachen Leute, die sich wie ein Lauffeuer über das Land ausbreiten wird. In Vadstena verbünden sich der unzufriedene Klerus und die adlige Opposition mit den Revoluzzern. Die Zusammenkunft der Herren 1435 in Arboga wird in Schweden bis heute als Keimzelle des späteren Parlaments gefeiert. Was als Bauernaufstand begann, hat sich zur nationalen Bewegung ausgewachsen: Ihre Kollegen auf dem Kontinent mögen unter der Knute ausbeuterischer Landesfürsten stehen, doch Schwedens stolze Bauern bleiben ein Volk in Waffen, das in den folgenden Jahrhunderten immer größeren politischen Einfluss gewinnt.

Als Oberbefehlshaber der schwedischen Streitkräfte im Feldzug gegen die königlichen Burgen verdient sich Engelbrekt seinen Ruf als Nationalheld, bis er im Mai 1436, vermutlich von aristokratischen Neidern, gemeuchelt wird. Doch die Kämpfe von Adel, Bauern und Bürgern gegen die Unionskrone gehen weiter. Der aufständische Edelmann und spätere schwedische König Karl Knutsson schürt sehr geschickt die antidänische Stimmung und ruft zum Widerstand gegen den »Erbfeind«. Mitten im Chaos wirft sich im Mai 1470 sein Neffe, Sten Sture der Ältere, zum Reichsverweser auf. Mit einem schwach bewaffneten, aber überaus zornigen Bauernheer aus Dalarna zieht er gegen seinen dänischen Widersacher, den Oldenburger Christian I., zu Felde. Am 10. Oktober 1471 erleiden Christians sieggewohnte Söldner in der Schlacht von Bunkeberg vor den Toren Stockholms eine unerwartete und blutige Niederlage. Bis heute beschwört das Denkmal des heiligen Georg in der Stockholmer Altstadt Gamla Stan diesen Triumph der Schweden über die Fremdherrschaft: Mit finsterem Blick, das Schwert hoch erhoben, reitet der Drachentöter auf das Untier zu, das sich bereits am Boden windet.

Als Christian II. seinem Großvater im Jahre 1513 auf den dänischen Thron folgt, muss er dem schwedischen Reichsrat geloben, die alten Gesetze zu achten und von weiteren Steuerbelastungen Abstand zu nehmen. Doch Christian hat sich in den Kopf gesetzt, die alte Schmach zu sühnen. Im Januar 1520 kann er die Sture-Partei vernichtend schlagen und sieht endlich die Gelegenheit gekommen, seine schwedischen Gegner aus dem Weg zu räumen. Im November des gleichen Jahres lässt er das Stockholmer Stadtschloss verriegeln und die Festgemeinde verhaften, die sich extra herausgeputzt hatte, um mit der Krönung des Dänen auch den neuen Frieden im Reich zu besiegeln. Erzbischof Trole erhebt Anklage wegen ketzerischer Verschwörung. Daraufhin werden 82 Schweden auf dem Marktplatz hingerichtet. Ein Verbrechen, das sich als »Stockholmer Blutbad« tief in das kollektive Gedächtnis der Schweden eingebrannt hat.

Die Opposition sei vernichtet, glaubt Christian, doch der König irrt gewaltig. Ganz oben auf den königlichen Fahndungslisten steht der Name Gustav Erikssons, besser bekannt als Gustav Wasa, dessen Vater zu den Opfern zählte und der in seinem Lübecker Exil auf Rache sinnt. Der junge Adelsspross, ein Verwandter Sten Stures, kehrt in seine unruhige Heimat zurück und organisiert den Widerstand. Bis heute ranken sich vielerlei Legenden um Gustavs Abenteuer in den Befreiungskriegen. In Dalarna, Brutstätte des ersten Aufstandes gegen die Obrigkeit, hofft er, auf Gleichgesinnte zu stoßen. Doch die alten Kämpfer sind müde und lassen den Rebellen ungerührt weiterziehen. Dann aber erreicht die Kunde vom Stockholmer Blutbad die abgelegene Provinz, und ein Wutschrei der Empörung schallt durch die Täler Dalarnas. Eilig schicken die Stammesfürsten zwei ihrer besten Skiläufer los, um Gustav zurückzuholen: Dieser beachtliche Langlauf über 90 Kilometer wird bis heute beim alljährlichen Wasalauf im März von Tausenden Freizeitsportlern nachgeahmt.

Nach Gustavs Rückkehr kommt der Aufstand gut voran. Schon bald sind Christians Statthalter überrannt; mit Waffenhilfe aus Lübeck werden auch die Festungen der Dänen eingenommen. Als Gegenleistung für Schiffe, Waffen und Söldnerknechte müssen die neuen Herrscher der Hanse allerdings Zollfreiheit im Handel mit Schweden zusichern. Am 6. Juni 1523 wählt der Reichstag in Strängnäs Gustav Wasa zum König des unabhängigen Schweden. Bald darauf kann der »Gründervater der Nation« mit großem Gepränge in Stockholm einziehen. Bis heute ist der 6. Juni der schwedische Nationalfeiertag. Der »Flaggentag« erinnert zugleich an die Verabschiedung der ersten modernen Verfassung des Landes im Jahre 1809.

Der erste Wasa auf dem Thron nutzt seine Popularität, um das durchzusetzen, worum sich seine Vorgänger vergeblich bemüht hatten: In Schweden wird 1544 die Erblichkeit der Königsmacht eingeführt. Nach dem Vorbild der deutschen Fürstentümer wird auch die Verwaltung organisiert und die Macht auf den König konzentriert. Um die klammen Staatsfinanzen zu sanieren, konfisziert Gustav die Schlösser und Burgen des Klerus mit ihren gewaltigen Ländereien, die Mitte des 16. Jahrhunderts rund ein Viertel der Landesfläche ausmachen. Folgenlos verhallen die Proteste Roms gegen den »Reformator« und »Klosterräuber«. Auf einer Kirchenversammlung in der Domstadt Uppsala siegten bereits 1536 die Lutheraner, und König Gustav schwang sich anstelle des Papstes zum Oberhirten der schwedischen Nationalkirche auf.

Zwar hielten viele Bauern auf dem Lande aus alter Gewohnheit noch lange an der katholischen Lehre fest. Eine Spaltung des Landes entlang der Konfessionen hat es in Schweden anders als im Deutschen Reich aber nicht gegeben: Bis zur Entstehung der Freikirchenbewegung im 19. Jahrhundert blieb die geistliche Oberaufsicht des Staates unangefochten.

Außenpolitisch hatte Schweden seit dem Bruch der »Kalmarer Union« darauf hingearbeitet, die Vorherrschaft im Ostseeraum zu erlangen. Der Kollaps der Hanse und des Deutschen Ordens, der bislang dominanten Mächte, schuf im 16. Jahrhundert ein Vakuum, das Schweden und Dänen gleichermaßen zu füllen trachteten. Insbesondere die schwedischen Potentaten konnten mit den unklaren Grenzen ihres Königreiches im Norden und Süden nicht zufrieden sein. Überdies fühlte man sich durch den Transitzoll am Öresund am freien Handel gehindert. In den folgenden Jahrhunderten führten die Erben Gustav Wasas auf dem Königsthron zahlreiche Kriege gegen ihr Nachbarvolk.

Kleiner Bruder, großer Bruder? Anfänglich gab es keinen Zweifel, dass Dänemark der stärkere der beiden Rivalen war. Das Reich erstreckte sich von den eisigen Gestaden Grönlands, Islands und Norwegens bis hinunter nach Holstein und umfasste mit Skåne, Halland und Blekinge weite Teile Südschwedens. Dänische Lehnsherren plagten hungernde Bauern, dänische Kaufleute starteten vom Öresund aus Expeditionen in ferne Kolonien. Das politische Zentrum dieses Imperiums war Kopenhagen – schon damals eine blühende Metropole. Im Schloss Christiansborg residierten die Könige, der Bischof hatte seinen Sitz auf der anderen Seite des Sundes in der schwedischen Domstadt Lund. Erst mit dem Eingreifen Schwedens in den Dreißigjährigen Krieg wendet sich das Blatt. Schweden wird als die führende Großmacht Nordeuropas aus den Religionskriegen hervorgehen. Für Dänemark hingegen enden die nordischen Kriege im Fiasko.

Im Jahre 1611 besteigt mit dem erst siebzehnjährigen Gustav II. Adolf der berühmteste Vertreter der Wasa-Dynastie den schwedischen Thron. Gustav ist ein gebildeter König, der Deutsch und mehrere Fremdsprachen beherrscht und eine vorzügliche Ausbildung in Staatskunde genießen durfte. Seine militärischen Talente stellt er in Feldzügen gegen Russland und Polen unter Beweis, in denen er die Herrschaft über den Ostseeraum erobert. Eine Söldnerarmee kann sich das verarmte Königreich nicht leisten. Reichskanzler Axel Oxenstierna führt deshalb in enger Absprache mit dem jungen König die Wehrpflicht ein und bildet die erste vom Staat aufgestellte, bezahlte und ernährte Volksarmee. Das dynamische Duo reformiert auch das Rechtswesen, installiert mit dem *Svea Hovrätt* das oberste Tribunal des Landes und beginnt mit dem Aufbau weltlicher Gymnasien. Kreative neue Abgaben wie der Viehzoll und der Mühlenzoll spülen dringend benötigtes Geld in die Kriegskasse. Auch die moderne Finanzverwaltung nimmt in jenen Jahren ihre Anfänge: Institutionen wie den gefürchteten »Kronenvogt« der Steuerbehörde, der säumige Bürger mahnt und im schlimmsten Fall den »Kuckuck« auf die Einrichtung klebt, gibt es noch heute. Der Kriegerkönig und sein Kanzler lassen überdies ganze Wälder abholzen, um eine mächtige Flotte aufzubauen.

Die Wasa

Am 10. August 1628 liegt die »Wasa« vor dem königlichen Schloss von Stockholm am Kai. Mit 64 Kanonen, drei gewaltigen Masten und einem reich verzierten Achterkastell beeindruckt das nagelneue Flaggschiff der schwedischen Flotte. Die Jungfernfahrt soll die »Wasa« über die Ostsee führen, denn König Gustav II. Adolf führt Krieg mit Polen. Auf der Höhe der Insel Kastellholmen schießt die stolze Galeone noch ein letztes Salut. Von da an geht alles schief: Noch keine nautische Meile unterwegs, neigt sich das Schiff bei der ersten schwachen Fallbö zur Seite, Wasser strömt durch die Geschützpforten, die Ladung verrutscht. Ein paar Dutzend Seeleute müssen den nun unausweichlichen Untergang mit dem Leben bezahlen. Die Unglücksursache ist schnell ermittelt: zu viele Kanonen, die über zwei Decks verteilt werden mussten, zu wenig Raum für Ballast, der Schwerpunkt zu hoch. Der verantwortliche Konstrukteur beruft sich sehr geschickt auf die Anordnungen des unfehlbaren Monarchen und kann so seinen Hals retten. Drei Jahrhunderte hat die »Wasa« im Schlamm des Stockholmer Hafens gelegen, als sie der Seekriegshistoriker und Meeresarchäologe Anders Franzén 1956 mit Echolot und Bleisonde in 16 Metern Tiefe aufspürt. Im April 1961 wird der Schatz gehoben. Archäologen bergen im Schiffsinnern und rings um den Fundort über 14 000 Einzelteile: Silbermünzen, Rumfässer, Töpferwaren, Waffen und Seemannstruhen, über 700 Statuen und Galionslöwen. Liebevoll wird der Dreimaster restauriert, sein Rumpf aus dunkler Eiche mit Kunstwachs besprüht, um den Verfall zu stoppen. In einem 1990 eröffneten Museumsbau auf der Stockholmer Insel Djurgården lässt sich die edle Dame bewundern. Auch wenn die Schwefelsäure bedrohlich an ihr nagt – die »Wasa« ist auch heute noch der ganze Stolz der Schweden.

Gustav Adolf erhielt seinen endgültigen Platz in der Geschichte durch seine prominente Rolle im Dreißigjährigen Krieg. 1630 landet er mit seiner imposanten Streitmacht am Strand von Peenemünde und versetzt ganz Europa in Angst und Schrecken. »Bet, mein Kind, bet! – Morgen kommt der Schwed'!«, so werden kleine Kinder in den katholischen Landen beim Schlafengehen in ihre Alpträume geschickt. Und wer nicht hören will, der landet hinter »schwedischen Gardinen«. Die protestantischen Glaubensbrüder in Norddeutschland aber bejubeln die Schweden als Befreier und lernen sie später als milde Besatzer schätzen. Dabei war Gustav ganz sicherlich nicht der »Kreuzritter des Protestantismus«, als den ihn seine tüchtige Propagandaabteilung hinstellte. Vielmehr dürften ihn handfeste Machtinteressen zu seinem Eingreifen gegen die »Papisten« auf dem Kontinent bewogen haben.

Pommern ist dabei nur der Anfang: Nach dem Fall von Magdeburg beginnt Gustavs legendärer Siegeszug durch ganz Deutschland. Die entscheidende Innovation des Schwedenkönigs sind leichte, bewegliche Kanonen und flexible Musketenschützen auf den Schlachtfeldern. Bei Breitenfeld begründet er im September 1631 mit einem ersten Sieg über die kaiserlich-katholische Armee seinen Weltruhm. Am Morgen des 6. November 1632 stehen sich bei Lützen die Truppen Gustav II. Adolfs und des kaiserlichen Feldherrn Albrecht von Wallenstein gegenüber. Die Schweden und ihre Verbündeten siegen in der Schlacht, doch ihr legendärer König wird bei einem Reiterangriff in dichtem Nebel getötet. In der Leibrüstkammer im Stockholmer Stadtschloss wird der letzte Besitz des »Löwen aus Mitternacht« bis heute als nationales Heiligtum aufbewahrt. Die blutbefleckten Tücher und Hemden zählen zu den ältesten Textilien der Welt.

Seine Erbin, Kronprinzessin Christina, ist zu diesem Zeitpunkt erst sechs Jahre alt. Für sie verwaltet ein Thronrat unter Kanzler Oxenstierna das Reich, bis die leicht exzentrische Infantin selbst die Dinge in die Hand nimmt. Christina geht als Enfant terrible in die Geschichte ein, da sie die Staatseinkünfte für Luxus und die schönen Künste verschleudert, noch dazu zum Katholizismus übertritt und es überdies verabsäumt, einen Thronfolger zu gebären. Ohne Bedauern gibt sie die Herrschaft schließlich an ihren Cousin ab und vergnügt sich fortan auf Reisen. August Strindberg schrieb ein Drama über ihr bewegtes Leben, später machte Greta Garbo die kapriziöse Königin durch den Hollywoodfilm »Königin Christine« berühmt.

Mit Christina endet die Geschichte des Hauses Wasa auf dem schwedischen Thron. Es folgen Könige aus den Häusern Pfalz-Zweibrücken, Hessen-Kassel und Holstein-Gottorf. Die folgenden Jahrzehnte prägt der Kampf des Königshauses gegen die Stände, die sich schrittweise mehr und mehr Mitsprache erstreiten. Infolge des Westfälischen Friedens von 1648 waren Schweden die deutschen Kolonien in Vorpommern, die Städte Stettin und Wismar sowie die Ostseeprovinzen Livland und Ingermanland zugefallen. So gestärkt kann sich Schwedenkönig Karl X. Gustav in einem neuerlichen Feldzug gegen Dänemark wenden. Im Jahr 1658 zieht er mit seinen Truppen wagemutig über den gefrorenen Belt bis Kopenhagen. Im Siegfrieden von Roskilde erfüllt sich 1658 endlich der Wunsch nach natürlichen Grenzen am Öresund. Nachdem Schonen zum Reich gekommen war, sollten die Einheimischen schwedisiert werden. Die neuen Machthaber waren aber derart unbeliebt, dass Dänemark bei seinen Versuchen, die eingebüßten Provinzen zurückzuerobern, tatkräftige Unterstützung aus der Bevölkerung erhielt. *Snapphane* (Schnapphähne) nannte man die Freischärler, die von Sympathisanten Dänemarks zu Freiheitskämpfern hochstilisiert wurden, oft genug aber auch einfach nur Banditen waren. Schonische Buchenwälder boten ideale Verstecke für die Rebellen, die jahrelang die Landstraßen unsicher machten, plünderten und stahlen. Mit grausamen Strafen versuchten die schwedischen Truppen, den Widerstand einzudämmen: Höfe wurden niedergebrannt, ihre Bewohner vertrieben. Bis heute haben sich die stolzen Schonen ihr gesundes Misstrauen vor den Machthabern im fernen Stockholm bewahrt.

Wirtschaftlich steht der schwedische Koloss im 17. Jahrhundert auf tönernen Füßen. Das Königreich ist noch immer ein rückständiger Agrarstaat, dessen Bewohner über die wachsenden Steuerlasten und die andauernden Rekrutierungen von Soldaten klagen. Allerdings erleben die Bergwerke im 17. Jahrhundert ihre Blütezeit. Aus der Grube in Falun stammen damals rund zwei Drittel der weltweiten Kupferproduktion. Auch Gold und Silber werden gewonnen. Rund um die Metallschmieden siedeln sich Meister und Arbeiter mit ihren Familien an. Die Hüttenbarone sichern sich die Treue ihrer Untergebenen mit billigen Krediten in werkseigenen Magazinen und Kaufläden. Es entstehen gutsartige Musterhöfe mit Werksanlagen, Wohnhäusern für die Hüttenarbeiter und einer selbstversorgenden Viehwirtschaft. Bald erkannten die Schweden, dass sich mit einem Abfallprodukt der Kupfermine in Falun Holz billig und gut anstreichen ließ. Noch heute leuchten Holzhäuser im ganzen Land in *faluröd*, dem Symbol schwedischer Idylle.

Im November 1697 folgt Karl XII. seinem an Krebs gestorbenen Vater auf den Thron. Daraufhin verbünden sich Dänen, Polen und Russen zu einer mächtigen Koalition, um dem jungen und unerfahrenen Monarchen die schwedischen Eroberungen im Ostseeraum zu entreißen. Doch Karl steht dem großen Wasa-Krieger Gustav Adolf an strategischen Talenten kaum nach. In den Auseinandersetzungen mit den Königen Friedrich IV. von Dänemark und August II. von Polen sowie dem russischen Zaren Peter dem Großen kann der Schwede lange Zeit die Oberhand behalten. Karl mag sich als begnadeter Feldherr bewähren, aber er ist ein lausiger Diplomat. Gutmeinende Angebote für einen für alle Seiten akzeptablen Frieden lehnt er ab. 1718 trifft ihn im Laufgraben der Festung Fredriksten an der Grenze zum dänisch beherrschten Norwegen ein Schuss in die Schläfe. Knapp 300 Jahre später wird schwedischen Forensikern ein zu einer Gewehrkugel umfunktionierter Knopf der Uniform des legendären Königs in die Hände fallen, den sie für das tödliche Geschoss halten. Die Vermutung, der Herrscher könnte von den eigenen Leuten aus dem Weg geräumt worden sein, erhält damit neue Nahrung. Das hält schwedische Nationalisten und Neonazis allerdings bis heute nicht davon ab, alljährlich am 30. November, dem Todestag ihres Helden, pompöse Fackelzüge zu den Denkmälern des Kriegerkönigs zu veranstalten.

Dabei war es nach Karls Tod in Fredriksten alsbald mit dem Glanz vorbei. Am Ende des Großen Nordischen Krieges hatte das schwedische Königreich sämtliche Besitzungen außerhalb des Mutterlandes verloren. Diesen Niedergang nutzten die Stände: Im Mai 1720 setzten sie eine neue Verfassung durch, die die Alleinherrschaft des Königs abschaffte und die politische Macht auf Regierungsbehörden und Staatsbeamte unter Aufsicht des Reichstages übertrug.

Großmacht Schweden in Nordeuropa: Schwedische Herrschafts-gebiete im Zeitraum zwischen 1658 und 1721

Carl von Linné

Die Gründung der Königlich Schwedischen Akademie der Wissenschaften (Kungliga Vetenskapsakademien) im Jahre 1739 gilt als Geburtsstunde der schwedischen Naturwissenschaft. Ihr erster Präsident war der Botaniker, Naturhistoriker und Arzt Carl von Linné. Weltruhm erlangte der am 23. Mai 1707 im småländischen Råshult geborene Sohn eines Pfarrers durch seine Abhandlung »Systema Naturae«, mit der er die Grundlage der modernen biologischen Systematik schuf: Linné entwarf eine hierarchische Gliederung der Organismen, die später den Evolutionstheoretiker Darwin inspirierte, und führte eine binäre Nomenklatur zur wissenschaftlichen Einteilung und Bezeichnung der Arten ein. Dabei ordnete der Schwede den Menschen erstmals zu den Primaten ins Tierreich ein – und taufte ihn »Homo sapiens«.

Eine erste Expedition im Auftrag der Regierung führte Linné 1732 nach Lappland, wo er Land und Leute beschreiben und »Naturrätsel« lösen soll. Spätere Reisen durch die Provinzen Värmland und Dalarna, Västergötland und Skåne sowie Öland und Gotland dienten dem Zweck, geeignete Pflanzen für die Heilkunde aufzuspüren. Der »König der Blumen« sammelte jedes Gewächs, das ihm unter die Finger kam, und hielt seine Beobachtungen in Tagebüchern fest. Im Jahr 1758 erwarb er in der Nähe des Dorfes Danmark südöstlich von Uppsala einen Hof, in dem er die im Laufe eines langen Forscherlebens angehäuften Herbarienbögen, Insekten und Steine unterbringen konnte. Nach seinem Tod im Jahre 1778 verkauften seine Hinterbliebenen die beeindruckende Sammlung für viel Geld an die heutige Linnéan Society of London.

Am 19. August 1772 beendet Gustav III. durch die Verhaftung des Reichsrates die fast 50 Jahre währende »Freiheitszeit«, in der sich die Anfänge des Parteiwesens herausgebildet hatten und der Monarch zum bloßen Repräsentanten degradiert worden war. Gustav erhebt sich zum absolutistischen Herrscher, verwirklicht aber auch Reformen im Sinne der Bauern und des Bürgertums und beschneidet wichtige Adelsprivilegien. Aufgeschreckt von Berichten über die amerikanische Unabhängigkeitsbewegung, lebt der Monarch in ständiger Furcht vor einem Umsturz. Mit seinem »Staatsstreich von oben« und der weitgehenden politischen Gleichstellung aller Stände will er einer Zuspitzung der revolutionären Lage vorbeugen.

Seine Mutter Luise Ulrike von Preußen ist als Schwester Friedrichs des Großen an ein reges Kulturleben gewöhnt. Auch Gustav faszinieren die schönen Künste, und er fördert das Geistesleben wie keiner seiner Vorgänger. In seiner Regentschaft entstehen die Musikakademie (1771) und das Nationaltheater *Dramaten* (1787). Im Jahr 1772 befiehlt Gustav den Bau der Königlichen Oper, für die er namhafte Komponisten aus dem Ausland wie Joseph Martin Kraus und Johann Gottlieb Naumann verpflichtet. In den Schlössern Drottningholm und Gripsholm vor den Toren Stockholms lässt er Barocktheater einrichten, die heute noch originalgetreu erhalten sind. Ausgefallen ist die Bühnentechnik: Mit purzelnden Steinen und summenden Drehtrommeln lassen sich Wind und Wetter simulieren. Der König ist nicht nur ein dankbarer Stammgast, er wirkt auch selbst auf der Bühne mit – als Schauspieler, Bühnenbildner und Regisseur.

Nach französischem Vorbild ruft er 1786 auch die Schwedische Akademie ins Leben, die sich seither für die Pflege der schwedischen Sprache einsetzt. Ihr erlauchter Kreis aus 18 auf Lebenszeit gewählten Honoren entscheidet heute auch darüber, wer mit dem Nobelpreis für Literatur ausgezeichnet wird. Bevor er die Pläne zu einem monumentalen Palast realisieren kann, begegnet Gustav auf einem Maskenball 1792 seinem Mörder. Das tragische Ende des Künstlerkönigs und die finstere Verschwörung seiner Feinde aus dem Hochadel animierten Giuseppe Verdi später zu seinem Melodram »Ein Maskenball«.

In den Napoleonischen Kriegen läuft es nicht gut für seinen Sohn und Nachfolger Gustav IV. Adolf. Der tief religiöse König stürzt sich in einen aussichtslosen Kampf mit dem machtlüsternen Franzosenkaiser, in dem er die Ausgeburt des Bösen sieht. Unterdessen brechen die Truppen des Zaren im Norden über die Finnen herein. »Das schwedische Staatsschiff schlingert auf offener See«, klagt Gustavs Haudegen General Carl von Döbeln nach der Niederlage gegen die Russen im Oktober 1809. Wieder einmal müssen die Landkarten neu gezeichnet werden. Diesmal geht es auch dem glücklosen König an den Kragen: Am 13. März 1809 wird Gustav vom Thron gestürzt und in den Kerker von Gripsholm geworfen.

Im gleichen Jahr tritt eine Verfassung in Kraft, die die Macht weitgehend paritätisch zwischen Reichstag und König aufteilt, wobei Letzterer unangefochtenes Staatsoberhaupt bleibt. Doch Karl XIII., Onkel des gestürzten Gustav, bereitet seinen Schweden bald schon neue Sorgen. Der Holsteiner war kinderlos geblieben, was die Suche nach einem Thronfolger schwierig macht. Daraufhin greift das pragmatische Volk zu einer bewährten Methode: Es hält Ausschau nach einem würdigen Anwärter, dem man den schwedischen Thron anbieten kann. Die Wahl fällt schließlich auf Jean-Baptiste Bernadotte, einen Marschall Napoleons, der sich in dessen Kriegen als talentierter Heerführer hervorgetan hatte. Das Parlament wählt ihn 1809 zum Kronprinzen Karls XIII., dessen Nachfolge er 1818 antritt. Als Krieger hatten sie ihn gerufen, doch Napoleons General sollte nur noch ein einziges Mal – in der Völkerschlacht bei Leipzig 1813 – ein schwedisches Heer befehligen. Seitdem war das Königreich an keinem einzigen Krieg mehr beteiligt. Die Erinnerung an die blutige Frühgeschichte ist heute längst verblasst.

Tief sitzt das nationale Trauma, doch die Katastrophe von 1809 wird zu einem überaus glücklichen Wendepunkt der schwedischen Geschichte: Eine neue Dynastie aufgeklärter Monarchen beschert den Schweden dauerhaften Frieden und ebnet den Weg auf ihrem langen Marsch zur Demokratie. In der Außenpolitik beweist der erste Bernadotte auf dem schwedischen Thron ein glückliches Händchen: Im Traktat von Petersburg wird Norwegen im April 1812 den Schweden zugeschlagen. Die billigen im Gegenzug den Raub Finnlands durch den Zarenstaat. Im Januar 1814 treten die Dänen ihr norwegisches Mündel an den Nachbarn ab. Kopenhagen wird mit den schwedischen Besitzungen in Pommern abgefunden. Norwegens Parlament, das *Storting*, behält die Steuergewalt und darf eigene Staatsräte nach Stockholm entsenden. Die Außenpolitik der Union aber wird in Stockholm formuliert, und Schwedens König führt den Oberbefehl über die norwegischen Streitkräfte.

In Stockholm drängt derweil die liberale Opposition auf das politische Parkett. 1830 wird mit dem noch heute erscheinenden *Aftonbladet* die erste regierungskritische Zeitung gegründet. Die Liberalen fordern politische Mitspracherechte und die Änderung des seit dem Mittelalter geltenden Wahlrechts. Zu ihnen gehören vor allem Kaufleute und Hüttenunternehmer, die sich für den freien Handel einsetzen, aber auch vermögende Bauern. Einen einflussreichen Fürsprecher finden sie in Erik Gustaf Gejer, Philosoph und Historiker an der Universität von Uppsala. Als Staatsrechtler unterrichtet er Prinzen und verkehrt in den besten Kreisen, doch die Französische Revolution hinterlässt einen bleibenden Eindruck bei dem Gelehrten. Bis heute lernen kleine Schweden in der Schule sein Gedicht vom *Odalbonden* auswendig. In dieser Hymne auf die Freiheit beschwört Gejer die »uralten demokratischen Traditionen« seines Volkes: den gemeinsamen Ratschluss freier Männer auf dem Thing, den tapferen Einsatz wehrhafter Bauern für König und Vaterland. Daran mögen sich die Schweden erinnern, empfiehlt der Dichter – und ihren dekadenten, aus dem Ausland importierten Adel zum Teufel jagen!

Was die Schwedenkönige bereits in den vierziger Jahren des 19. Jahrhunderts zu ersten zaghaften Reformen bewegte, waren jedoch weniger die romantischen Freiheitsideale des Gelehrten als vielmehr die Sorge vor einer revolutionären Zuspitzung der sozialen Konflikte wie in Frankreich und Deutschland. Minister waren fortan nicht mehr nur als Berater des Königs tätig, sie mussten sich auch vor dem Reichstag und der jeweiligen Regierung verantworten. Nach Jean-Baptistes Tod hob sein Sohn und Nachfolger 1847 die Zensur kritischer Zeitungen auf. König Oscar I. verstand sich selbst als aufgeklärten Reformer. Mit der Einführung der Gewerbefreiheit im Jahre 1846 erfüllte der Monarch eines der Hauptanliegen der bürgerlichen Opposition.

Auch die heute als vorbildlich geltende schwedische Familien- und Gleichstellungspolitik nahm in dieser Reformperiode ihren Anfang: 1842 wurde die allgemeine Schulpflicht eingeführt, 1845 das gleiche Erbrecht für Söhne und Töchter. Alleinstehende Frauen mussten sich nicht länger von einem gesetzlichen Vormund gängeln lassen.

Karl XV. kam 1859 auf den Thron und setzte den Reformkurs seines Vaters und Großvaters fort. In seiner Regentschaft fielen die letzten gesetzlichen Einschränkungen des Freihandels. Inzwischen hatte sich der Konflikt mit den Bauern und der aufstrebenden urbanen Mittelklasse zugespitzt: Ungeachtet ihrer mitunter widersprüchlichen Interessen forderten Bauernpolitiker und breite Kreise der bürgerlichen Gesellschaft in Petitionen an die Krone die Neuordnung der politischen Machtverhältnisse. Mit der Ausarbeitung der längst überfälligen Verfassungsreform beauftragte Karl seinen engsten Vertrauten, den jungen Justizminister Louis De Geer. Diesem gewieften Taktiker, der aus einer einflussreichen Industriellenfamilie mit Wurzeln in Belgien stammte, gelang 1865 mit seinem Entwurf für einen Zwei-Kammer-Reichstag eine kleine Revolution, die auf die Selbstauflösung der vier Stände (Bauern, Bürgertum, Klerus und Adel) hinauslief. Als das adlige Oberhaus ein Jahr später der Reform und damit zugleich auch der Abschaffung aller Adelsprivilegien und Sonderrechte zustimmte, war die Schlacht geschlagen. Louis De Geer war damals nicht in Sektlaune, weil sich im Streit die meisten seiner adligen Freunde von ihm abwandten. Sein neuer Reichstag aber prägte für ein gutes Jahrhundert das politische Leben in Schweden. Nach 1866 formte sich in Schweden eine moderne Verwaltungsbürokratie, die den Idealen des deutschen Soziologen Max Weber recht nahe kam. Eine unparteiische Beamtenklasse, die ihre Entscheidungen vor allem auf die praktische Vernunft im Sinne des Gemeinwohls gründete, übernahm die Geschicke des Staates. Für die Reformer in der Regierung wurde die Lage mit den Umwälzungen von 1866 nicht einfacher: Während die Repräsentanten des alten Adels in ihrer Kammer der einstigen Glorie nachtrauerten, nötigten die ehrgeizigen Berufspolitiker des direkt gewählten Unterhauses dem Staat einen strikten Sparkurs auf.

Wirtschaftlich steckt Schweden Anfang des 19. Jahrhunderts in einer tiefen Krise. Noch immer leidet das Agrarland unter den Folgen der Napoleonischen Kriege, die den Handel beinahe vollständig zum Erliegen brachten. Gleichzeitig war die Bevölkerungszahl sprunghaft angestiegen, weil die Mediziner endlich geeignete Impfstoffe gegen Pocken, Cholera, Tuberkulose und Polio einsetzten. Diesen Seuchen waren vor allem Neugeborene und Kinder zum Opfer gefallen. Auf den Äckern werden Kartoffeln angebaut, was die übelste Hungersnot beseitigt. Und doch herrscht unter den Schweden die pure Armut: Als Folge der Urbanisierung wächst die Gruppe der Landlosen und Tagelöhner. Wanderarbeiter sind oft monatelang unterwegs, um sich als Baumfäller oder Flößer zu verdingen. Im Kampf um das tägliche Überleben sind die Familien auch auf ihre Kinder angewiesen, die als Gehilfen in Glashütten und Sägewerken oder als Mägde und Knechte bei Bauern und Handwerkern schuften. Zum Lohn wird oft billiger Fusel ausgeschenkt. Verzweiflung und Perspektivlosigkeit treiben immer mehr Menschen in die Emigration, vor allem nach Nordamerika.

Ein erster Versuch, das Land wirtschaftlich zu modernisieren, hatte nicht unmittelbar den erhofften Erfolg: Im Jahre 1810 kam es der Regierung in den Sinn, einen 600 Kilometer langen Kanal von Göteborg bis Stockholm anzulegen. Dieser sollte die Ostsee mit dem Kattegatt verbinden, die lästige Schiffsmaut der Dänen umgehen und zugleich den innerschwedischen Warenumsatz beleben. Der deutsche Marineoffizier Baltzar von Platen wurde mit der Verwirklichung der ehrgeizigen Pläne beauftragt. Tausende Arbeiter und Soldaten schufteten auf der Baustelle. Als der Götakanal nach 23 Jahren endlich in Betrieb genommen wurde, war er längst veraltet. Heute wird der mehr als 600 Kilometer lange Wasserweg mit seinen 66 Schleusen nur noch von Freizeitkapitänen und Touristen genutzt. Auf 100 Jahre alten Dampfern kann das betuchte Publikum in vier Tagen einmal quer durch Schweden reisen und dabei die Langsamkeit entdecken. Rein ökonomisch betrachtet war der Kanalbau nicht sehr erfolgreich. Dennoch bildete er den Auftakt zu einem Wirtschaftsaufschwung ohnegleichen.

In der Mitte des 19. Jahrhunderts kommt – mit einiger Verspätung – die Industrialisierung in Schwung: Der weltweite Bedarf an Papier lässt die Zellstoffindustrie aufblühen. Im rauen Norden des Landes roden Pioniere die Wälder und stauen die mächtigen Flüsse zu Seen. Zahlreiche neue Bergwerke werden erschlossen und Eisenhütten gegründet. Die Erzfunde werden nicht länger auf dem Rücken der Rentiere, sondern mit der Eisenbahn zu den Häfen transportiert. Neue Technologien führen zur Gründung der schwedischen Schwerindustrie: Unternehmen wie LM Ericsson, Separator, ASEA, Bofors, SKF und Alfa Laval entstehen. In den nobleren Vierteln der Städte bauen sich die Wohlhabenden prachtvolle Villen und Paläste, im Umland wachsen die Vorstadtsiedlungen der Fabrikarbeiter empor. 1885 verfügt Stockholm über das dichteste Telefonnetz der Welt!

Doch an den allermeisten der damals vier Millionen Schweden geht die rasante Entwicklung vorbei: Um das Jahr 1880 ist noch immer ein Großteil von ihnen in der Landwirtschaft tätig, nur 15 Prozent der Einwohner leben in Städten. An den Hochschulen des Landes bilden nicht mehr als 200 Lehrer und Professoren einen überschaubaren Jahrgang von 2500 Studenten aus. Die schwedischen Zeitungen haben eine Auflage von gerade einmal 10 000 Exemplaren. Die Bevölkerung ist zu großen Teilen noch nicht wahlberechtigt. 1872 beteiligt sich nur jeder fünfte von 200 000 Stimmberechtigten an der Wahl der zweiten Kammer.

Um die Jahrhundertwende entstehen Volksbewegungen, die noch heute die politische Kultur des Landes prägen: In Nüchternheitslogen verbünden sich Ärzte, Priester und Pädagogen und ziehen gegen den weitverbreiteten Alkoholmissbrauch zu Felde, um die Verrohung der Gesellschaft aufzuhalten. Freikirchler und

*Aufschwung mit Eisen und Stahl: Engelbergs Bruk in der Bergbau-
region Bergslagen war im 18. und 19. Jahrhundert eine der modernsten Eisenhütten Europas. Das Industriedenkmal zählt heute zum
Weltkulturerbe.*

Pfingstler stellen das geistige Monopol der lutherischen Staatskirche in Frage. Frauen kämpfen für ihre berufliche und politische Gleichstellung. Die junge Arbeiterbewegung streitet für gerechte Löhne und freie und allgemeine Wahlen. Erstmals können die mehrheitlich noch nicht wahlberechtigten Industrieproletarier als mündige politische Wesen auftreten. Um das Jahr 1920 herum gibt es bereits eine Million Organisierte. In schummerigen Lokalen versammelt sich das einfache Volk zu Dichterlesungen, Vorträgen und politischen Diskussionen. Man preist die Ideale der harten Arbeit und der Solidarität.

Bereits im April 1889 konstituierte sich aus dem Potential der Armen und Unterdrückten die Schwedische Arbeiterpartei. Im selben Jahr schlossen sich die Gewerkschaften in enger Absprache mit der Partei zum mächtigen Dachverband *Landsorganisationen i Sverige* (LO) zusammen. Die Pioniere der schwedischen Sozialdemokratie ließen sich von deutschen Theoretikern wie Eduard Bernstein und Karl Kautsky, später auch von sozialistischen Helden wie Rosa Luxemburg und Karl Liebknecht inspirieren.

Im Jahr 1896 wird der aus der liberalen Arbeiterbewegung kommende Intellektuelle Hjalmar Branting als erster Sozialdemokrat in den Reichstag gewählt. Als Vordenker und später auch Vorsitzender seiner Partei wirbt Branting bei Gewerkschaften und Parteimitgliedern für die friedliche Lösung der gesellschaftlichen Konflikte durch wirtschaftliche und soziale Reformen. Vorbild ist das Gothaer Programm der deutschen Sozialdemokraten. Partei und Gewerkschaft entdecken um die Jahrhundertwende den Generalstreik als Druckmittel und können erste Verbesserungen der Lebensbedingungen durchsetzen, wie etwa das Verbot der Kinderarbeit und die Öffnung der Volksschule für Arbeiterkinder. Längst haben sich auch die Unternehmer in einem mächtigen Verband organisiert, begünstigt durch den beispiellosen Wirtschaftsaufschwung und das schnelle Wachstum der Industriekonzerne. Beide Lager liefern sich 1909 eine kostspielige Kraftprobe: Mit massiven Aussperrungen versuchen die Arbeitgeber, die Löhne zu drücken. Doch zur großen Überraschung der Industriekapitäne lassen sich die Gewerkschaften nicht zähmen: Ihre Streikfront hält wochenlang.

Während sich die sozialen Konflikte im Innern am Anfang des Jahrhunderts zuspitzen, geht die Union mit Norwegen in die Brüche. Mit der ungleichen Zwangsehe von 1812 war das stolze Brudervolk nie richtig glücklich gewesen. Schwedens König Oscar II. ist aber nicht bereit, dem Wunsch der Norweger nach mehr Selbstbestimmung nachzugeben. 1893 weist der Monarch einen Entwurf des norwegischen Parlaments über ein eigenständiges Konsularwesen im Ausland zurück. Worauf das *Storting* – seinerseits nicht abgeneigt, den »Flaggenstreit« auf die Spitze zu treiben – ungerührt die Bildung eigener Konsulate beschließt. Vom schwedischen Säbelrasseln und dem Aufkreuzen der Marine lässt man sich nicht beeindrucken, zumal sich eine überwältigende Mehrheit der Norweger in einer Volksabstimmung für die Unabhängigkeit ausgesprochen hat. Mit Bestürzung müssen die Schweden am 7. Juni 1905 die einseitige Auflösung der Union durch das *Storting* zur Kenntnis nehmen. Im historischen Rückblick war dieser kühne Schritt vor allem ein Sieg der Republikaner über die Königsmacht. Es hat sehr viel mit politischer Reife auf beiden Seiten zu tun, dass den Nachbarvölkern damals ein blutiger Waffengang erspart geblieben ist. Zumal die Aufmarschpläne gegen das Nachbarland beim Generalstab in Stockholm bereits in den Schubladen lagen.

Ähnlich wie im Deutschen Reich wird auch in Schweden in den Jahren vor dem Ersten Weltkrieg der Ruf nach Panzerschiffen, Aufrüstung und fernen Kolonien laut. Konservative Salonlöwen wie der Entdecker und Reiseschriftsteller Sven Hedin erinnern an die militärischen Leistungen des »Heldenkönigs« Karl XII. und beschwören die ruhmreiche Großmachtszeit. Hedin empfiehlt den baldigen Anschluss an das kaiserliche Deutschland, um gemeinsam die Entscheidung über den »jahrhundertealten Erbfeind« Russland zu suchen. In Deutschland gelingt es den Konservativen mit solchen Projektionen, die Massen für den Krieg zu begeistern, ihre sozialdemokratischen Widersacher als »vaterlandslose Gesellen« anzufeinden, die Spaltung der SPD herbeizuführen und deren Mehrheit schließlich zum Einlenken zu bewegen. Nicht so in Schweden, wo sich die Reformsozialisten selbst die nationalen Symbole aneignen und sich erfolgreich als Avantgarde des Fortschritts stilisieren.

Gustav V., der 1907 den Thron besteigt, erlangt durch die sogenannte »Burghof-Rede« zweifelhaften Ruhm. 1914 plädiert er gegen den Willen der liberalen Regierung öffentlich für die Aufrüstung der Streitkräfte und hat dafür eigens 30 000 Bauern zum Stockholmer Stadtschloss beordert, die ihm dort pflichtgemäß Beifall spenden. Es ist der letzte Versuch eines schwedischen Königs, sich einem Regierungsbeschluss zu widersetzen. Gustav hatte die Zeichen der Zeit nicht erkannt. Seine Rede zieht eine konstitutionelle Krise nach sich, in der erstmals der Ruf nach Abschaffung der Monarchie laut wird.

Zwar wird die Sorge des Monarchen vor einem russischen Angriff von vielen geteilt, doch in die Schlacht lässt man 1914 andere ziehen. Seit dem Ersten Weltkrieg verfolgt Schweden die außenpolitische Linie, im Frieden allianzfrei und im Krieg neutral zu bleiben (allerdings trat Schweden 1920 dem Völkerbund und 1946 den Vereinten Nationen bei und war unter dem Dach dieser Organisationen an verschiedenen internationalen Aktionen zur Sicherung des Friedens beteiligt). Das hinderte das deutschfreundliche Land nicht, intensive Handelsverbindungen mit den kriegführenden Mittelmächten zu pflegen. Da die schwedische Industrie eifrig Eisen, Stahl, Kugellager und Maschinen lieferte, drohten ihr die Alliierten nach dem Kriegseintritt der USA 1917 mit Boykott. Die damalige konservative Regierung sah sich zum Rücktritt gezwungen, woraufhin sich im selben Jahr die erste liberale Linksregierung mit sozialdemokratischer Beteiligung bildet.

Zwar bleibt das Land von den Verwüstungen des Krieges verschont, doch auch in Schweden gibt es soziale Unruhen und gewaltsame Protestaktionen hungriger Arbeiter. In den Reihen der Sozialdemokraten ringen »Reformer« und »Revolutionäre« um die richtige Strategie im Klassenkampf. 1917 lassen sich die Gräben nicht länger überbrücken: Die auf Umsturz und Enteignung gesinnten Radikalen spalten sich ab und gründen ihre eigene Kommunistische Partei, die später in der heutigen Linkspartei aufgehen wird.

Im Kampf um das Stimmrecht sind sich Schwedens Sozialdemokraten mit den Liberalen einig. Unter dem Eindruck der Novemberrevolution in Deutschland können die reformwilligen Kräfte in den Jahren von 1918 bis 1921 eine Reihe von Wahlrechtsreformen durchsetzen: Bei Wahlen auf allen Ebenen werden die Einkommensanforderungen aufgehoben, und auch Frauen dürfen nun ihre Stimmen abgeben. Das konservative Unternehmerlager willigt in den Achtstundentag für Industriearbeiter ein. 1920 übernehmen die Sozialdemokraten erstmalig die Regierungsmacht: Hjalmar Branting wird Ministerpräsident und steht in den folgenden Jahren wechselnden Minderheitsregierungen vor.

Auch sein Nachfolger Per Albin Hansson, seit 1925 Vorsitzender der Sozialdemokraten und seit 1932 Regierungschef, kann die gefürchtete Konfrontation mit den Linken verhindern. Allerdings zieht die Weltwirtschaftskrise, die durch den New Yorker Börsenkrach von 1929 ausgelöst wird, auch die schwedische Exportwirtschaft schwer in Mitleidenschaft. Wieder einmal braut sich in den Werkshallen und auf den Straßen Revolutionäres zusammen. 1931 schießen schwedische Soldaten auf streikende Arbeiter. Die mächtigen Gewerkschaften stürzen das Land in wilde Arbeitskämpfe. Hansson setzt im Stockholmer Reichstag dagegen auf Frieden und Eintracht. Der fürsorgliche Staat würde sich um alles kümmern: um Arbeit, Krankheit, Elternurlaub, den ersten Volvo und das Sommerhäuschen. Es war der große Traum vom »Volksheim«. Die Schweden sollten ihn lange träumen.

Das »Hauptabkommen von Saltsjöbaden«

Mit dem Grandhotel im noblen Stockholmer Vorort Saltsjöbaden hat sich die Unternehmerdynastie der Wallenbergs ein steinernes Denkmal gesetzt: Vornehmes Ambiente, großer Festsaal, Blick über die Bucht.

An einem düsteren Dezembertag im Jahr 1938 stürmt die geballte Arbeitermacht die edle Herberge. Doch die Besucher tragen edlen Zwirn und benehmen sich wie Gentlemen. Die Gewerkschaftsbosse sind vollzählig versammelt – ebenso wie das Arbeitgeberlager. Und dazwischen die Sozialdemokraten, die Schweden in den nächsten Jahrzehnten regieren wollen. Im Französischen Speisesaal wird der Pakt geschlossen, der das Land von Grund auf verändert: In einem Grundsatzdokument verpflichten sich beide Seiten zur Zusammenarbeit und zu festen Regeln im Tarifstreit. Solange die Verhandlungen über die Lohnentwicklung laufen, sind Streik und Aussperrung untersagt.

Für die schwedische Arbeiterbewegung war der Pakt ein Meilenstein: Die Industriellen sorgten gemeinsam mit dem Staat dafür, dass alle beschäftigt und gut versorgt werden. Im Gegenzug verzichtete das Proletariat auf die Revolution. Noch heute wird der »Geist von Saltsjöbaden« beschworen. Der Staat und die Gewerkschaften sind über den sozialen Wohnungsbau, die Verwaltung der Pensionskassen und die Leitung der großen staatlichen Unternehmen und Behörden eng miteinander verflochten. Ein halbes Jahrhundert bewährte sich das »schwedische Modell«. Doch am Ende ließ sich die teure Wohlfahrt nicht länger finanzieren – und nicht alle trauern der langjährigen Bevormundung im »Volksheim« nach.

Historischer Pakt von 1938: Noch heute wird der »Geist von Salts-jöbaden« beschworen.

Mit dem Zweiten Weltkrieg beginnt das schwärzeste Kapitel der schwedischen Geschichte. Wie bereits im Ersten Weltkrieg gelingt es der Regierung, die sich aus einer Notkoalition von Sozialdemokraten, Liberalen und Konservativen zusammensetzt, Schweden aus dem Weltenbrand herauszuhalten. Doch die Kollaboration mit den Nationalsozialisten lastet bis heute wie ein dunkler Schatten auf dem Land. Nach dem sowjetischen Überfall auf Finnland im November 1939 verweigert Schweden dem Brudervolk direkte Militärhilfe, liefert aber Waffen und Munition und nimmt finnische Kinder auf. Zudem kämpfen Tausende schwedische Freiwillige im Winterkrieg an der Seite der Finnen gegen die Truppen der Roten Armee. Um eine deutsche Invasion zu vermeiden, muss die schwedische Regierung den Begriff der Neutralität ordentlich dehnen: Sie duldet den Durchmarsch deutscher Truppen nach Norwegen und Finnland und unterstützt Nazideutschland durch großzügige Kredite sowie die Lieferung von Eisenerz. Auch das Verhalten der Königsfamilie hat spätere Generationen tief beschämt. So pflegt Gustav V. rege Kontakte zu prominenten Nazigrößen und dekoriert im Februar 1939 sogar Luftwaffenchef Hermann Göring mit dem höchsten schwedischen Militärorden.

In den Jahren zwischen den Kriegen waren die kulturellen, geschäftlichen und persönlichen Kontakte zwischen Deutschen und Schweden sehr intensiv. Viele Schweden bleiben auch noch während des Krieges »Deutschenfreunde«, zumindest bis sich im Winter 1943 in Stalingrad der nahende Untergang der Wehrmacht abzeichnet. Wachsende Proteste aus der Bevölkerung drängen die Regierung in den letzten Kriegsjahren zum Kurswechsel: Erstmals erhalten die Widerstandsgruppen in Dänemark und Norwegen ernsthafte Unterstützung. Schweden nimmt in großer Zahl Flüchtlinge aus den baltischen Staaten und den skandinavischen Bruderländern auf.

Zum Alibi werden später auch Raoul Wallenbergs und Folke Bernadottes Einsatz zur Rettung jüdischer Kriegsopfer.

Am Ende des Krieges ist Schweden wegen seiner Exporte zu einer der reichsten Industrienationen geworden, während halb Europa in Trümmern liegt. Kein lästiger Wiederaufbau hemmt die Verwirklichung sozialer Utopien. Per Albin Hansson, Architekt des »Volksheims«, stirbt 1946. Es ist seinem Nachfolger Tage Erlander vergönnt, die nötigen Reformen in den Rekordjahren des Sozialstaats auf den Weg zu bringen: Die Schweden freuen sich über zahlreiche Segnungen, von der Verkürzung der Wochenarbeitszeit bis zur Einführung des staatlichen Schuldgeldes. Allerhand Zuschüsse und günstige Kredite lassen den Traum vom Eigenheim Wirklichkeit werden. Sie rollen in sicheren Autos über gut ausgebaute Straßen und lassen sich von der Welt als prototypisch moderne Gesellschaft bewundern.

Dag Hammarskjöld

Auf dem internationalen Parkett glänzt Schweden seit langer Zeit durch sein starkes humanitäres Engagement. Im April 1953 wird Dag Hammarskjöld zum Generalsekretär der Vereinten Nationen gewählt. Der begnadete Diplomat führt die schwerfällige Weltorganisation durch eine Reihe von Krisen und internationalen Konflikten. In der Amtszeit des Schweden wird auch das UNO-Mandat zum Einsatz von Friedenstruppen geschaffen. Blauhelme sollen 1960 den Bürgerkrieg im Kongo beenden. Beim Versuch, zwischen den verfeindeten Parteien zu vermitteln, kommt Dag Hammarskjöld ums Leben, als sein Flugzeug unter ungeklärten Umständen im September 1961 in Sambia abstürzt. Im gleichen Jahr wird dem Schweden postum der Friedensnobelpreis zuerkannt. In der New Yorker Zentrale am East River verehren die UN-Diplomaten Hammarskjöld bis heute als einen ihrer Besten.

Tage Erlander ist seit acht Jahren im Amt, als er im Frühjahr 1953 auf den scharfzüngigen Studentenführer Olof Palme aufmerksam wird. Der Altvordere macht den 25 Jahre jüngeren Nachwuchspolitiker zu seiner rechten Hand, zum Redenschreiber und heimlichen Strippenzieher. Als der Ziehsohn im Oktober 1969 das Erbe des überaus populären Politikers als Partei- und Regierungschef antritt, wirkt das wie eine Frischzellenkur auf die überalterte, selbstgefällige Partei.

Im Reichstag machen sich die Parteien 1974 daran, Schwedens Verfassung zu entrümpeln, denn noch immer gilt das angestaubte Gesetzeswerk von 1809. Mit der Abschaffung des Oberhauses stellt sich auch die Frage nach der Zukunft des Souveräns. Am Ende darf der König bleiben, verliert aber alle politischen Rechte. Seine royalen Befugnisse sind seither äußerst übersichtlich: Er eröffnet das Regierungsjahr im Reichstag, lässt sich vom Staatsrat über aktuelle Fragen unterrichten und akkreditiert die ausländischen Botschafter und Gesandten. Politische Stellungnahmen sind dem Staatsoberhaupt streng untersagt. Der erste König, für den die neue Verfassung gilt, ist Carl XVI. Gustaf, der seinem Großvater 1973 auf den Thron gefolgt war.

Königshaus

Am 26. August 1972 feiert München die Eröffnung der Olympischen Sommerspiele. Auf der Ehrentribüne greift der schwedische Kronprinz Carl Gustaf zum Fernglas und erspäht Silvia Sommerlath, damals als Olympia-Hostess Assistentin des deutschen NOK-Präsidenten Willi Daume. Vier Jahre später läuten im Stockholmer Dom die Hochzeitsglocken. Das royale Traumpaar schreitet zum Traualtar: sie in einem elfenbeinfarbenen Kleid von Dior, er in seiner schmucken Admiralsuniform mit Ordenskette und Säbel.

»Wir sind Königin!«, jubeln die deutschen Klatschmagazine. Die Auflagen der bunten Blätter schnellen in zuvor unbekannte Höhen. Und auch in Schweden bringt die selbstbewusste, gebildete und sprachbegabte Deutsche viele eingefleischte Republikaner dazu, die Streitaxt gegen die Monarchie zu begraben.

Auf 25 Millionen Euro beläuft sich heute die Apanage der Königsfamilie, die davon unter anderem Strom und Gärtner für die Schlossanlagen bezahlt. Revoluzzern wie der Abgeordneten Hillevi Larsson von der »Republikanischen Vereinigung« ist selbst diese bescheidene Summe noch zu viel: Sie halten es schlicht für unwürdig, dass eine Demokratie den Posten des Staatsoberhauptes vererbt. Doch einstweilen stehen die Republikaner auf verlorenem Posten: Laut Umfragen halten die meisten Schweden ihrem Monarchen die Treue.

Die Bernadottes sind eben eine Königsfamilie zum Anfassen: Gern lassen sich König und Königin von Kindern knuddeln. Auch Kronprinzessin Victoria, Prinzessin Madeleine und Prinz Carl Philip beherrschen die schwierige Balance zwischen Volksnähe und königlicher Distanz mit traumwandlerischer Sicherheit. Allerdings hat sich die inzwischen sehr souverän auftretende Victoria zum anfänglichen Entsetzen des Hofes in ihren Fitnesstrainer Daniel Westling verguckt.

Dass Victoria überhaupt als künftige Königin für Schlagzeilen sorgen kann, ist keine Selbstverständlichkeit. Über Jahrhunderte war die Thronfolge den Männern vorbehalten. Als Victoria im Juli 1977 zur Welt kam, wurde das Gesetz ihretwegen geändert. Ihr kleiner Bruder Carl Philip zog als Zweitgeborener den Kürzeren.

Olof Palme war nie neutral. Das faschistische Franco-Regime in Spanien bezeichnete er ebenso zutreffend wie undiplomatisch als »Mörder-Bande«, die neuen Machthaber in Prag nach 1968 als »Kreaturen der Diktatur«. Im Vietnamkrieg ging er gegen die USA auf die Straße, als Regierungschef vermittelte er im Krieg zwischen Iran und Irak. Palme war der Mann an der Seite Willy Brandts in der Sozialistischen Internationale. Beide werden in ihren Ländern bis heute als Lichtgestalten bewundert, die mit ihrem Idealismus eine ganze Generation von jungen Leuten für die Politik begeisterten. »Politik är att vilja« (»Politik ist zu wollen«) lautete der vielzitierte Wahlspruch des schwedischen Ministerpräsidenten.

»Wir folgten ihm in glühender Bewunderung«, schmunzelt die Sozialdemokratin Mona Sahlin, die Anfang der 90er Jahre selbst bis an die Spitze der Partei aufstieg und um ein Haar die erste Ministerpräsidentin Schwedens geworden wäre: »Die Empörung über den Vietnamkrieg war das erste Gefühl, das wir mit Politik in Verbindung brachten. Wenn wir Olof Palme zuhörten, wie er über Vietnam sprach, dann dachten wir: Das ist einer von uns! Da war dieselbe Wut und Empörung. Und das kleine Schweden war eine laute Stimme in der Welt.«

Stärker als seine Vorgänger machte Palme Schweden zu einem Faktor in der Weltpolitik, als Beobachter, Kommentator und Kritiker, aber auch als Vermittler, Schlichter und Akteur. Ein wesentliches Ziel seiner Politik war die Ächtung der Atombombe. Allerdings waren dem Schweden als Abrüstungs- und Entspannungspolitiker kaum wirkliche Erfolge vergönnt: Eine atomwaffenfreie Zone in Nordeuropa ist nicht zustande gekommen. Als UNO-Schlichter im Krieg Iran–Irak hatte er außer immer wieder gebrochenen Waffenstillständen letztlich nichts erreicht. Sowjetische U-Boote tummelten sich in schwedischen Gewässern. Zu seiner geplanten Moskau-Reise kam er nicht mehr.

Für die Stockholmer war es nicht ungewöhnlich, dem Ministerpräsidenten auf dem kurzen Fußweg von der Regierungskanzlei zu seiner Wohnung in der Altstadtgasse Västralånggatan zu begegnen. Der ebenso populäre wie umstrittene Sozialdemokrat wollte ein normales Leben führen. Auch am Abend des 28. Februar 1986 sind Olof und Lisbet Palme mit der U-Bahn unterwegs. Den Leibwächtern haben sie freigegeben, sie wollen sich im Kino *Grand* den jüngsten Streifen der schwedischen Regisseurin Suzanne Osten ansehen. Nach Ende der Vorführung gegen 23 Uhr machen sich die beiden wieder auf den Heimweg, gehen den Sveavägen hinunter Richtung Altstadt. Plötzlich taucht ein Mann aus der Dunkelheit auf, feuert hinterrücks aus nächster Nähe zwei Schüsse auf das Ehepaar. Dann rennt er in eine Seitengasse davon. Ein Passant, der die Verfolgung aufnimmt, verliert in der Dunkelheit schnell die Spur. Lisbet Palme wird leicht verwundet. Für den schwer verletzten Regierungschef gibt es keine Rettung mehr. Sechs Minuten nach Mitternacht stirbt Olof Palme in einem nahe gelegenen Krankenhaus.

Viel zu spät und zu kleinräumig sichern die herbeigeeilten Polizisten den Tatort ab. Die denkbaren Fluchtrouten werden nicht abgesperrt. Die Patronenhülsen werden Tage später von Passanten gefunden: der Auftakt einer unglaublichen Pannenserie, die noch Jahre später Untersuchungskommissionen beschäftigen und die Fahnder in quälerische Selbstzweifel stürzen wird. Bis heute ist der »Wintermord« von 1986 nicht aufgeklärt.

Ende der 80er Jahre deutet sich erstmals an, dass die teure Wohlfahrt und der aufgeblähte öffentliche Sektor auf Dauer nicht zu finanzieren sind. Palmes Nachfolger Ingvar Carlsson muss das Sparen lernen. Inmitten einer schweren Wirtschaftskrise kann der Konservative Carl Bildt im September 1991 eine bürgerliche Koalitionsregierung bilden. Für den wirtschaftsliberalen Politiker aus einer schwedisch-dänischen Adelsfamilie ist die Rechnung einfach:

weniger Sozialbeiträge und weniger Steuern gleich mehr Jobs. Klare Ansage, drastische Lösung. Die Bürgerlichen sparen bei den öffentlichen Ausgaben, privatisieren Krankenhäuser und Wohnungsgenossenschaften, können am Ende aber kaum Erfolge bei der Bekämpfung von Arbeitslosigkeit und Staatsverschuldung vorweisen. Bereits drei Jahre später wird ihr kurzes Gastspiel von den Wählern beendet, und Carlsson kehrt an die Macht zurück. Eine noch größere Niederlage wird im Jahr 2002 Bildts Nachfolger bei den Konservativen, der graue Steuerexperte Bo Lundgren, erleiden: Mit gerade einmal 15 Prozent der Stimmen für die größte Oppositionspartei fährt Lundgren das schlechteste konservative Wahlergebnis seit 30 Jahren ein.

Ingvar Carlsson holt mit Anna Lindh, Mona Sahlin und Margot Wallström ein dynamisches Frauen-Trio in sein Kabinett. Der Sozialdemokrat führt eine Minderheitsregierung, die sich bei wichtigen Abstimmungen im Parlament auf die Grünen und die Linkspartei stützt. Beide Parteien lehnen den geplanten EU-Beitritt des Landes rigoros ab. Und auch in der eigenen Partei kann der väterliche Carlsson die Spaltung in EU-Befürworter und -Gegner trotz aller Aufrufe zur Geschlossenheit nicht verhindern.

Der Zusammenbruch der Sowjetunion, der Mauerfall und die deutsche Wiedervereinigung weckten bei den eigenwilligen Schweden die Europa-Euphorie. Wie Deutschland sieht sich auch das Königreich traditionell als Mittler zwischen Ost und West. Besonders herzlich sind die Beziehungen zu den baltischen Staaten. Überdies versuchten Ingvar Carlsson und sein Vorgänger Carl Bildt die Schweden davon zu überzeugen, dass die Europäische Union auch die schweren wirtschaftlichen Probleme des Landes lösen würde. Die Gegner hingegen wetterten schon damals gegen das Ansinnen, Schweden an die »Brüsseler Bürokraten« auszuliefern. Vergebens: Bei der Volksabstimmung am 13. November 1994 sprach sich eine deutliche Mehrheit für den Beitritt aus. Im Januar des folgenden Jahres wurden die Schweden gemeinsam mit Finnland und Österreich als neue Mitglieder begrüßt.

Streng genommen war das Land damit auch zur Einführung des Euro verpflichtet. Im Unterschied zu Dänemark und Großbritannien – den anderen Verweigerern im Norden – hatte Schweden beim Beitritt keine Ausnahme vorgesehen. Gleichwohl verspüren weder die Kommission noch die übrigen Mitgliedstaaten bisher das Verlangen, einen Streit darüber loszubrechen. Anders als in

Finnland gab es in Schweden auch keinen Regierungschef, der sein politisches Schicksal mit der Euro-Frage verknüpfen wollte. Beim Referendum zum EU-Beitritt blieb die gemeinsame Währung deshalb bewusst ausgeklammert.

Die anfängliche Euphorie über den EU-Beitritt wich bald schon bitterer Enttäuschung. Dass der Euro-Club die Privatisierung und den Sozialabbau als Allheilmittel bei wirtschaftlichen Problemen propagierte, kam im Norden überhaupt nicht gut an. Dabei konnten die Schweden in Brüssel durchaus Zeichen setzen, etwa mit ihren Vorschlägen für mehr Transparenz und Bürgernähe. Besonders stolz ist die Nation auf ihre engagierte Kommissarin Margot Wallström, die sich auf verschiedenen Posten bewährte und für ihre Landsleute zum »Gesicht Europas« geworden ist. Recht erfolgreich warb sie bei den europäischen Partnern etwa für gemeinsame Leitlinien zum Umweltschutz.

Doch der Norden kocht auch weiterhin sein eigenes Süppchen: Bereits 1952 hatten Regierungen und Parlamente der skandinavischen Länder den Nordischen Rat ins Leben gerufen und den Visazwang für »nordische Mitbürger« aufgehoben. Im jährlichen Turnus berät das Forum über gemeinsame Initiativen, wie etwa die gegen den Frauenhandel und die Sexindustrie. Auch die Zollunion der nordischen Staaten hat den EU-Beitritt Schwedens und Finnlands überdauert. Auf gewisse Weise ist der alte Plan von der nordischen Union, der nach der »Kalmarer Union« von 1397 in die falsche Richtung lief, also längst verwirklicht.

In Schweden war es Mitte der 90er Jahre (wie später auch in Großbritannien und in Deutschland) ausgerechnet ein Sozialdemokrat beziehungsweise ein »Linker«, der die Kärrnerarbeit der ökonomischen Sanierung des Landes auf seine Schultern nahm: Mit einer Kombination aus Steuererhöhungen und Einsparungen machte Finanzminister Göran Persson seinem Ruf als eisenharter Sparpolitiker alle Ehre. Sozialleistungen wurden gekürzt, das »Volksheim« wurde ordentlich umgebaut. Jahrelang blies Persson vor allem von der eigenen Klientel ein eiskalter Wind ins Gesicht. Doch die Radikalkur hatte Erfolg: Bereits am Ende des Jahrzehnts waren die Staatsfinanzen wieder im Gleichgewicht, die hohen Schulden getilgt.

Nachdem er im März 1996 die Führungsrolle in Staat und Partei von Ingvar Carlsson übernommen hatte, machte sich Persson alsbald daran, das Land in Frauenhände zu geben. Sein Kabinett war zur Hälfte weiblich, und mit Anna Lindh bereits seine Nachfolgerin auserkoren: eine begabte junge Frau aus einer neuen Generation, die Beruf und Kinder problemlos unter einen Hut brachte und die Politik begreifbar machen konnte.

Die Karriere Anna Lindhs begann schon während ihres Jura-Studiums an der Universität Uppsala. Die Politik wolle sie nicht den alten Opas überlassen, sagte die 25-jährige Sozialdemokratin, als sie im September 1982 als jüngste Abgeordnete in den Reichstag einzog. Den ersten Kabinettsposten übernahm Lindh 1994 als Umweltministerin. Zwei Jahre später machte der neue sozialdemokratische Regierungschef Persson die junge, auf internationalem Parkett unerfahrene Politikerin zur Außenministerin – eine Entscheidung, die bei vielen zu Unmut und Irritationen führte. Aber Göran Persson stand zu seinem Entschluss, und er sollte recht behalten: Ihre ganz spezifische Mischung aus Überzeugungskraft, Glaubwürdigkeit, Charme und Humor brachte der Schwedin auf der internationalen Bühne zahlreiche Bewunderer und Freunde ein.

Anna Lindh machte keine Abstriche, wenn es um ihre Ideale ging, und sie redete Tacheles. Nach der Verfolgung weißer Farmer in Simbabwe verlangte sie als eine der Ersten den Rücktritt von Präsident Mugabe, sie tadelte Europas verlogene Haltung zum Krieg in Tschetschenien. Scharf und deutlich kritisierte die schwedische Außenministerin die israelische Palästina-Politik, aber auch die Unfähigkeit der Palästinensischen Autonomiebehörde. Sie verwahrte sich nach den Anschlägen vom 11. September gegen das US-amerikanische Großmachtgehabe, und den Präsidenten der Vereinigten Staaten nannte sie frank und frei einen »einsamen Cowboy«.

Niemals zuvor hatte Schweden ein größeres Gewicht auf der internationalen Bühne gehabt als während der EU-Ratspräsidentschaft im ersten Halbjahr 2001. Das war vor allem das Verdienst von Anna Lindh. Die Außenministerin war eine wichtige Fürsprecherin der Osterweiterung, und sie war die Einzige, die ihr in Europafragen tief gespaltenes Land für die Einigung des Kontinents begeistern konnte. Als im Herbst 2003 das Referendum über die Einführung des Euro in Schweden anstand, war Anna Lindh die profilierteste Politikerin auf der Seite der Befürworter. Sie setzte von Anfang an auf politische Argumente. Schweden gewinne mit der Euro-Einführung mehr Gewicht in Europa, lautete eine ihrer listigen Kernaussagen. Und Lindh war sehr geschickt darin, den Euro als ein Projekt der Linken darzustellen. Nur ein starkes Europa könne als Gegengewicht zur letzten Supermacht USA auftreten, argumentierte sie.

So viel Zuversicht in die Weisheit des Volkes war bei den Arbeitgebern nicht zu spüren. Carl-Henrik Svanberg, der damalige Chef des Telekomriesen Ericsson, hatte sogar damit gedroht, der Konzern könnte Schweden verlassen, sollte die Bevölkerung es wagen, gegen den Euro zu votieren. Die Stimmung in den Wochen vor dem Referendum war für schwedische Verhältnisse, gelinde gesagt, gehässig.

Dennoch ist Anna Lindh am Nachmittag des 10. September 2003 wieder einmal ohne jeglichen Schutz in den Straßen der Hauptstadt unterwegs – Leibwächter gelten als unschwedisch. Nach einigen Gesprächen im Außenministerium – der Wahlkampf zur Volksabstimmung über den Euro ist in vollem Gange – schlendert die Politikerin mit ihrer Freundin Eva Franchell hinüber ins Nobelkaufhaus *Nordiska Kompaniet*. Für eine Fernsehdebatte am Abend will sie sich ein neues Kostüm zulegen. Plötzlich stürzt ein Mann auf die beiden Frauen zu, drängt sich an Eva Franchell vorbei, sticht mit dem Messer auf die Ministerin ein und verschwindet im Gedränge. Bis in die frühen Morgenstunden versucht eines der weltbesten Chirurgenteams an der Stockholmer Universitätsklinik, das Leben der 46-Jährigen zu retten. Vergebens. Anna Lindh erliegt in den frühen Morgenstunden des folgenden Tages ihren schweren Verletzungen.

Wieder ein Anschlag auf eine unbewachte Politikerin, auch sie ein Symbol für Bürgernähe und Friedfertigkeit. Doch anders als im Mordfall Olof Palme wird der Täter bald gefasst. Im Dezember 2004 verurteilt der Oberste Gerichtshof den psychisch schwer gestörten Mijailo Mijailovic zu lebenslanger Haft. Vier Tage nach dem Anschlag auf ihre Außenministerin lehnten die Schweden die Einführung des Euro mit großer Mehrheit ab. Beobachter rechnen damit, dass bis zu zehn Jahre vergehen könnten, bis die Regierenden einen zweiten Anlauf wagen.

Anna Lindh war die Kronprinzessin. Sie sollte einmal die Sozialdemokratische Partei übernehmen, die sich in 20 Jahren mühsam aus dem Schatten ihres übergroßen Vorsitzenden Olof Palme befreit hatte. Als sie plötzlich nicht mehr da war, geriet die Thronfolge ins Wanken und die Partei in eine tiefe Krise.

Kleine Fluchten in die Wildnis

Schwedische Mentalität

Schweden ist ein dunkles Land. Am Luciafest Mitte Dezember kultivieren seine Bewohner ihre Sehnsucht nach dem Licht. Schon am Morgen werden überall im Haus Kerzen angezündet und dampfende Safran-Kuchen verzehrt. Am Abend sitzen die Leute in der stockdunklen Kirche. Die Tür schwingt auf, der Chor stimmt an, und herein schreitet die Lichterkönigin, im weißen Gewand der Unschuld und mit einem Kranz flackernder Kerzen im wallenden Haar. Der Auftritt ist mit großen Ehren verbunden, weshalb sich die hübschen Bewerberinnen bei den Vorauswahlen in den Grundschulen fast die Augen auskratzen. Im Zuge der Gleichstellung hat man in den letzten Jahren mit sehr zweifelhaftem Erfolg versucht, auch kleine Jungs für die Rolle zu begeistern.

Im polaren Norden des Landes zwinkern die ersten Sonnenstrahlen nach monatelanger Dunkelheit erst Ende Januar wieder über die Bergketten. Bis dahin ist über Wochen nur ein blaues Dämmerlicht zu sehen. Schwermut, Antriebsleere und Müdigkeit sind die Symptome einer weitverbreiteten Krankheit, die Anfang der 80er Jahre als »Winterdepression« wissenschaftlich beschrieben wurde. In Nordschweden tritt sie besonders häufig auf, so das düstere Ergebnis einer unlängst von der Universität Luleå in Auftrag gegebenen Studie. In der Region Norrbotten, am nördlichen Polarkreis gelegen, gab nahezu jeder Dritte der Befragten an, unter der trüben Jahreszeit zu leiden.

Sobald der erste Schnee liegt, stürzen die Schweden dennoch in einem Ausbruch kollektiver Lebensfreude nach draußen, um sich auf Skiern, Schlitten oder Kufen auszutoben. Schlittschuhläufer wagen sich auf den gefrorenen Seen und Buchten bis dicht an die Eiskante, im Gepäck eine Rettungsleine, Eispickel, Kleider zum Wechseln und warme Blaubeersuppe. Freiwillig ins Eiswasser stürzen sich Badende nach dem Saunagang. Andere setzen sich auf einem dicken Fell ans Eisloch und fischen mit der Pimpelrute. Auf den Liftanlagen in schwedischen Skigebieten wie Sälen oder Åre herrscht nach Feierabend Hochbetrieb.

Wie so viele seiner Landsleute setzt sich auch unser Nachbar Kristoffer sportlich gegen die krank machenden Folgen des Lichtmangels zur Wehr. Im Winter schnallt sich der drahtige Schwede seine Langlaufski an die Füße, knipst die 20 Watt starke Stirnlampe an und bricht zu einsamen Wanderungen auf. »Die verschneiten Tannen sehen im Lichtkegel wie Trolle oder Berggeister aus«, schwärmt Kristoffer von unwirklichen Augenblicken in der weißen Winterwelt. Alljährlich im März versammeln sich bis zu 40 000 Skiläufer in den verschneiten Tälern Dalarnas, wo sie sich »in den Spuren der Vorväter« über 90 Kilometer von Sälen bis nach Mora quälen. Kristoffer hat den Wasalauf schon einige Male mit ganz beachtlichen Platzierungen gemeistert.

Über das Jahr verteilt gibt es für unseren Helden weitere Prüfungen zu bestehen: Im Juni radelt er in rasender Fahrt die 300 Kilometer lange *Vätternrundan* um den Vättersee, im Juli quält er sich durch die eisigen Wasser des Vanån und Västerdalälven, im September mischt er sich unter die bis zu 30 000 Teilnehmer beim größten Crosslauf der Welt über die Stockholmer Insel Lidingö, dem *Lidingöloppet*. Wer alle Wettbewerbe im Laufe eines Jahres absolviert, hat den sogenannten »Schwedischen Klassiker« gemeistert und darf sich die Medaillen mit vollem Stolz über den Kamin hängen.

Überhaupt sind die Schweden ein überaus sportliches Volk: Es wird gepaddelt, gesegelt und geklettert. Orientierungsläufer suchen sich mit Kompass und Karte ihre Pfade durch die Kiefernwälder. Junge Burschen schlagen sich beim Eishockey die Zähne aus. Doch die größte Leidenschaft der Schweden ist der Fußball. Er lockt vor allem die Mädels auf die Bolzplätze, weil – ähnlich wie in Deutschland – die Frauennationalmannschaft um Victoria Svensson und Hanna Ljungberg die Männer längst in den Schatten stellt und bei den Meisterschaften stets ganz vorn mit dabei ist. Mehr als 25 000 Sportvereine zählte der schwedische Sportbund *Riksidrottsförbundet* im Jahr 2005. Knapp die Hälfte der etwa sieben Millionen Schweden zwischen sieben und 70 Jahren ist Vereinsmitglied. Das lässt selbst die berühmte deutsche Geselligkeit verblassen – in Deutschland treibt immerhin etwa jeder Dritte Sport.

Die schwedischen Arbeitgeber tun einiges dafür, das körperliche Wohlergehen ihrer Angestellten zu fördern: Viele Firmen bieten ihren Mitarbeiten preiswerten Zugang zu einem Fitnessclub. Da sieht man dann den Chef mit hochrotem Gesicht unter der Hantelstange liegen oder über das Laufband hetzen. Auch auf der Straße begegnen einem fast nur schlanke Leute. Kein Wunder, wenn die meisten Schweden zwei- bis dreimal in der Woche beim Sport schwitzen!

Unterdessen sorgt Vater Staat dafür, dass auch die Bildung nicht zu kurz kommt. In jedem noch so kleinen Bauerndorf gibt es einen Studienzirkel von *folkuniversitetet* oder *medborgarskolan*, und fast jeder zweite Schwede hat schon einmal an einem dieser Abendkurse teilgenommen. Die Schüler zahlen eine geringe Gebühr, der Löwenanteil wird aus öffentlichen Mitteln bestritten. Im Frühjahr wird einem das umfangreiche Programm der »Volksuniversität« ins Haus geschickt. Wer darin blättert, wundert sich über die schier grenzenlose Vielfalt des menschlichen Geistes. Angeboten wird alles zwischen Himmel und Erde: chinesisch Kochen, Buchbindetechnik, Kunsthandwerk, Bibelstunden, Gesang und Tanz, Tantra und Yoga. So kann man sich wunderbar fortbilden und noch ein Stück perfekter werden! In den Kursen treffen sich Schweden und Zugewanderte, Jung und Alt, Männlein und Weiblein. Auf diesen Kontaktbörsen werden Freundschaften geknüpft, die weit über das gemeinsame Lernen von Vokabeln und das Büffeln der Hausaufgaben hinausgehen.

Wer seine Nachbarn lange nicht gesehen hat, sollte bis zum Frühjahr warten. Ende April hängt ein Zettel an der Haustür: »Wir graben im Garten, braten Würste und haben Spaß!« – eine Einladung zum organisierten Frühjahrsputz, auf die das Kollektiv ganz offenbar sehnsüchtig gewartet hat. Zumindest ist unser Dorf am verabredeten Morgen vollzählig versammelt. Kommandos schallen über den Hof, Vögel fliegen auf, Katzen flüchten. Louise aus dem zweiten Stock verteilt Krokuszwiebeln. Eifrig stürzen wir in die Rabatten, zupfen am Unkraut, fegen das Laub auf einen Haufen. Am Abend feiert die Dorfgemeinschaft im Partyzelt mit reichlich Bier, Wein und Schnaps den Triumph über die wild wuchernde Natur. Unter dem pompösen Fahnenmast mit der Schweden-Flagge wird der Grill angeworfen.

Bisweilen spürt der Schwede das unstillbare Verlangen, sich zurückzuziehen, aus der lärmenden Stadt in die Stille der Wälder zu fliehen, auf karge, windgebeutelte Holme, in die einsame Hütte an einem schwarz schweigenden See, einfach für sich zu sein, in der Natur aufzugehen. »Hier brenn ich meinen Branntwein selbst und würz ihn mit Johanneskraut«, schmachtet Rockmusiker Ulf Lundell in seinem Lied »Öppna landskap« vom sorglosen Leben an der Küste. Fast alle Schweden können die Strophen dieser heimlichen Nationalhymne mitsingen – und sie teilen wohl auch die Sehnsüchte des Altrockers.

Anfang Mai besteigt unsere Freundin Carina den ersten Dampfer der Saison und schippert hinaus in die Inselwelt der Stockholmer Schären. Die blonde Schwedin will zu ihrem Häuschen auf der Insel Gräskö im Norden des Archipels. Dreieinhalb Stunden dauert die Fahrt, vorbei an glatten Felsen und kargen Holmen.

Tausende dieser Inseln sind unbewohnt. Auf den anderen haben sich die Großstädter ihre in Gelb und Falunrot gestrichenen Hütten und Sommerhäuser errichtet. Jeder noch so kleine Steg wird angelaufen. Viele Passagiere auf dem Dampfer sind mit dicken Taschen voll mit Proviant beladen, einer schleppt den geliebten Kanarienvogel im Käfig mit, ein anderer Werkzeug und Holz für die bevorstehenden Ausbesserungsarbeiten.

Carina verwirklichte sich 1991 ihren Kindheitstraum und erwarb ein etwa 200 Quadratmeter großes verwildertes Grundstück mit Ferienhaus. »Dieser Ort gibt mir ein Gefühl von Freiheit«, schwärmt die Betriebswirtin. Den ganzen Tag kann sie in Shorts und T-Shirt und mit bloßen Füßen herumlaufen, ohne sich große Gedanken um die Etikette zu machen. Kein Nachbar lärmt, keine Autos verpesten die Luft, das Telefon schweigt. Und zu Besuch kommt nur, wer auch wirklich eingeladen ist. Auf der Insel kann sie sich vollständig entspannen. Hier hat sie ihre Doktorarbeit geschrieben und sich ein kleines Atelier eingerichtet, wo sie malt und Fotos entwickelt. In der Lichtung hinterm Haus sucht sie *Smultron*, süße Waldbeeren. Der Begriff *Smultronställe* steht im Schwedischen für einen Ort, den man besonders liebt. Wer wissen will, wie die Schweden wirklich sind, sollte sie hier draußen besuchen!

Dem Schöpferdrang schwedischer Heimwerker sind keine Grenzen gesetzt. Wenn die Tage im Sommer lang werden, lassen ganze Kerle beim Hüttenzimmern ihrer Kreativität freien Lauf. Mit Sauna und Klohäuschen geht es los. Dann folgen Holzschuppen, Scheune, Garage und Hundehütte. Ein Wintergarten wird angelegt und ein Baumhaus für die Kleinen. Irgendwann ist das Grundstück vollgestellt, und die Baubehörde verbietet weitere Aktivitäten. Das ist dann meist der Moment, in dem Ehen in die Brüche gehen und gestandene Männer ihren Kummer im Alkohol ersäufen.

Die Väter zimmern, ihre Söhne schrauben: an chromblitzenden Chevrolets, Buicks, Cadillacs und anderen Oldtimern aus Amerika. In den Fünfzigern wurde es schick, seine Freundin mit dem Auto abzuholen. In der Folge der Rock-'n'-Roll- und Rockabilly-Welle entstand die Subkultur der *raggare*: Wilde Arbeiterburschen mit viel Pomade im Haar kreuzten in ihren blank gewienerten Amischlitten über die Landstraßen und imponierten der weiblichen Bevölkerung. Die »Aufreißer« gibt es immer noch: Der Schriftsteller Åke Edwardsson hat mit »Der Jukebox-Mann« ein wehmütiges Buch über die Szene geschrieben. »In meinem Heimatdorf sieht man 20-jährige Hippies in 60 Jahre alten Autos«, schmunzelt Edwardsson. »Die fahren Runde um Runde, von einer Wurstbude zur nächsten, aber sie kommen niemals weg. Für sie ist die Zeit einfach stehengeblieben.«

Auch Schwedens schnulzige Antwort auf die Countrymusik ist auf dem Lande noch sehr lebendig. Zu den Klängen der Dansband-Gruppen wird geschwoft wie in den Sechzigern: mit Hüten, Jeans und flotten Schritten im Foxtrott. Mit sanften Liedern über Liebe und Freundschaft wurden Christer Sjögren und seine »Wikinger« auch in Deutschland berühmt.

Die Saison ist kurz. Folglich sehen die Schweden allerorten Anlass, etwas zu feiern. An Walpurgis, dem Fest der Freude, werden mächtige heidnische Feuer entfacht, um die Finsternis zu vertreiben. Der Maibaum wurde vermutlich im Mittelalter von deutschen Handwerkern in Schweden eingeführt, wird aber, anders als der Name nahelegt, aufgrund der verspäteten Vegetation erst an *midsommar* aufgestellt.

Im Herzland von Dalarna, wo die alten Bräuche noch sehr lebendig sind, schlüpfen sie am Tag der Sonnenwende in ihre schönsten Trachten, pflücken Blumen und binden Kränze. Alles begibt sich auf die von Birken umstandene Festwiese. Die mit reichlich Laub und bunten Wimpeln geschmückte *majstång* wird emporgewuchtet. Auftritt der Tanzkapelle: Geigen schluchzen auf, die Runde greift sich an den Händen, und los geht der lustige Ringelreihen. Schwedenkinder lieben es, mit Vati und Mutti wie kleine Frösche um den Maibaum zu hopsen.

Dem alten Volksglauben zufolge entfalten sich an Mittsommer magische Kräfte. Es kann nicht schaden, sich in dieser Nacht im Tau einer Wiese zu wälzen. Früher sollten die Jungfern sieben verschiedene Blüten sammeln, sie unter das Kopfkissen legen und

Tag der Sonnenwende: Mittsommer in Dalarna

sich den Künftigen herbeiträumen. Heute gehen die aufgeklärten Schwedinnen zum Tanz und suchen sich ihre Männer lieber selbst aus.

Bis Mittsommer wird geschuftet, dann beginnt die Ferienzeit. Vier bis fünf Wochen Urlaub sind gesetzlich festgeschrieben. Die Schule entlässt ihre Schützlinge sogar für zehn lange Wochen in die Freiheit. Schon Monate vorher drehen sich die Gespräche unter Kollegen und Freunden darum, was man in der kostbaren Zeit alles anstellen will. Es werden Pläne für Wandertouren durch den Nationalpark Sarek in Lappland oder für Badeferien auf der Ostseeinsel Gotland geschmiedet. Die allermeisten zieht es aber in die *stuga*: Mehr als 40 Prozent der Schweden verbringen ihren Urlaub in der eigenen Hütte.

Weil alle Werktätigen gleichzeitig die Griffel fallen lassen, werden im Sommer die Bürgersteige hochgeklappt. Auf den Baustellen ruht die Arbeit. In den Hospitälern wird nur das Nötigste behandelt. Streifenwagen brauchen Stunden, bis sie am Tatort sind – falls sie denn überhaupt kommen. In diesen Wochen übernimmt eine Art zweite Belegschaft die Schlüsselpositionen der Gesellschaft. Die Kommunen schreiben Sommerjobs für Jugendliche aus, die sich in den Ferien das Taschengeld aufbessern wollen. Studierende sind als Altenpfleger, Briefträger oder Busfahrer unterwegs.

Ohnehin sind die jungen Leute in Schweden sehr selbständig. Das Studium an Eliteschmieden wie der Universität von Uppsala oder der Königlich Technischen Hochschule in Stockholm wird oft in kürzester Zeit durchgezogen, was auch an der Studienförderung liegt. Der Staat gewährt allen Studierenden Zuschüsse, vergleichbar dem deutschen BAföG, die aber anders als in Deutschland in den ersten Berufsjahren nicht nur vollständig, sondern auch mit Zinsen zurückgezahlt werden müssen. Da wird jede zusätzliche Öre dringend gebraucht. Allerdings steht diese spezielle »Generation Praktikum« am Ende eines langen Sommers wieder auf der Straße.

Wenn die Tage kürzer werden und sich im August die ersten Anzeichen des nahenden Herbstes zeigen, müssen sich die Krebse vorsehen: Sie werden in der Nacht aus der Tiefe der Seen und Flüsse angelockt und in Reusen gefangen. Am folgenden Abend sitzen die Schweden mit ihren Nachbarn an einer mit Lampions geschmückten Tafel im Hof einem Berg von Krebsen gegenüber. Die Leute haben Papphütchen auf dem Kopf. Sie saugen, sie schlürfen, und zu jedem Bissen gibt es traditionell einen Schluck aus der Branntweinflasche. Kein Wunder, dass bis zum frühen Morgen feuchtfröhliche Schnapslieder durch den Hof schallen. Die Schweden lieben ihre Tischgesänge, die gern unter die Gürtellinie zielen!

Im September geht es dann den Elchen an den Kragen. Wieder sind ganze Dörfer von Lappland bis Schonen verwaist, während Heerscharen von Jägern durch die Wälder streifen. Einst waren sie mythische Tiere und die grauen Eminenzen des Waldes. Doch heute gelten die vielen Langbeine in Schweden als Plage, die im Winter die jungen Triebe der Tannen und Fichten anknabbern und unerwartet vor das Auto springen. In jedem Herbst aber lassen sich die Schweden wieder von ihren Großhirschen in den Bann ziehen. Weit über 200 000 Frauen und Männer gehen dann auf die Pirsch – von der Waldarbeiterin bis zum König. Elche lassen sich nur ungern aufstöbern, sind Weltmeister im Tarnen und Täuschen. Speziell ausgebildete Elchhunde spüren das Wild auf und treiben es den Jägern zu, die ringsum auf der Lauer liegen. In den letzten Jahren haben die Jäger immer seltener Beute gemacht. Doch auf das ganze Land berechnet sind die Abschusszahlen gewaltig. Etwa 100 000 Waldtiere dürfen pro Saison erlegt werden.

In Willys rustikaler Jagdhütte im Wald von Agunnaryd wird am Abend nach der Jagd allerhand Hochprozentiges gereicht. Die Freunde sind alle zusammen aufgewachsen in ihrer idyllischen südschwedischen Heimat, die hier in Agunnaryd wirklich so aussieht wie Bullerbü in den Erzählungen Astrid Lindgrens: dunkle Wälder, rote Holzhäuser und windschiefe Höfe mit Pferden und Hühnern. Natürlich träumen sie alle davon, dass ihnen eines Tages ein besonders prachtvoller Elchbulle vor die Büchse läuft. Doch die schwedische Elchjagd ist viel mehr als das, meint Willy und wirft einen zärtlichen Blick über die Pokerrunde: »Sie hat eine ungeheure soziale Bedeutung. Wir feiern, trinken und spielen Karten. Und morgen ist ein neuer Tag. Nur Magnus hier, den hat es übel erwischt. Der hat ordentlich über den Durst getrunken. Dem können wir keine Flinte aushändigen. Der darf morgen seinen Rausch ausschlafen!«

Feste und Bräuche spielen auch im modernen Leben eine wichtige Rolle. Doch auf eigene Faust würde es kaum einem unserer Nachbarn einfallen, einmal an die Tür zu klopfen und sich den Mitbewohnern im Haus vorzustellen. Einige besonders scheue Exemplare haben wir seit deren Einzug vor vielen Monaten kein einziges Mal zu Gesicht bekommen. Vermutlich spähen sie durch den Türspion und verlassen die Wohnung nur, wenn die Luft rein ist. Man könnte ja im Hausflur auf einen Mitmenschen stoßen oder gar in ein Gespräch verwickelt werden – und das würde ihnen überhaupt nicht behagen.

Soziale Beziehungen sind für viele Schweden eine heikle Angelegenheit. Kein Gedanke, einen Arbeitskollegen nach Feierabend noch spontan auf ein Glas Bier in die nächste Kneipe einzuladen. Auch private Einladungen zum Abendessen wollen Wochen vorher verabredet sein. Fremden gegenüber geben sich die Einheimischen zunächst einfach nur höflich, zivilisiert und hilfsbereit. Damit ist aber über die wahren Gefühle noch wenig gesagt. Im Gespräch wird der Schwede erst einmal auf die Wetterlage hinweisen oder die Schönheit der Landschaft preisen – Themen, von denen er meint, sie seien über jede Kontroverse erhaben.

Jahrhunderte politischer Neutralität haben die Schweden gelehrt, niemals Partei zu ergreifen, den Kopf einzuziehen und jedem Konflikt möglichst aus dem Weg zu gehen. Krieg ist etwas, was fremde Völker in fernen Ländern betreiben. Die Schweden diskutieren die Probleme stattdessen. Alle bringen äußerst behutsam ihre Meinung zum Ausdruck, und alle hören zu. Dann schließen sie einen Kompromiss. Jeder bekommt etwas vom Leben ab – nicht zu viel und nicht zu wenig. In vielen Kulturen gilt es als ein Zeichen von sozialer Kompetenz und Zivilcourage, seine Meinung deutlich kundzutun und fest zu seinen Überzeugungen zu stehen, auch wenn alle anderen das für den größten Blödsinn halten.

Die Schweden sagen ungern direkt, was sie denken. Die kollektive Harmonie mit eigenen Gedanken zu stören, erscheint ihnen grob und rücksichtslos. Auseinandersetzungen gehen ihnen sehr zu Herzen. Am liebsten wollen sie sich ohne Worte verstehen. Peinliche Szenen in der Öffentlichkeit sind ihnen ein Graus. Wenn das Gegenüber mit lauter Stimme spricht, vielleicht noch mit den Händen fuchtelt und somit unerwünschte Aufmerksamkeit auf sich zieht, spürt der Schwede Unbehagen, wird ganz still, rückt zur Seite und wird bei nächster Gelegenheit die Flucht ergreifen. Weil man so zurückgenommen ist, werden Mitmenschen auch nur dann gegrüßt, wenn es einen besonderen Anlass dazu gibt. Wer lange genug im Land lebt, wird die bisweilen arg kühle und abweisende Haltung im alltäglichen Umgang miteinander nicht mehr persönlich nehmen. So richtig gewöhnen kann man sich aber nur schwer daran, wenn man morgens in die U-Bahn steigt und die Leute stumm wie die Fische sind und mit leeren Gesichtern aus dem Fenster schauen, obwohl es dort meist nichts zu sehen gibt.

»Den ganzen Tag wird man ignoriert oder angemuffelt, und am Ende gibt es noch eine Standpauke, weil man im Supermarkt keine Wartenummer gezogen hat – da könnte ich vor Wut aus der Bluse springen!«, stöhnt Uli Bruno. Die gebürtige Deutsche lebt seit einer kleinen Ewigkeit in Stockholm, ist mit einem Schweden verheiratet und hat eine Tochter großgezogen. An den Schweden schätzt sie die entspannte Souveränität, die höfliche Zurückhaltung, die Gabe, sich anderen nicht aufzudrängen, ihnen Raum zu lassen. Und doch habe sie bisweilen das Gefühl, alles falsch zu machen, sagt die Mittfünfzigerin: »Ich rede zu laut und über die falschen Themen, ich pruste an der falschen Stelle los und kann mir einfach nicht abgewöhnen, die Leute ohne Erlaubnis anzufassen.« Vor einigen Jahren hat sie sich mit einer Italienerin und einer Schwedin hingesetzt und ihre Erfahrungen in einen launigen Leitfaden einfließen lassen, der sich an Einwanderer richtet. Intensive Gefühlsregungen, lautstarke Kritik an den gesellschaftlichen Zuständen sowie unerwünschte körperliche Nähe seien im Umgang mit den Schweden unbedingt zu vermeiden, empfehlen die Autorinnen.

Die Klagen über seine maulfaulen, hölzernen Bewohner sind so alt wie das Land selbst. Schon die Sagas der nordischen Mythologie, die im Spätmittelalter auf Island aufgezeichnet wurden, sind randvoll mit Gestalten, die sich einen Dreck um die Gemeinschaft kümmern, die Weib und Kind verlassen und einer inneren Stimme folgend in die Wälder ziehen. Noch lange saßen die Bauern in ihren entlegenen und oft eingeschneiten Hütten und Höfen, bis die Urbanisierung die ersten Grundlagen für soziales Training schuf. Und noch heute empfinden manche Leute das gemeinsame Anstehen an der Bushaltestelle als unerwünschte Intimität.

Schweden hätten keinen Humor und keinen Esprit, seien empfindsam und rätselhaft – der Ethnologe Åke Daun hat schon eine Menge Vorurteile zu hören bekommen. In seiner Bibliothek stapeln sich anthropologische Studien aus aller Welt, die seinen Landsleuten Düsternis, Gefühlskälte und allgemein einen Mangel an Lebensfreude bescheinigen. Womöglich haben die Wikinger-Nachfahren ihr Imageproblem aber auch einfach nur den grüblerischen Filmen Ingmar Bergmans zu verdanken. »Wir haben seltsame Trinkgewohnheiten, kopulieren fleißig, und nachdem wir einen Haufen Steuern gezahlt haben, bringen wir uns um«, so hat der Schauspieler Erland Josephson die vielen gehässigen Vorurteile einmal selbstironisch auf den Punkt gebracht.

Sich selbst halten die Schweden für eine glückliche und überdies bewundernswert fortschrittliche und aufgeklärte Gesellschaft. Keine Machtkämpfe trüben ihr gleichberechtigtes Gemeinschaftsleben, keine Rivalitäten und kein Neid. Ihre Gemütslage lässt sich am besten mit dem Wort *lagom* beschreiben. Dieses vielleicht schwedischste aller Wörter ist nicht wirklich zu übersetzen, bedeutet aber so viel wie gerade recht, passend, angemessen.

Das einst so arme Bauernvolk ist gemeinsam reich geworden, doch noch immer gilt das berühmte Gesetz aus der fiktiven Kleinstadt Jante: »Bilde dir bloß nicht ein, dass du etwas Besonderes bist!« Mit seinem *Jantelagen* wollte der dänisch-norwegische Schriftsteller Aksel Sandemose Mitte der 1830er Jahre eigentlich dem Kleinbürgertum seiner Zeit den Spiegel vorhalten. Es gilt heute aber als treffliche Beschreibung gewisser sozialpsychologischer Eigentümlichkeiten, die sich alle Skandinavier zuschreiben. So etwa ihre Angewohnheit, alles, was nicht konform ist, misstrauisch zu beäugen. Offenkundig sind die Schweden tief im Herzen allesamt gemäßigte Sozialdemokraten, die lieber den Kompromiss und den Konsens suchen, statt sich unsinnigen Übertreibungen und Utopien hinzugeben. Exzentriker haben es schwer im Land des Gleichgewichts, denn niemand sollte es wagen, sich aus der Masse herauszuheben. Wer etwa am Arbeitsplatz durch übertriebenes Engagement und ungefragte Initiativen auffällt, sieht sich schnell den gehässigen Sticheleien der Kollegen ausgesetzt.

Weil sie sich so selten streiten, sind die Schweden Meister der versteckten Kritik. Das bekommen schon Teenager zu spüren, die sich weigern, sich den dogmatischen Modevorschriften und den gnadenlosen Schönheitsidealen ihrer Altersgenossen zu unterwerfen. An den Schulen versuchen Sozialpädagogen und Vertrauenslehrer, das in Schweden weitverbreitete Mobbing zu unterbinden.

Vom »schwedischen Modell«, für das sie überall auf der Welt bestaunt und bewundert werden, reden sogar die Schweden selbst. Sie geben ohne Zögern zu, dass sie gern Steuern zahlen, den Sozialstaat lieben und sich in ihrem »Volksheim« rundum gut versorgt fühlen. In ihrem Buch »Är svensken människa?« (»Ist der Schwede ein Mensch?«) begeben sich Henrik Berggren und Lars Trägårdh auf die Suche nach den Ursprüngen des fürsorglichen Staates. Wo sich die Deutschen als »verspätete Nation« der Gleichschaltung und dem blinden Kollektivismus hingegeben hätten, da attestieren die beiden Historiker ihren Landsleuten eine geradezu bewundernswerte Freiheitsliebe. In Schweden sähen die Bürger den Staat nicht als Obrigkeit, sondern vielmehr als Garant für die Wohlfahrt und Freiheit des Einzelnen. Die Behörden gewährleisten die soziale Sicherheit vom Kindergarten bis zum Altersheim und machen den Einzelmenschen unabhängig von Herkunft und Familie.

Die Schweden haben seit zwei Jahrhunderten keinen Krieg im eigenen Land mehr erlebt, kennen Flucht und Vertreibung allenfalls aus Geschichtsbüchern. Die Erfahrungen mit einem totalitären Regime, der Terror von Geheimpolizei, die Gängelung durch feudale Staatsbeamte blieben ihnen erspart. In Deutschland würden die Leute niemals beim Finanzamt anrufen und fragen, ob sie dies oder jenes von der Steuer absetzen können, weil sie das Gefühl haben, dass die Obrigkeit nur für sich selber sorgt. Und auch die deutsche Bürokratie ist von Natur aus misstrauisch, vermutet hinter den meisten Anfragen ihrer Klienten dunkle bis kriminelle Absichten. In Schweden ist die Einstellung der Beamten vergleichbar pragmatisch – viele Alltagsprobleme lassen sich in einem kurzen Telefongespräch klären, ganz ohne Stempel und doppelten Durchschlag. Mit Kopfschütteln reagieren unsere schwedischen Freunde, wenn wir ihnen von den mitunter komischen Auswüchsen der deutschen Regelungswut erzählen. Warum zum Beispiel bedarf es erst eines schier endlosen Streits, um so etwas Simples wie ein Dosenpfand einzuführen? In Deutschland wurde noch leidenschaftlich über das Verursacherprinzip und die verschiedenen Dosensorten diskutiert, da standen die Pfandautomaten in Schweden längst in jedem Supermarkt. Per Knopfdruck kann man sein »verdientes« Pfand übrigens gleich der Welthungerhilfe spenden.

Die Bürger sind überaus zutraulich, was die Erfassung ihrer persönlichen Daten angeht. Wer in Schweden lebt, wird vom Finanzamt mit einer zwölfstelligen Personenkennziffer ausgestattet, unter der alle nur denkbaren Informationen gespeichert sind. Jede Behörde hat Zugriff auf diese Daten. Ohne die *personnummer* geht nichts: Man kann kein Konto eröffnen, keine Wohnung mieten, keine Brille kaufen und nicht zum Arzt gehen. Hat man sie, ist alles ein Kinderspiel. Hat man sie nicht, lohnt es kaum weiterzuleben. Der Versuch, eine solche systematische Erfassung aller Bürger einzuführen, würde in Deutschland unweigerlich zum Aufstand führen. Man möge sich nur an die westdeutsche Volkszählung von 1987 erinnern! Damals malten die Kritiker das Schreckensbild des »gläsernen Bürgers« an die Wand, bestürmten die Gerichte mit ihren Klagen und riefen zu Boykott und zivilem Ungehorsam auf, um dem finsteren »Überwachungsstaat« das Handwerk zu legen. Wehret den Anfängen!

Manchmal allerdings ist die Sammelwut ihrer Behörden selbst den Schweden unheimlich. An der Stockholmer Uniklinik *Karolinska* werden die Blutproben sämtlicher Neugeborener seit 1975 im sogenannten PKU-Register aufbewahrt. Diese Bezeichnung ist die Abkürzung einer der Krankheiten, auf die das dort gelagerte Blut getestet wird: Phenylketonurie. Selbstverständlich geschehe all dies nur zu Forschungszwecken, versichern die Mediziner. Mit den genetischen Proben aus der Biobank ließen sich aber auch Straftäter überführen und Erbkrankheiten nachweisen. Noch hindert ein Gesetz Polizei und Versicherungen daran, auf die sensiblen Daten zurückzugreifen.

Zwar gibt es auch in Schweden Staatsgeheimnisse, und schwedische Unternehmer lassen sich von ihren Geschäftspartnern nur ungern in die Karten schauen. Doch seit 1766 gilt im Königreich das in der Verfassung verankerte Öffentlichkeitsprinzip, das den Bürgern bis heute Zugang und Einsicht in sämtliche Verwaltungsdokumente ermöglicht. Offenheit ist die Grundregel, Geheimhaltung die Ausnahme. Als sich Neonazibanden von der Pass-Stelle der Polizei die Fotos von Nazigegnern geben ließen und diese dann auf »Todeslisten« im Internet verbreiteten, war die Aufregung groß. Doch solchen gelegentlichen Missbrauch des Systems nehmen die Schweden in Kauf, weil sie die Transparenz als einen Grundpfeiler der Demokratie ansehen.

Die Steuererklärung ist verblüffend einfach. Die schickt einem das Finanzamt nämlich am Stichtag Anfang Mai bereits vollständig ausgefüllt zu. Die Kontrolle ist meist eine Sache von Minuten. Wer nichts einzuwenden hat, kann sein Einverständnis im Internet oder am Telefon erklären. So hat man nämlich gute Chancen, eventuelle Rückzahlungen schon im Sommerurlaub wieder ausgeben zu können. Ein beliebter Lesestoff ist die von der Boulevardpresse stets zum Jahresende veröffentlichte Liste der größten

Steuerzahler. Da kann jeder sehen, wie viel Vermögen berühmte Politiker, Schauspieler, Sportler, Musiker oder Wirtschaftsbosse angehäuft haben. Daneben sind meist auch die prachtvollen Villen und Sommerhäuser der Reichen und Schönen abgebildet. Wer ganz neugierig ist, kann die Behörden auch um die Auskunft bitten, was der Nachbar denn so verdient.

In vielen Gesellschaften gilt es als Kavaliersdelikt, bei den Steuern zu pfuschen, sich einen Vorteil auf Kosten der anderen zu verschaffen oder notfalls auch einmal eine Kleinigkeit mitgehen zu lassen, beispielsweise vom Arbeitsplatz. Für die Schweden mit ihrem feinen Gespür für Gerechtigkeit sind solche Gaunereien schlicht das Letzte. Gesetze und Regeln vermitteln ihnen seit den seligen Zeiten Birger Jarls ein Gefühl von Sicherheit, Schutz und Verlässlichkeit. Wir waren reichlich sprachlos, als wir uns beim Nachbarn eine Zwiebel borgten und der uns einige Wochen später daran erinnerte, dass wir sie noch nicht zurückgebracht hätten!

Autofahrer studieren vor dem Einparken mit Hingabe die Verkehrsschilder. Unterwegs geht es bedächtig und träge zu, obwohl die Leute oft sehr weite Strecken fahren, um zur Arbeit zu pendeln oder Verwandte zu besuchen. Schweden ist ein weites Land mit reichlich Platz, weshalb man von Staus und Schleichverkehr außerhalb der großen Städte meist verschont bleibt. Die Spur wird nach Landessitte nur im äußersten Notfall gewechselt, Raser und Drängler sind die absolute Ausnahme – kein Vergleich zum alltäglichen Horror auf deutschen Autobahnen! Allerdings sollte man sich trotz der nur selten auftauchenden Streifenwagen im Zaum halten. In regelrechten Razzien kontrolliert die Polizei nämlich, ob der Fahrer angeschnallt und nüchtern ist. Bei Verstößen drohen harte Strafen. Nicht einmal König Carl XVI. Gustav, dessen Leidenschaft für schnelle Sportwagen wahrlich kein Geheimnis ist, darf sich vor den moralischen Vorhaltungen seiner Untertanen sicher fühlen. Immer wieder lasen wir in schwedischen Zeitungen von den Eskapaden des Staatsoberhauptes im Straßenverkehr.

Um die Gesundheit seiner Bürger sorgt sich der schwedische Staat mit größter Hingabe. Gelegentlich ermahnt der »große Bruder« seine Schützlinge in Anzeigen und auf Plakaten, mehr Brot zu essen, dem Schnaps zu entsagen oder weniger zu rauchen. Schwedische Forscher warnten die Welt im Frühjahr 2002 vor schädlichem Acrylamid in Pommes frites und Kartoffelchips – und versetzten das mit die Fastfoodbranche in helle Aufregung. Von dem Stoff hatte bis dato noch nie ein Mensch etwas gehört.

Schweden ist eines der ersten Länder in Europa, das ein strenges Rauchverbot in Restaurants, Bars und Nachtclubs und überhaupt allen öffentlichen Orten mit Publikumsverkehr einführte. An vielen Arbeitsplätzen waren die Raucher schon zuvor gezwungen, ihrem Laster in ungemütlichen Raucherzimmern mit eingebauter Dunstabzugshaube zu frönen. In Kinos und Theatern wurde ein Werbeverbot für Tabakprodukte eingeführt, und auf der wenigen Reklame, die noch geduldet wird, prangen drastische Warnhinweise. Die Schweden fügen sich ohne Murren den Auflagen der Gesundheitsapostel. Selbst im tiefsten Winter sieht man sie in warme Wolldecken gehüllt, die Zigarette in der Hand, draußen vor der Kneipe auf der Straße stehen. Als Brüsseler Bürokraten allerdings auch dem im Norden überaus populären Feuchttabak den Kampf ansagten, wehrte sich das stolze Volk standhaft gegen die Bevormundung. Dem EU-Beitritt ihres Landes stimmten die Schweden nur unter der Bedingung zu, auch künftig unbesorgt an ihrem *snus* nuckeln zu dürfen.

Dabei gehört einiges dazu, einen Schweden aus der Ruhe zu bringen. Damit erst gar kein ungesunder Stress aufkommt, gibt es in jeder Amtsstube und in jedem noch so kleinen Laden am Eingang einen Apparat, an dem sich der Kunde einen *nummerlapp* zieht. Diese Wartemarke ist im Grunde eine schlaue Erfindung, weil man sich in etwa die in der Schlange benötigte Zeit ausrechnen und zwischendurch noch andere Besorgungen machen kann. Schweden, die Zeit sparen, haben unmittelbar das Bedürfnis, etwas Nützliches tun. Sie eilen hinaus aus dem Geschäft und hinein in ein anderes, wo sie am Apparat eine weitere Nummer ziehen. So geht alles seinen sozialistischen Gang. Tritt man seinem Gegenüber dennoch einmal versehentlich auf den Fuß, wird sich der Getretene sogleich für *seine* Unachtsamkeit entschuldigen.

Zur Ordnung rufen Schilder, die einem auf Schritt und Tritt begegnen: »Kein Bier in der U-Bahn trinken!«, »Nicht mit dem Fahrer sprechen!«, »Obacht vor dem Türspalt!«, »Handy aus!« Diese ständigen Aufforderungen, Ratschläge und Verbote scheinen aber niemanden wirklich zu stören. Im Park sieht man Hundehalter, die diskret am Rande stehen, bis Waldi sein Geschäft erledigt hat, um die Häufchen dann mit größter Sorgfalt vom Boden aufzuklauben und in einem mitgeführten Plastikbeutel verschwinden zu lassen – ein Anblick, der in Deutschland trotz teilweise ähnlicher Rechtslage mehr als selten ist!

Selbst wenn er krank ist, wartet der Schwede geduldig, bis er an die Reihe kommt. Er nimmt es hin, dass im Sommer wieder einmal alle Ärzte gemeinsam in den Urlaub gefahren sind; er hat Verständnis für die völlig überfüllten Ambulanzen; er duldet es, wenn sie ihn auf seiner Trage in den Flur schieben und dort versauern lassen; er beklagt sich nicht, wenn er Monate auf eine lebenswichtige Operation warten muss.

Schweden fallen ungern zur Last. Auch denen nicht, die für Rat und Tat bezahlt werden. Wer sich in Schweden ein Fahrrad oder irgendein anderes Produkt aus vielen komplizierten Teilen anschafft, bekommt es zerlegt geliefert und als erstes den Inbus-Schlüssel in die Hand gedrückt: Zusammenbauen darf man es dann selber. Kein Wunder, dass IKEA eine schwedische Erfindung ist! In Modeboutiquen schleichen die Leute ratlos um die Regale, wühlen auf eigene Faust in den Auslagen, statt die gelangweilten Verkäufer mit der Frage nach der gewünschten Größe zu belästigen. Auch das in alle Lebensbereiche hineinwuchernde Internet bringt den Wunsch der Schweden zum Ausdruck, in jeder Lage als selbständiger und perfekter Mitbürger zu funktionieren. Heute gibt es im ganzen Land kaum noch jemanden, der sein Flug- oder Bahnticket am Schalter kauft. Über das Netz werden amtliche Formulare ausgefüllt, Bücher verliehen, Beziehungen angebahnt. Fast 80 Prozent der Bürger sind online (in Deutschland sind es nur 58 Prozent), und nicht wenige surfen mit internettauglichen Mobiltelefonen der jüngsten Generation. Weltrekord!

Im Unterschied zu den Deutschen, die sich mit Schuldgefühlen plagen und ihre Herkunft als Belastung empfinden, haben die Schweden kein Problem damit, aufrichtig stolz auf ihr Land zu sein. Die blaugelbe Fahne flattert vor jeder Hütte im Wind und ziert die Käsehäppchen auf dem Weihnachtstisch. In die Weisheit ihrer Behörden und die Kompetenz ihrer Techniker haben die Schweden tiefstes Vertrauen, davon lassen sie sich auch von gelegentlichen Störfällen in ihren Atomkraftwerken nicht abbringen. Der ganze Stolz der Nation sind Sportler wie die Siebenkämpferin Carolina Klüft, der Fußballer Zlatan Ibrahimovic oder der Tennisspieler Björn Borg. Sie haben schon zu Lebzeiten ihre Plätze im Olymp der unsterblichen Sporthelden eingenommen – und natürlich auch in den Herzen der Schweden. Für Langlauf und Ski alpin bietet das Land gute Trainingsbedingungen. Legendär ist der Ort Tärnaby in der nordschwedischen Provinz Lappland. Er brachte gleich zwei weltbekannte Skiasse hervor: Ingemar Stenmark und Anja Pärson. Als Stenmark 1980 bei den Olympischen Spielen in Lake Placid im Kampf um die Goldmedaille die Pisten hinunterwedelte, hielt ganz Schweden den Atem an. 231 Weltcup-Rennen hat er bestritten, 40-mal war er im Slalom der Schnellste, 46-mal im Riesenslalom. Stenmark war der Meister des zweiten Durchgangs. Im ersten Lauf noch hoffnungslos abgeschlagen, fuhr er im zweiten grandios. Elegant war sein Stil, unvergleichlich sein Gespür für die richtige Balance. Sportlich sind die Nordschweden, viel reden tun sie nicht. Der große Schweiger Stenmark ist geradezu ein Graus für alle Reporter: Wenn er überhaupt einmal etwas sagt, dann selten mehr als ein oder zwei hingeknurrte Sätze. Meist aber zieht sich der Veteran seine gestrickte Mütze tiefer ins Gesicht und geht seiner Wege.

Anja Pärson kommt ohne solche Moden aus. Die Wollmütze wurde längst gegen den Sturzhelm getauscht, die Arbeitskleidung des amtierenden schwedischen Skistars sind hautenge Ganzkörperanzüge – extrem windschnittig und gepflastert mit den Logos der Sponsoren. Auch beim Eishockey spielen die Schweden ganz vorn mit. Die Nationalmannschaft *Tre Kronor* (benannt nach den drei Kronen des schwedischen Wappens auf den Trikots) sicherte sich 2006 mit einem Sieg über den Erzrivalen Finnland die Weltmeisterschaft und holte im selben Jahr olympisches Gold in Turin. Bei ihrer Rückkehr nach Schweden wurden die Stars der nordamerikanischen Profiliga NHL, Peter Forsberg, Mats Sundin und Niklas Lidström, wie Helden gefeiert. Auch Schauspieler wie der kantige Mikael Persbrandt und Musiker wie der unermüdliche Björn Ulvaeus aus der ABBA-Formation zählen zu den Lieblingen des Boulevards. Sie neigen allerdings deutlich weniger zum Starkult als ihre Kollegen in anderen Ländern.

Im Königreich lässt man lieber Taten sprechen und glänzt durch Erfolge: Die Wirtschaft wächst, die Arbeitslosigkeit ist niedrig, und die Geburtenrate steigt. Durch ihr hervorragendes Abschneiden in immer neuen UN-Studien zur Gleichstellung und Lebensqualität sowie zu gelungenen Reformansätzen dürfen sich die schwedischen Musterschüler zu Recht geschmeichelt fühlen. Weil sie so oft gelobt werden, neigen sie ihrerseits dazu, der bösen, rückständigen Welt Rezepte auszustellen. Das neutrale Land ist ein gefragter Vermittler in internationalen Konflikten und beherbergt das renommierte Friedensforschungsinstitut SIPRI (Stockholm International Peace Research Institute). Und alljährlich am 10. Dezember, dem Todestag des Stifters Alfred Nobel, reisen Forscher, Gelehrte und Literaten aus aller Welt ins winterliche Stockholm, um die Nobelpreise für Physik, Chemie, Medizin, Wirtschaftswissenschaften und Literatur in Empfang zu nehmen. Wer zum noblen Bankett im blauen Saal des Rathauses geladen ist, darf sich den höchsten Kreisen der schwedischen Kulturelite zugehörig fühlen.

Die Sitzordnung am Ehrentisch der königlichen Familie ist ein bis zuletzt gehütetes Geheimnis. Die weitgereisten Gäste in schimmernden Chiffon-, Satin- und Seidenkleidern oder im nachtschwarzen Frack, geschmückt mit funkelnden Orden, Brillanten, Diamanten und anderem Geschmeide, Kandelaber aus napoleonischer Zeit, poliertes Silberbesteck und auf den Millimeter genau platziertes Porzellan, feinste Kristallgläser, erlesene Speisen und sündhaft teurer Champagner: Das Nobelbankett ist ein Augen- und Gaumenschmaus!

Die Schweden mögen sich selbst genügen, aber das macht sie auch sympathisch. Während sich die Deutschen unablässig gegenseitig ihr Leid klagen und überall bloß neues Unheil ahnen – vom Waldsterben über das Gammelfleisch bis hin zur Vogelgrippe –, da schauen die robusten Schweden voll Zuversicht auf das, was da kommen mag. Bummeln, Einkaufen, Konsumieren ist ihre größte Leidenschaft. Und die lassen sie sich auch in wirtschaftlich unsicheren Zeiten nicht vermiesen. Sich zu verschulden, gilt keineswegs als anstößig. Der durchschnittliche schwedische Haushalt stand Ende 2006 mit umgerechnet rund 35 000 Euro in der Kreide. Überall im Land schießen gigantische Einkaufszentren aus dem Boden, die allerdings mit der immergleichen Ansammlung der üblichen Modeketten, Supermärkte und Sushi-Bars langweilen. In anderen Ländern setzen die Leute alles daran, sich zumindest modisch von all den anderen grauen Alltagsmäusen zu unterscheiden. Nicht so die Schweden, die um keinen Preis auffallen wollen und panische Angst davor haben, einen Trend zu verpassen. So kann es vorkommen, dass in Stockholm urplötzlich alle Frauen mit kurzen Tops und noch kürzeren Röcken, langen Stiefeln und noch längeren blonden Mähnen herumlaufen. Und wenn für die Herren der Schöpfung gerade Pink oder Rosa angesagt ist, dann sieht man in den Diskos nur noch bunte Nachtschwärmer.

Wer es exklusiver mag, zieht über die Einkaufsmeilen im mondänen Viertel Östermalm, wo Gucci, Luis Vuitton, Cartier, Marimekko und Chanel zu Hause sind. Allerhand Wellnesstempel und Designerpools verwöhnen die erschöpften Flaneure mit heißen Quellen, der traditionellen Shiatsu-Massage und Meditationsübungen wie Do In und Qi Gong. Abends geht es in angesagte Nachtclubs wie das »Café Opera« oder die »Spy-Bar«, noch immer legendäre Szenetreffs für alle, die sich gern im Glanze von Hollywood-Stars, Königskindern und anderen Berühmtheiten sonnen möchten und deshalb bereit sind, gesalzene Preise für ihren Cocktail zu zahlen. Wer die Tanztempel besuchen will, muss sich nicht nur gut benehmen. Oft gibt es auch eine untere Altersgrenze, die meist bei 18 Jahren liegt. Viele Bars haben aber konstatiert, dass junge Männer unreifer sind als junge Frauen, und daher das Eintrittsalter für männliche Besucher auf 21 oder 23 Jahre gelegt. Daneben gelten ungeschriebene Gesetze. Am Eingang führen bullige Muskelmänner mit dem Abzeichen eines Wachdienstes auf der Brust und einer Hörschnecke im Ohr ihr strenges Regiment. Wer etwa dem Kleidercode des Hauses nicht genügt, wird gleich abgewiesen oder darf erst einmal eine kleine Ewigkeit in der Schlange stehen.

Rund um die Altstadt finden Gourmet-Restaurants ihre gut betuchte Kundschaft. Die preisgekrönten Köche im »Gyldene Freden« oder in der »Fredsgatan 12« kombinieren klassische skandinavische Hausmannskost mit wilden, aromatischen Kreationen. Kulinarisch brauchen sich die Schweden längst nicht mehr zu verstecken. Ihre Küche bietet – allen bösen Gerüchten zum Trotz – weit größere Gaumenfreuden als Knäckebrot und kaltes Buffet. Die schwedische Tafel biegt sich unter Fisch und Meeresfrüchten von vorzüglicher Qualität. Dazu kommen Reh, Hirsch und Wildschwein aus den Wäldern. Elch und Rentier schmecken vorzüglich in der Suppe oder als Filet. Auch deftige Aufläufe und Kartoffelgerichte sind Klassiker der Speisekarte. Typisch sind süßsaure Gerichte mit Pilzen, grünem Spargel und Wurzelgemüse sowie Preisel- und Multebeeren.

Mut braucht allerdings, wer sich dem *surströmming* nähert. Als wir uns kürzlich ganz unerschrocken tatsächlich eine Gabelspitze dieser seltsamen Delikatesse einverleibten, stellten wir fest, dass wir uns den Sitten unseres Gastlandes schon recht gut angepasst haben. »Der vergorene Hering ist eine Sauerei erster Güte«, lacht

Gunnar. Doch der Wirt einer Stockholmer Traditionsstube schnuppert ausgiebig und mit Wonne an seiner Leibspeise, als wäre es das feinste Aroma auf Erden. Gunnar serviert das auch in Schweden höchst umstrittene Fischgericht, wie es seit Jahrhunderten Brauch ist: Ein paar wohldosierte Löffel auf den Teller und dazu werden Pellkartoffeln, gehackte Zwiebeln, saure Sahne und *tunnbröd*, ein knuspriges Fladenbrot, gereicht.

Die kleinen baltischen Heringe werden im Frühjahr aus den schrumpfenden Fischgründen der Ostsee gezogen, dann in Salzlake eingelegt und in Holzfässern in die Sonne gerollt. Acht Wochen gammelt der Fisch im Fass und entwickelt dort seine ganz besondere Note. Gunnar erinnert sich, dass der *surströmming* früher die Notration der armen Leute war: »Oben im Norden mussten sie in harten Wintern das halbe Jahr von den Fischen zehren. Damals war das kein Vergnügen, aber für uns heute ist es ein Kult.« Die eigentliche Hochzeit für die Delikatesse ist im August, wenn in Nordschweden die Fässer mit den eingelegten Fischleibern feierlich geöffnet werden. Im feinen Stockholm dagegen reagieren viele verschnupft, wenn ihnen der »Stinkefisch« – so heißt er aus durchaus nachvollziehbaren Gründen im Volksmund – vor die Nase kommt.

Für Mitteleuropäer ist auch der schwedische Kaffee eine arge Zumutung: Stundenlang blubbert das teerschwarze Gebräu auf der Heizplatte. Dabei ist Kaffee das heimliche Nationalgetränk der Schweden, die ihn bei Tag und Nacht in unfassbaren Mengen hinunterspülen. Wer den Hals nicht voll bekommt, darf in der Regel nach der ersten bezahlten Tasse so oft nachnehmen, wie es ihm beliebt. Immerhin kann man sich in Schweden infolge der Globalisierung an jeder Straßenecke einen Café latte holen. Ungesüßtes Vollkornbrot ist dagegen fast nicht aufzutreiben. Dafür entschädigt die scheinbar unerschöpfliche Vielfalt in schwedischen Backstuben: weiche Hefekuchen mit Safran und Rosinen, Zimtschnecken und Spritzgebäck, dazu üppige Torten, überladen mit Marmelade, Schokolade und Sahne.

Schweden sind perfekte Gastgeber. Bei den nicht leichtfertig ausgesprochenen privaten Einladungen werden die oft liebevoll in skandinavischer Sachlichkeit dekorierten Wohnungen auf Vordermann gebracht, das Kinderspielzeug weggeräumt, Kerzen entzündet, das Buffet drapiert. Pünktlich auf die Sekunde stürmt die Festgesellschaft herein: Der Gastgeberin bleibt kaum noch Zeit, den

Lippenstift nachzuziehen, während ihr Gatte noch hektisch in der Suppe rührt. Im Flur zieht man sich die Schuhe aus, denn niemand hat Freude daran, die Spuren von Schnee und Matsch vom Parkett zu schrubben. Fürsorgliche Gäste bringen sich ihren Wein selbst mit. Für Hochprozentiges wie Whisky oder Wodka stehen dann aber die Gastgeber gerade.

Die meisten unserer Freunde kochen leidenschaftlich gern, und einige verwöhnen uns mit den allerneusten Kreationen aus der Schlemmerzeitschrift *Allt om mat*. Zum Kaffeetrinken am Nachmittag oder beim Picknick im Grünen werden *smörgåsbröd* gereicht, herzhafte Butterbrote, die neben Käse und Schinken kunstvoll mit Salatblättern, Gemüse, Krabben, gekochtem Ei und Mayonnaise garniert werden.

Dazu gibt es *paj*, eine köstliche Quiche aus Spinat und Västerbotten-Käse, oder die berühmteste Spezialität des Landes: *gravad lax*, gebeizter Lachs mit Gewürzen und frischem Dill. Werden aber bei einer privaten Einladung zu später Stunde noch einmal Schnittchen aufgetischt und Kaffee aufgebrüht, ist das ein untrügliches Zeichen für die Gäste, dass es Zeit ist, den Heimweg anzutreten.

Während der Woche trinken die Schweden selten Alkohol. An fünf Tagen wird fleißig gearbeitet und kaum ausgegangen. Umso eifriger geht es am Wochenende zur Sache: Dann wird das Vergnügen gebündelt und bis zum Vollrausch nachgeholt. Allerdings hat das hemmungslose Trinken seinen Preis: Um ihre Haushaltskasse zu schonen, versammeln sich viele Jugendliche schon am frühen Samstagabend zum sogenannten »Vorfest« in einer Privatwohnung. Dort sitzen sie dann auf dem Sofa, ein jeder mit seinen mitgebrachten Dosen und Flaschen vor der Nase, und legen mit Bier oder Schnaps die Rauschgrundlage für den Abend. In Kneipen, Diskos oder Bars wird anschließend kräftig nachgetankt – bis sich kaum mehr jemand auf den Füßen halten kann. »Schweden liegt nun einmal mitten im Wodkagürtel, der sich aus dem tiefsten Sibirien bis hinunter zum Öresund zieht«, seufzt Anitra Steen. Sie ist Chefin des staatlichen Alkoholmonopolisten *Systembolaget*, im Volksmund nur »das System« genannt. Die staatliche Aktiengesellschaft ist wahrscheinlich das einzige Unternehmen im ganzen Land, das seine Kunden vor dem Gebrauch der eigenen Produkte warnt. *Systembolaget* unterliegt der Weisung des Sozialministeriums. Es soll zwar Alkohol verkaufen, aber zugleich den Alkoholkonsum vermindern.

Trinken ohne Reue: Einkauf beim Alkoholmonopolisten Systembolaget

Im Stockholmer Schnapsmuseum bemüht sich eine Ausstellung, die »unkultivierten Trinkgewohnheiten« der Schweden aus ihrer Geschichte zu erklären. Schweden war schon immer ein dunkles und kaltes Land, mit harten Böden und rauen Winden, geplagt von Missernten und gierigen Steuervögten. In ihrer Verzweiflung griffen die Leute zum Alkohol. Solange die Bauern nach der harten Feldarbeit nur Bier und Met tranken, ging alles gut. Doch schon im 15. Jahrhundert brachten Lübecker Kaufleute den Branntwein unter die ungeübten Schweden. Zunächst den besseren Kreisen vorbehalten, wurde der unselige Trunk bald auch vom gemeinen Volk destilliert. In jeder Hütte und auf jedem Hof stand ein Fass mit Selbstgebranntem. Die Schweden soffen munter weiter, nun aber meist hochprozentig. Anfang des 19. Jahrhunderts stieg der durchschnittliche Verbrauch an Branntwein auf sagenhafte 45 Liter pro Person und Jahr. Industriearbeitern wurde der Fusel gar als Lohn ausgeschenkt. In den Erzminen und Sägewerken häuften sich die Unfälle. Nach amerikanischem Vorbild formierte sich um das Jahr 1830 die mächtige Volksbewegung der Abstinenzler. Diese erzwang 1922, zwei Jahre nach dem Beginn der Prohibition in den USA, ein Referendum, bei dem sich die Schweden – allerdings mit knapper Mehrheit – gegen ein vollständiges Verbot von Alkohol aussprachen. Die Rationierung aus den Kriegsjahren blieb allerdings bestehen. Bis 1955 konnten die Schweden Wein und Schnaps nur »auf Rezept« und gegen Vorlage von Bezugsmarken erwerben. Heute darf man die Ware kistenweise aus »dem System« fortschleppen – vorausgesetzt, man hat das nötige Kleingeld parat.

In den staatlichen Schnapsläden kostet ein Liter Wodka an die 30 Euro, wovon 20 Euro direkt in die Steuerkasse fließen. Kein Wunder, dass der Alkoholtourismus zum Breitensport geworden ist. Mit ganzen Busladungen ziehen die Schweden über den Öresund, weil die Preise für Bier, Wein und Schnaps in Dänemark deutlich geringer sind. Überaus beliebt sind auch die zollfreien Butterfahrten auf Ostseefähren nach Helsinki, Tallinn und Sankt Petersburg. Unterdessen streitet *Systembolaget* mit abendlichen Schnupperkursen und beinahe zärtlichen Beschreibungen der auserlesenen Weine des beeindruckenden Sortiments für eine bessere Tischkultur. Doch zum großen Leidwesen des bröckelnden Monopolisten hat der Alkoholkonsum mit dem EU-Beitritt und dem wachsenden Grenzhandel wieder kräftig zugenommen.

Im Wodka findet der Schwede seine reine Seele. Im Meer des Weines darf er sich entspannen. Denn immer nur pflichtbewusst, vernünftig und maßvoll sein – das hält der stärkste Mensch nicht aus!

Schweden, das ist ein Land mit unglaublich viel Platz, eine Gesellschaft, die mit sich selbst im Reinen zu sein scheint, die uns mit ihrem Entwurf des guten Lebens im Laufe der Jahre überzeugt hat. Was wir uns zu Hause niemals gefallen ließen – von der staatlichen Gängelung bis hin zur umfassenden Kontrolle des Einzelnen –, erscheint uns in diesem Musterland durchaus angemessen. In der Tat können wir so einiges von den Schweden lernen: ihre sprichwörtliche Gelassenheit zum Beispiel. »Det ordnar sig«, pflegt unser schwedischer Freund Per-Åke zu sagen, wenn wir ihm wieder lauthals unser Leid über stumme Mitbürger, tranige Beamte oder unmenschliche Steuerbescheide klagen: »Regt euch nicht auf! Das Problem löst sich von selbst.«

Abschied vom »Volksheim«

Schwedische Reformen

Am Abend des 17. September 2006 schallen Jubelrufe durch die wuchtigen Mauern des Reichstages, Sektkorken knallen. Mit knapper Not ist es den Bürgerlichen gelungen, die Sozialdemokraten *(Socialdemokraterna)* mit ihrem Vorsitzenden Göran Persson von der Macht zu verdrängen. Eine bittere Niederlage für die einstige Lichtgestalt der Linken. Doch der gestürzte Patriarch ist mit den Gedanken ganz woanders. Noch am Wahlabend verweist Persson die neugierige Pressemeute auf die unbestellten Äcker und Gärten, die in der idyllischen Provinz Sörmland auf ihn warten. Ein prächtiges Gut nennt er dort sein Eigen, dazu 55 Hektar Land. Zwischen sanften Hügel und grünen Weiden will er zukünftig Hand anlegen. Namhafte Industriekapitäne und Börsenmillionäre wohnen in der Nachbarschaft. Mit Staunen verfolgen die Schweden, wie sich der Arbeitersohn aus der Vorstadt, der ihnen stets die Solidarität mit den einfachen Leuten predigte, in einen wohlhabenden Großbauern verwandelt hat.

Die Parteigenossen sind peinlich berührt. Offenkundig wolle der Frührentner mit seinem Ruhesitz die alte Feudalgesellschaft wieder aufleben lassen, lästern Altvordere wie Olof Palmes ehemaliger Chefdiplomat Sten Andersson hinter vorgehaltener Hand. Die Kritiker erinnern an die puritanischen Traditionen der altehrwürdigen Partei: Tage Erlander, der Gründervater, haderte lange mit seinem Sommersitz Harpsund. Ein Industrieller hatte der Regierung den hübschen Gutshof in Sörmland vermacht. Der aus einer großbürgerlich-aristokratischen Familie stammende Olof Palme zog lieber in den Problemvorort Vällingby, lief in knittrigen Anzügen herum und gab sich volksnah. Auch der langjährige Ministerpräsident Ingvar Carlsson weigerte sich lange Zeit, in den Regierungspalast *Sagerska* einzuziehen, bis ihn die Personenschützer der Sicherheitspolizei dazu zwangen.

Noch vor zwei bis drei Generationen waren die Schweden bitterarme Bauern gewesen. Gemeinsam sind sie reich geworden. In den frühen Rekordjahren des Sozialstaats bekamen alle fast gleichzeitig die gleichen Dinge: den ersten Volvo, den ersten Fernseher, das Sommerhäuschen. Jeder Einzelne hatte ein Recht darauf – man war ja über den Sozialpakt verbunden, das schwedische Modell. Die Richtung hatte Selma Lagerlöf bereits in ihrem Bildungsroman »Die Sage von Gösta Berling« 1891 vorgegeben: »Wir wollen alle gut sein. Wir wollen von jedem das Beste. Wir wollen keinem schaden.«

Die schwedischen »Sozialingenieure« betonten, wie wichtig es sei, dass der Staat nun für alle Mitbürger ein feinmaschiges Netz aus Rechten knüpfe, das jeden aufzufangen versprach, der zu fallen drohte. Doch nicht alle fühlten sich in ihrem »Volksheim« geborgen. Denn längst hatte sich das schwedische Modell von der Wohlfahrt aller in eine Ideologie verwandelt und führte ein Eigenleben.

Die weltberühmte Kinderbuchautorin Astrid Lindgren war zeitlebens den Sozialdemokraten zugeneigt. Doch als sie im Frühjahr 1976 ihren Steuerbescheid in Händen hielt, traf sie fast der Schlag. Mehr als 100 Prozent Steuern sollte sie nach ihrer Einstufung als Selbständige auf ihr Einkommen aus den Buchverkäufen an den Fiskus abtreten, der sich wegen immer neuer Wohlfahrtsprogramme mit steten Geldsorgen plagte. Im selben Jahr war auch Starregisseur Ingmar Bergman vor der drohenden Enteignung nach München geflüchtet. Doch Lindgren ließ sich nicht vertreiben und auch nicht von Olof Palme beschwichtigen, der ihr vorrechnete, dass sie als Rentnerin »nur« 85 Prozent Steuern zu zahlen hätte. Die mutige alte Dame griff stattdessen zur Feder. Am 10. März 1976 erschien in der Zeitung »Expressen« ihre Fabel »Pomperipossa in Monismanien«: Die bissige Satire auf die Selbstgerechtigkeit des allmächtigen Dreigestirns aus Sozialdemokratie, Gewerkschaften und Medien traf sogleich den Nerv ihrer steuergeplagten Landsleute. Bei den darauffolgenden Wahlen wurden die Sozialdemokraten erstmals seit 44 Jahren von der Macht vertrieben. Allerdings konnte Olof Palme nach einem kurzen Gastspiel des glücklosen Zentrumspolitikers Thorbjörn Fälldin in das Regierungsamt zurückkehren.

Dabei waren die schwedischen Sozialreformer eigentlich nie auf Enteignung und Verstaatlichung aus. Während die Wirtschaft immer recht milde besteuert wurde, traf es die Angestellten mit ihren geringen Löhnen umso härter. Ein einziges Mal versuchte Palme, das heilige Abkommen von Saltsjöbaden in Frage zu stellen: Nach den Vorstellungen von Gewerkschaften und Regierung sollten die großen börsennotierten Unternehmen einen Teil ihrer Gewinne in die berühmten Arbeitnehmerfonds einzahlen. Das sollte darauf hinauslaufen, dass die Aktienmehrheit auf längere Sicht auf die Gewerkschaften übergehen würde. Oder wie es der Essayist Hans Magnus Enzensberger einmal formulierte: »Die Kapitalisten sollen den Strick bezahlen, mit dem die Gewerkschaften sie erwürgen wollen.« Der aberwitzige Plan scheiterte letztlich am Widerstand der Industrie und womöglich auch am unentwirrbaren Dickicht der Paragraphen.

In das Privatleben der Schweden griff der Staat zeitweise ungehemmt ein. Bereits in den Jahren zwischen den Kriegen hatten die Eheleute Alva und Gunnar Myrdal die Familie als Experimentierfeld für soziale Utopien entdeckt. In ihrem Buch »Kris i befolkningsfrågan« (»Krise in der Bevölkerungsfrage«) von 1935 wetterten die Nobelpreisträger über arbeits- und kinderlose »Luxusweiber«, die sich ihre Zeit mit Einkaufen, Literatur und Erotik vertrieben. Als modernes Gemeinwesen müsse Schweden das verstaubte Hausfrauenideal hinter sich lassen. Die freie Liebe zwischen Mann und Frau setze nämlich die Unabhängigkeit beider Partner voraus. Folglich müsse sich der Staat in Kindergärten und Ganztagsschulen der Sprösslinge annehmen. Keine Schwedin sollte der Kinder wegen auf ihre beruflichen Erfolge verzichten müssen. Doch scheinbar gelang den Myrdals in ihrer eigenen Familie nicht, was sie in ihren Büchern predigten: In seinem autobiographischen Roman »Eine Kindheit in Schweden« holte Jan Myrdal seine berühmten Eltern später vom Sockel, indem er seine von Kälte und Gleichgültigkeit geprägte Kindheit beschrieb.

Mit ihrem wissenschaftlichen Pathos hat die gelernte Psychologin und Familiensoziologin Alva Myrdal dennoch großen Einfluss auf die späteren Familienreformen der Sozialdemokraten.

Die Gleichberechtigung war auch eines der großen Themen, die später in den 70ern bei Lisbeth und Olof Palme am Küchentisch mit leidenschaftlichem Eifer diskutiert wurden. In den neun Jahren seiner Regierungszeit brachte der Ministerpräsident die maßgeblichen Gesetze zur Gleichstellung im Berufsleben, zur Förderung der Kinderbetreuung und zur steuerlichen Gleichstellung der Ehepartner auf den Weg. Seinen sozialistischen Reformeifer setzte Palme machtbewusst, mit hohem Risiko und nicht selten mit knappsten Mehrheiten in die Realität um.

Im Februar 1986, zwei Wochen vor seiner Ermordung, verteidigte der Sozialdemokrat in einer leidenschaftlichen Rede noch einmal seine Politik, die umfassende Sicherheit vor den Unwägbarkeiten des Lebens versprach: »Sie nimmt uns die Furcht vor dem Unerwartbaren, das kommt, um unser Leben und unsere Träume zu zerstören. Sie geleitet uns zum Lichten und zum Guten.« Es klang wie in der Bergpredigt.

Wenig später lag Schweden am Boden. Das Staatsdefizit war Anfang der 90er Jahre mit mehr als zwölf Prozent der Wirtschaftsleistung das höchste aller Industrieländer. Die Inflationsrate war zeitweise über zehn Prozent gestiegen, die Krone hatte enorm an Wert verloren, die Staatsschulden hatten sich innerhalb weniger Jahre auf über 80 Prozent des Bruttoinlandsprodukts verdoppelt. Auf dem Höhepunkt der Krise mehrten sich die Firmenpleiten, der Immobilienmarkt brach zusammen, die Arbeitslosigkeit kletterte auf den für schwedische Verhältnisse überaus erschreckenden Wert von zwölf Prozent.

Ausgerechnet Göran Persson, mit seinem behäbigen Temperament das genaue Gegenteil des streitlustigen Weltpolitikers, machte sich daran, seinen tief verunsicherten Schweden einen neuen Weg zu weisen: Die Regierung kürzte Arbeitslosengeld und Sozialhilfe, lockerte den Kündigungsschutz und reformierte die Altersvorsorge. Die Schweden müssen seither einen Teil ihrer Ruhegelder selbst ansparen. Insbesondere dem Gesundheitswesen wurde eine drastische Diät verordnet, jedes vierte Krankenhaus geschlossen, reichlich Personal entlassen, ein Drittel der Betten eingespart.

Für die Notfallstationen der Hospitäler gilt seither das Motto: Wer die lange Wartezeit überlebt, wird ausgezeichnet behandelt! Allerdings nimmt der Staat die Patienten auch mit beachtlichen Beiträgen in die Pflicht: Wer krank ist, dem wird ein Karenztag vom Gehalt abgezogen. Bei jedem Arztbesuch wird eine Selbstbeteiligung von umgerechnet 15 bis 30 Euro fällig. Medikamente gibt es grundsätzlich nur mit Zuzahlung. Richtig teuer kommen Reparaturen an den Zähnen: Sie können schnell einen ganzen Monatslohn verschlingen.

Die Bürger schluckten das bittere Gebräu aus steigenden Steuern und sinkenden Ausgaben für Schulen, Kinderbetreuung und Sozialhilfe, weil jeder spürte, dass es so wie bisher nicht weitergehen konnte. Von Bedeutung war wohl auch, dass die Kürzungen alle Gesellschaftskreise gleichermaßen trafen – kaum jemand sollte ungeschoren davonkommen. Viele Schweden sehen die Krise heute sogar als Glücksfall, weil sie den Anreiz gab, die längst überfälligen Reformen anzupacken.

Als die Schweden das Ruder herumwarfen, um ihre Staatsfinanzen wieder ins Gleichgewicht zu bringen, wurde auch dies wieder einmal als leuchtendes Vorbild gesehen. Der Sparpolitiker Göran Persson hielt im Kabinett von Gerhard Schröder einen Vortrag darüber, wie Deutschland den Umbau des Sozialstaats nach schwedischer Rezeptur bewerkstelligen könnte. Doch Schröder fuhr vor die Wand, als er seinem Volk wenig später eine ähnliche Medizin verabreichen wollte. »Hartz IV« gilt seitdem nicht nur als Synonym für sozialen Abstieg, sondern auch für vermurkste Reformkonzepte. Wie konnte es trotz all der guten Ratschläge so weit kommen?

Gut möglich, dass Persson damals seinem politischen Weggefährten in Berlin einige wichtige Aspekte des schwedischen Modells verschwiegen hat. Mit der Mentalität fängt es an: In Schweden herrscht ein gesellschaftlicher Zusammenhalt, der Deutschland bis auf Weiteres nicht zur Verfügung steht. Pragmatische Lösungen setzen aber voraus, dass der soziale Konsens größer ist als die sozialen, politischen und wirtschaftlichen Einzelinteressen. Überdies wird das kleine Königreich im Norden streng zentralistisch geführt. Kein schwedischer Regierungschef musste sich jemals mit den Begehrlichkeiten mächtiger Landesfürsten herumschlagen. Stockholm entscheidet, basta!

Noch ein gravierender Unterschied zu Deutschland ist das steuerfinanzierte Sozialsystem: Zwei Drittel des Bruttoeinkommens fließen durchschnittlich als direkte oder indirekte Steuern in das Staatssäckel. Und die Leute zahlen, ohne zu murren. Ihre Duldsamkeit hat einen guten Grund: Rund ein Viertel aller Schweden im erwerbsfähigen Alter war im Jahr 2006 von staatlichen Transferleistungen abhängig; mehr als ein Drittel aller Arbeitnehmer ist im öffentlichen Dienst beschäftigt. Wer sägt schon freiwillig an dem Ast, auf dem er sitzt?

Hohe Steuern stünden dem Wachstum nicht im Wege, so lautete das Mantra des Finanzpolitikers Göran Persson. Der Sozialdemokrat bemühte gern das aerodynamische Paradox der Hummel: Wie das Insekt mit seinen zierlichen Flügeln und dem viel zu schweren Körper würde sich auch Schweden zu neuen Höhen aufschwingen. In der Tat wiesen alle Kurven bald wieder steil nach oben.

Noch am Tag ihrer Abwahl konnten die Sozialdemokraten glänzende Wirtschaftsdaten vorweisen. Die Arbeitslosenquote lag offiziell bei nur rund fünf Prozent, das Land war schuldenfrei, der Haushalt ausgeglichen, die Inflation gering, die Konsumfreude der Schweden ungetrübt.

Wer auf hohem Niveau spart, behält auch viel. Mit ihrem großzügigen Modell zur Familienförderung, mit bezahlten Papamonaten, ganztägiger Kinderbetreuung und dem Recht auf Teilzeitarbeit waren die Schweden den deutschen Verhältnissen immer noch um Lichtjahre voraus. Göran Persson erinnerte gern daran, die schwere Finanzkrise in seiner ersten Amtsperiode gegen vielerlei Widerstände auch aus den eigenen Reihen bewältigt zu haben. Gesunde Staatsfinanzen seien notwendig, um den Arbeitsmarkt zu stimulieren. In dieser Hinsicht sei er »stolz, aber nicht zufrieden«. Weitere Zumutungen für die sozial Schwachen seien nach den bitteren Jahren der Gesundschrumpfung nicht geplant. Und Persson vermittelte seinen Landsleuten das Gefühl, dass sich so viel gar nicht verändert habe. Die allermeisten Schweden sind heute der Meinung, dass ihr Sozialstaat noch immer ein leuchtendes Vorbild für die Welt ist.

Als der Wirbelsturm Katrina im August 2005 über New Orleans und die Golfküste der USA hereinbrach und die Hilfe für die Opfer der Flutkatastrophe nur schleppend anlief, sah Persson dies als Beleg für das unsolidarische Amerika mit seinem grausamen Raubtierkapitalismus. In seinem Land sei der freie Fall durch alle sozialen Netze gänzlich undenkbar, wetterte der Schwede und gelobte feierlich: »Wir lassen niemanden zurück!« Das schwedische Modell habe bis heute nichts von seiner Faszination eingebüßt. Denn gerade wegen ihrer sozialen Absicherung könnten die Schweden furchtlos mit allen veränderten Lebenslagen umgehen. Mit dunklen Prophezeiungen warnte Persson, der Prediger, gleichwohl vor dem drohenden Systemwechsel: Die Bürgerlichen brächten unweigerlich die soziale Kälte über das Land. Diese seien nämlich gesinnt, das weltweit bewunderte Gesellschaftsmodell durch schnöde Klientelpolitik zu untergraben.

Doch die Schweden verstanden ihn nicht mehr: Bei den Wahlen im September 2006 fuhren die Sozialdemokraten das schlechteste Ergebnis seit 90 Jahren ein. Zum dritten Mal in ihrer überlangen Regentschaft mussten die Sozialdemokraten dem »Klassenfeind« das Feld überlassen. In gewisser Weise erinnerte der späte Persson an den ewigen Kanzler Helmut Kohl, der nach 16 Jahren an der Macht beim Wahlvolk einfach nicht mehr ankam. Auch in Schweden haben die Genossen ihren Patron als einen in Erinnerung, der auf seine alten Tage kaum noch Widerspruch duldete. Und wie Kohl versäumte es auch Persson, nach dem Tod der von ihm als Kronprinzessin auserkorenen Anna Lindh, eine populäre Figur in der Partei aufzubauen. Die wenigen Talente, die sich berufen fühlten, wurden vom autoritären Parteichef vertrieben.

Stattdessen machte sich im Herbst 2006 der Konservative Fredrik Reinfeldt daran, das schwierige Erbe anzutreten. Jung und unverbraucht wirkt der Mittvierziger mit der glänzenden Glatze, den Hundeaugen und dem schüchternen Lächeln im Gesicht. Der Ministerpräsident lebt in Täby, einem gutbürgerlichen Vorort im Norden Stockholms. Hier bewohnt er einen Bungalow mit seiner Frau Filippa und drei Kindern. Er lebt dort, wo die Mittelschicht zu Hause ist, aber seinen Wahlsieg verdankt er auch den kleinen Leuten. Fredrik Reinfeldt hat seiner Moderaten Sammlungspartei *(Moderaterna)* ein neues Image verpasst und sich dabei ausgerechnet den britischen Premier Tony Blair und dessen *New Labour* zum Vorbild genommen. Früher warben die Konservativen recht einseitig um Unternehmer und Spitzenverdiener, gelobten die Steuern zu senken und kündigten umfassende Privatisierungen im Gesundheitswesen, im Pflegebereich sowie bei Schulen und Hochschulen an. Doch die Schweden mögen keine Veränderungen, radikale Reformen sind ihnen ein Graus.

In Schweden schlägt das Herz eben moderat links, das weiß auch Fredrik Reinfeldt. Noch in der Wahlnacht hat er den Sozialstaat beschworen. Er verkündete, er werde im Prinzip nichts anders, aber alles besser machen. Darum haben sie ihn auch gewählt, die abtrünnigen Sozialdemokraten. Unter seiner Führung sind die »neuen« Moderaten eine weichere und gefühlvollere Partei geworden. Reinfeldt verspricht zusätzliche Sozialleistungen in Milliardenhöhe und profiliert sich damit beim Wahlvolk als der wahre Sozialpolitiker. Er will die Lohnnebenkosten senken, um mehr Jobs im Mittelstand zu schaffen. In den Schulen sollen Noten und besser ausgebildete Lehrer für mehr Disziplin zu sorgen. Die Arbeitgeber will man mit steuerlichen Anreizen dazu bewegen, mehr Jugendliche einzustellen, die bislang in unbezahlten Praktika sinnlose Warteschleifen drehen. In Schweden punkteten die Konservativen zum Teil mit klassischen linken Themen.

Filippa Reinfeldt ist Bürgermeisterin von Täby und folgt sehr erfolgreich ihrem Wahlspruch: »Die Macht muss zurück an den Küchentisch.« Schließlich wüssten Eltern am besten, was für ihre Kinder gut ist. In Täby konnten die Konservativen Zeichen setzen. An Fredriks altem Gymnasium schafften sie das kostenlose Schulessen ab, einer der Grundpfeiler schwedischer Gleichheitspolitik. Die Kinder bekommen noch immer eine warme Malzeit am Tag, doch das kostet die Eltern jetzt 400 Euro im Jahr. Auch die meisten ihrer Güter hat die Gemeinde verkauft, bis auf die Feuerwehr. Vom Erlös wurden Schulden getilgt, ein Teil wurde an der Börse investiert. Dieses Aktienkapital soll später die Versorgung sichern. Wird Fredrik ganz Schweden so regieren können, wie Filippa es in Täby vormacht? Wird er Schweden in einen Staat verwandeln, der vor allem denen nützt, die ohnehin schon auf der Sonnenseite leben?

Unwahrscheinlich. Es gilt weiter das erhabene Ziel, wirtschaftliche Vernunft und soziale Gerechtigkeit in Einklang zu bringen. Für die Bürgerlichen beinhaltet das, den produktiven Teil der Bevölkerung zu entlasten. Arbeitslose und Kranke müssen sich dagegen auf die Kürzung ihrer Leistungen einstellen. Bislang nämlich waren die Transferleistungen überaus großzügig: Als Arbeitslosengeld wurde 300 Tage lang 80 Prozent des Gehalts gezahlt. Die Lohnfortzahlung im Krankheitsfall belief sich gar auf 90 Prozent. Überdies wurden für Familien in Notlagen kurzfristig zusätzliche Leistungen wie Wohngeld und Sozialhilfe gezahlt.

Einen wirklichen Aufschwung auf dem Arbeitsmarkt hatte es in den zehn Jahren der Regierung Persson nicht gegeben. Die offene Arbeitslosigkeit war nur deshalb halbiert worden, weil Krankschreibungen und Frühpensionierungen im gleichen Zeitraum epidemisch zugenommen hatten. Tatsächlich waren 2006 mehr als eine Million Schweden im erwerbsfähigen Alter ohne Beschäftigung und auf dauerhafte Sozialleistungen angewiesen. Allein für Kranke und Frührentner muss der Staat jährlich rund 12 Milliarden Euro bereitstellen. Die sozialen Sicherungssysteme verschlingen fast die Hälfte der gesamten Steuereinnahmen. Ein Volk in Abhängigkeit.

Der Analyst Stefan Fölster ist der Meinung, dass das schwedische Steuersystem Krankschreibungen geradezu provoziert, weil Selbständige, Kleinbetriebe und selbst Bezieher niedriger Einkommen hoch besteuert werden: »Das wird durch großzügige Sozialleistungen wieder ausgeglichen, aber in der Konsequenz führt es dazu, dass es sich für viele Leute nicht lohnt zu arbeiten.« Langzeitarbeitslose würden immer öfter in fragwürdige Fortbildungsprogramme oder gleich in Pension geschickt, um sie aus den Statistiken streichen zu können, hat die Gesundheitsexpertin Hanne Kjöller beobachtet. Unterdessen buhle eine ganze Industrie von Heilkundlern um die lukrative Behandlung »ausgebrannter« Arbeitnehmer. Schweden leiste sich den höchsten Krankenstand in ganz Europa. Und die Patienten würden fürsorglich behandelt, spottet Kjöller: »Sie dürfen im Garten graben, schnuppern am Blütenwasser oder liegen in der Hängematte.«

Viele Schweden meinen, es sei ihr gutes Recht, sich eine Auszeit zu nehmen, erzählte uns eine befreundete Ärztin mit einigem Seufzen: »Früher hat man sich eine neue Arbeit gesucht, wenn es Probleme mit dem Chef gab, heute lassen sich die Leute für längere Zeit krankschreiben.« Sie versuche es mit gutem Zureden, doch ihre Patienten könnten richtig böse werden, wenn sie das gewünschte Attest nicht herausrücke. Eine fatale Einstellung, meint die gestresste Medizinerin, weil sie am Ende zum Kollaps der Solidargesellschaft beitragen könnte.

Allen Beteiligten ist klar: Sollten die Bürgerlichen in ihrer Regierungszeit keine spürbaren Verbesserungen auf dem Arbeitsmarkt erzielen und die Schweden von der Notwendigkeit sozialer Reformen überzeugen können, wird die politische Wende nur von kurzer Dauer sein. Es werden keine leichten Jahre werden, nicht zuletzt deshalb, weil Reinfeldt auf die Loyalität des eigenen Lagers kaum vertrauen kann.

Nur mit viel Mühe und Geschick gelang es dem Vorsitzenden der Moderaten Sammlungspartei, seine »Allianz für Schweden« zu schmieden, der neben den Konservativen auch die Liberalen, die Christdemokraten und das Zentrum angehören. Ihre notorische Zwietracht galt lange als das größte Hindernis für einen wirklichen politischen Wechsel in Schweden. Zwar üben sich die einstigen Rivalen in ungewohnter Harmonie. Doch in ihren unterschiedlichen Parteiprogrammen zeichnen sich künftige Konflikte ab, etwa in der Umwelt- und Europapolitik.

Zum ersten Mal experimentieren die Schweden mit einer breit aufgestellten Regierungskoalition. Wie ihre nordischen Nachbarn auch, haben sie bislang gute Erfahrungen mit erstaunlich stabilen Minderheitsregierungen gemacht. Wenn Göran Persson mit einem

Gesetzentwurf auf Granit biss, konnte er seinen Partnern von den Grünen und der Linkspartei einfach den Rücken zukehren und das Gesetz mit Unterstützung einer bürgerlichen Partei durchbringen. In Deutschland muss sich der Bundeskanzler stets der Treue seines Koalitionspartners gewiss sein. Kommt es ganz übel, gibt es eine Regierungskrise und Neuwahlen.

Ausländische Beobachter wundern sich, wie ruhig es bei Sitzungen des schwedischen Parlaments zugeht. Die Abgeordneten lümmeln sich auf den grob geschnitzten hölzernen Bänken im Plenarsaal des Reichstages. Die rechte Leidenschaft mag nicht einmal bei den gelegentlichen Fragestunden aufkommen, wenn die Minister Rede und Antwort stehen. Da wird artig die Frage gestellt, meist umständlich und verschraubt. Der Minister schreitet zum Pult, antwortet lustlos und monoton. So geht das über Stunden. So gut wie nie brandet im Plenum Beifall auf. Unflätige Einwürfe, Zwischenrufe, Proteste sind in den ehrwürdigen Hallen des Reichstages unbekannt. Brillante Redner hat es seit den Zeiten Olof Palmes kaum mehr gegeben. Lange Zeit musste sich auch niemand besonders in Szene setzen, denn die direkte Wahl der Volksvertreter wurde erst 1998 eingeführt.

Parlamentswahlen sind in vielen Ländern Reinigung, Schaukampf und Leidenschaft. Nicht so in Schweden: Schon in den Tagen vor der Wahl fällt einem die unerhörte Gelassenheit auf, mit der die Schweden ihren Wahlkampf hinnehmen. Düfte von Kaffee und Kuchen verbreiten sich dann in den Städten, denn die Parteien locken das Wahlvolk mit allerhand Leckereien in ihre rustikalen Holzhütten. Ab und an schwingt sich jemand zu einer Rede auf, die sich meist um die immer gleichen Lieblingsthemen, nämlich Schule, Gesundheitswesen und Altenpflege, dreht. Auch in den Medien des Landes ist von Aufregung keine Spur. Während sich die Deutschen mit ihrer Leidenschaft für endlose Debatten oftmals selbst im Wege stehen, langweilen sich die Schweden so lange mit ihren nüchternen und stets sachlichen Diskursen, bis alle Zuschauer vor dem Fernseher eingeschlafen sind.

Affären und Skandale

Auch im Musterland Schweden gibt es Korruption, Bestechung und Affären – und zwar nicht zu knapp. Die bürgerliche Regierung war noch keine zwei Wochen im Amt, da stürzten Handelsministerin Maria Borelius und Kultusministerin Cecilia Stegö Chilò über nicht bezahlte Fernsehgebühren und schwarz beschäftigte Haushaltshilfen. Lappalien, verglichen mit deutschen Skandalen, zumal sich die Damen in bester Gesellschaft befinden: Nach Schätzungen der Steuerbehörde hatte im Jahr 2006 jeder dritte Haushalt in Schweden die Dienste eines Schwarzarbeiters in Anspruch genommen. Der Steuerverlust belief sich damals auf umgerechnet rund 150 Millionen Euro.

Wegen einer Packung Toblerone, die sie mit ihrer dienstlichen Kreditkarte bezahlt hatte, musste Mona Sahlin im Oktober 1995 ihre Kandidatur als Parteichefin der Sozialdemokraten und Spitzenkandidatin für das Regierungsamt zurückziehen. Schlimmer trieb es Gudrun Schyman, die im Februar 2003 über einen Steuerskandal stolperte. Die damalige Vorsitzende der Linkspartei musste saftig nachzahlen, weil sie unter anderem längst abgegoltene Taxifahrten und Rechnungen für teure Restaurants bei der Steuerbehörde doppelt eingereicht hatte. Besonders pikant: Als Jeanne d'Arc der schlecht bezahlten Frauen im öffentlichen Dienst hatte Schyman stets das Hohelied auf die Solidarität gesungen und die hohe Steuerlast verteidigt.

Richtig abgesahnt wird gelegentlich in staatlichen Behörden und in der Industrie: Manager des Versicherungskonzerns Scandia verschafften sich auf Firmenkosten wertvolle Immobilien in bester Stockholmer Innenstadtlage. Mitarbeiter des staatlichen Alkoholmonopolisten Systembolaget ließen sich von ihren Lieferanten teure Geschenke machen, darunter luxuriöse »Schnuppertouren« zu idyllisch gelegenen Weingütern in aller Welt.

Ertappte Politiker oder Wirtschaftsbosse machen gern »den Pudel«: Sie werfen sich in eine unterwürfige Pose der Zerknirschung und bitten untertänigst um Absolution für ihre Sünden.

Noch immer haben die Sozialdemokraten eine übermächtige Stellung in der schwedischen Politik. Fast 80 Jahre lang regierte die altehrwürdige Arbeiterpartei, mit kurzen Unterbrechungen, oft ohne eigene Mehrheit im Parlament, und in jüngster Zeit auch ohne das richtige Gespür für die Stimmung im Lande. Doch sie ist weit davon entfernt, eine Partei wie alle anderen zu sein. Auch wenn sie sich formell betrachtet in der Opposition befindet, gibt sie die Spielregeln vor, denen alle anderen Mitspieler folgen müssen, um

Trutzburg der Gewerkschaften: Die LO-Zentrale am Norra Bantorget in Stockholm

politisch zu überleben. Kurz: Sozialdemokratische Konzepte sind in Schweden hegemonial – und werden es auf absehbare Zeit bleiben.

Das zeigt sich vor allem bei den Grünen *(Miljöpartiet de Gröna)*, dem schwächsten Bündnispartner der Sozialdemokraten. Die Zusammenarbeit mit der großen staatstragenden Sozialdemokratie hat die kleine Partei erstickt und ihr Profil ausradiert. Ohnehin sind Umweltfragen weit unten auf der Wählerliste der wichtigen Themen angesiedelt. So geht die Umweltpartei stets aufs Neue mit der Befürchtung in die Wahlen, ganz aus dem Reichstag zu fliegen.

Auch dem zweiten Partner, der Linkspartei *(Vänsterpartiet)*, droht der Absturz in die Bedeutungslosigkeit. Unter ihrem Vorsitzenden Lars Ohly, einem Altkommunisten, bewegt sich die Partei seit einiger Zeit drastisch nach links und verprellt damit die mühsam umworbenen Jungwähler. Seine Vorgängerin Gudrun Schyman holte die Sozialisten einst mit flotten Sprüchen aus der Versenkung und machte sie zur drittstärksten Kraft im schwedischen Parlament. Sie brachte das Kunststück fertig, mit der Regierung zusammenzuarbeiten und gleichzeitig in der Opposition zu sein. Doch nach dem Steuerskandal mit Schimpf und Schande davongejagt, wandelt Schyman inzwischen auf eigenen Pfaden.

Im politischen Mittelfeld kann sich die liberale Volkspartei *(Folkpartiet)* behaupten. Mit der populistischen Forderung nach Sprachkursen für Zuwanderer und mehr Disziplin in den Schulen hatte Liberalen-Chef Lars Leijonborg seine Partei zeitweise zur drittstärksten Kraft im Parlament gemacht. Im Herbst 2006 landete dann aber ausgerechnet der Saubermann Leijonborg im Zentrum eines Spionageskandals: Mitarbeiter seiner Partei hatten das Computernetz der Sozialdemokraten angezapft, Einblick in geheime Strategiepapiere genommen und mit diesem Wissen die Reaktionen der eigenen Truppe verfasst – Watergate auf Schwedisch. Mit einem Kniefall musste Leijonborg die versammelte Nation um Verzeihung bitten. Der Skandal ist für ihn ausgestanden, doch seine einst so erfolgsverwöhnte Partei hat deutlich Federn lassen müssen.

Als politisches Zugpferd der Koalition hat sich Wirtschaftsministerin Maud Olofsson, Vorsitzende des Zentrums *(Centerpartiet)* profiliert. Ihre vor allem in der Landbevölkerung verwurzelte Partei war früher schärfste Gegnerin der Atomkraft und hat sogar einmal eine Regierungskoalition platzen lassen, weil man sich mit den anderen bürgerlichen Parteien in dieser Frage nicht einigen konnte. Diesmal war der Machthunger größer. Vorerst verzichtet man auf die Forderung, die zehn Kernkraftwerke im Lande möglichst bald vom Netz zu nehmen. Ohnehin zeigen Umfragen, dass die meisten Schweden ihre Kernkraftwerke am liebsten behalten würden. Das Vertrauen in die Technik ist ungetrübt. Nicht einmal der Störfall im Atomkraftwerk Forsmark im Juli 2006 hat bleibenden Eindruck hinterlassen.

Die kleine Fraktion der Christdemokraten *(Kristdemokraterna)* versucht tapfer, das säkulare Schweden vor dem moralischen Verfall zu bewahren. Viele ihrer Anhänger stammen aus der freikirchlichen Bewegung. Ihr langjähriger Vorsitzender Alf Svensson, ein Urgestein der schwedischen Politik, verstand sich stets auch als Anwalt der vielen Alten im Lande. Nach 30 Dienstjahren trat Svensson den Vorsitz an seinen noch etwas farblosen Kronprinzen Göran Hägglund ab.

Im Reichstag sitzen keine Neonazis oder andere Extremisten. Allerdings äußerten im Herbst 2006 viele Politiker ihre Unruhe darüber, dass die rechtspopulistische Partei der Schwedendemokraten *(Sverigedemokraterna)* überaus erfolgreich bei den Kommunalwahlen abgeschnitten und in nahezu allen Gemeinderäten Sitze erobert hatte. Als Wölfe im Schafspelz hatten die Rechten diesmal ihr gewaltbereites Fußvolk zur Ordnung gerufen und stattdessen massenhaft Handzettel mit scheinbar sachlichen Argumenten zur Einwanderungspolitik unter die Schweden gebracht. Die Strategie der Anbiederung ging auf: Nach Einschätzung der Demoskopen ist ihr Einzug in den Reichstag bei den Wahlen im Herbst 2010 nicht ausgeschlossen.

Hektisch versuchten die lokalen Abgeordneten der etablierten Parteien, blockübergreifende Bündnisse zu schmieden, um so den Einfluss der Rechten auf politische Beschlüsse zu mindern. Eine zweifelhafte Vermeidungsstrategie der Demokraten, meinen Beobachter wie der frühere konservative Regierungschef Norwegens, Kjell Magne Bondevik. Der Norweger weiß, wovon er spricht: Im Nachbarland stieg die fremdenfeindliche Fortschrittspartei zur zeitweilig zweitstärksten Kraft im Parlament auf. Bondevik empfiehlt deshalb, rechtzeitig die politische Auseinandersetzung zu suchen, bevor Protestparteien so groß werden, dass kein Weg mehr an ihnen vorbeiführt.

In Dänemark hat die Mitte-Rechts-Regierung unter Anders Fogh Rasmussen im Bunde mit der offen fremdenfeindlichen Volkspartei die schärfsten Zuwanderungsgesetze Europas verordnet. Vom einstigen Image eines toleranten und offenen Landes ist wenig übrig geblieben. Mit flotten Sprüchen über die muslimische Minderheit im Lande half die schrille Vorsitzende der Volkspartei, Pia Kjærsgaard, auch kräftig mit, dass der Streit um die Mohammed-Karikaturen zur weltweiten Krise eskalierte. Kjærsgaard stichelte noch, als in Damaskus und Beirut bereits die nordischen Konsulate in Flammen standen.

Aus Protest gegen den EU-Beitritt Schwedens und die Versuche, den Euro einzuführen, ist die schwedische Juniliste entstanden. Allerdings setzt ihr Initiator, der Nationalökonom Nils Lundgren, nicht auf Fackelzüge und populistische Losungen, sondern auf die Kraft der besseren Argumente. Die Verteidiger der Krone fürchten Arbeitslosigkeit und Inflation, steigende Preise in den Läden und die Bevormundung im »Superstaat«. Denn wenn es erst eine gemeinsame Währung gäbe, dann würden auch die Forderungen nach weiteren Angleichungen zunehmen, meinen Kritiker wie Stefan de Vylder, Volkswirt und Dozent an der Handelshochschule: »Wer aber immer mehr gleichmacht, der schafft am Ende nur neue Gegensätze und Konflikte.«

Indessen hoffen die Euro-Befürworter auf mehr Wachstum, mehr Handel und ein größeres Gewicht ihres Landes in der Europäischen Union. Heute liegt der Anteil der Exporte in die Euro-Zone bei rund 59 Prozent, wobei die Ausfuhren nach Deutschland allein mit 10 Prozent zu Buche schlagen. Deutschland ist damit nach den USA mit einem Anteil von knapp 12 Prozent der Ausfuhren der wichtigste Handelspartner Schwedens. Allerdings will es vielen Schweden nicht einleuchten, dass der Euro einem Land wirtschaftliche Vorteile bringen soll, das sich in den letzten Jahren hinsichtlich des Wirtschaftswachstums und der Staatsverschuldung sehr viel besser entwickelt hat als der Euro-Club.

Für den Politologen Olof Petersson hat der weitverbreitete Widerstand gegen Europa vor allem geschichtliche Gründe: »Schweden hat die beiden großen Kriege im 20. Jahrhundert nicht durchlitten. Wir waren nicht betroffen von den großen Konflikten, und wir waren politisch immer eine Nation am Rande Europas.« Dennoch sei man gut und friedlich zurechtgekommen, habe ein armes Bauernland in einen modernen Sozialstaat verwandelt. »Heute gibt es einen gewissen Stolz oder Hochmut, dass wir bessere soziale Verhältnisse haben als alle anderen.« Europa ist schuld, wenn der schwedische Sozialstaat in die Brüche geht. Das glauben viele linke Patrioten in Schweden.

Hinzu kommt, dass die Europäische Union in einer inneren Krise steckt. Sehr zur Schadenfreude vieler Schweden und zur großen Sorge der meisten Deutschen scheint die Verabschiedung einer gemeinsamen Verfassung für Europa in weite Ferne gerückt. In Schweden wird darüber nicht einmal abgestimmt, denn es gäbe keine Mehrheit. Im Unterschied zu den Deutschen, die zu den stolzen Gründernationen der Union gehören, haben sich die Schweden 1994 eher widerwillig und in der Not zum Beitritt überreden lassen. Ein Blick auf die Landkarte genügt: Deutschland konnte sich niemals aus den europäischen Angelegenheiten heraushalten, anders als Schweden.

Neutralität

Wenn man Neutralität als Nichtbeteiligung am Krieg definiert, dann war Schweden tatsächlich seit 1813 neutral. Unparteiisch war das Land dagegen selten, und eingemischt haben sich die Schweden auch – Neutralität hin oder her. Die schwedische Armee ist unabhängig, allerdings sind die Rüstungsschmieden im Lande längst mit internationalen, meist angelsächsischen Konzernen verflochten. Auch deshalb ist das Land heute einer der größten Exporteure für Kriegswaffen aller Art: von der Bofors-Kanone bis zum Jagdflugzeug »Jas Gripen«.

Nach den Terroranschlägen in den USA am 11. September 2001 wurde die schwedische Neutralität dann aber still und leise zu Grabe getragen. Auch die schwedische Regierung sicherte den Amerikanern ihre »uneingeschränkte Solidarität« zu. In der Folge rückte Schweden näher an die NATO heran und schaute damit den Tatsachen ins Auge: Schließlich ist das Land seit dem EU-Beitritt 1995 auch Teil eines machtpolitischen Paktes.

Im Rahmen der »Partnerschaft für den Frieden« nahm Schweden in den letzten Jahren an einer Reihe von friedensbewahrenden Einsätzen unter NATO-Regie teil.

Weitere Missionen liefen unter dem Mantel der Vereinten Nationen, der OSZE sowie der Europäischen Union. Schwedische Soldaten waren im Frühjahr 2007 unter anderem in Bosnien, Afghanistan, Liberia sowie im Kosovo stationiert. Gemeinsam mit Norwegen, Finnland und Estland beteiligt sich Schweden am Aufbau der »Nordic Battle Group«. Diese schnelle Eingreiftruppe soll ab 2008 für Friedensmissionen und Kampfeinsätze im Rahmen der genannten Mandate bereitstehen.

Politikern in Stockholm bereitet die neue Rolle durchaus Bauchschmerzen. Längst ist der Begriff »Neutralität« von der tautologischen Umschreibung der »militärischen Bündnisfreiheit« ersetzt worden. Was man darunter zu verstehen hat, ist auch in Stockholm längst noch nicht zu Ende diskutiert. Eine weitere Annäherung an das atlantische Verteidigungsbündnis ist aber wahrscheinlich. Man will nicht länger am Katzentisch sitzen. Schweden fordert mehr Mitsprache bei politischen Beschlüssen sowie den strategischen Planungen von NATO-geführten Operationen.

Dabei sind die Schweden friedliebend bis an die Grenze zum Pazifismus. Einer unserer schwedischen Freunde bemerkte einmal dazu, die Schweden hätten allzu lange ihre Unschuld und ihr angenehmes Leben mit dem Hinweis auf die Neutralität bewahren können. Es sei leicht, vom Frieden zu reden und Nobelpreise zu vergeben, wenn andere Länder die Soldaten schicken, die dann an fernen Fronten bluten.

Auch die Schweden müssen mit den schmerzhaften Folgen der Globalisierung leben. Die teure Wohlfahrt lässt sich nicht mehr finanzieren, wenn Arbeit und Kapital immer weniger Grenzen kennen und dorthin gehen, wo sie die günstigsten Bedingungen vorfinden. So wurden die PKW-Sparten der Konzerne Volvo und Saab, einst der ganze Stolz der Nation, von amerikanischen Konzernen geschluckt: Seit 1999 werden Volvos unter dem Dach des Ford-Konzerns produziert, nur ein Jahr später übernahm General Motors Saabs PKW-Abteilung. Der Telekomriese Ericsson konnte sich nur durch ein Joint Venture mit Sony vor dem Zusammenbruch retten. Auch schwedische Unternehmen haben sich in den letzten Jahren gesundgeschrumpft und enorme Gewinne verbucht, ohne einen einzigen Job zu schaffen. Wegen der hohen Lohnkosten verlegen viele Firmen ihre Produktion in die baltischen Länder oder gleich nach Asien.

Im Schweden von heute gibt es triste Vorstädte mit hoher Arbeitslosigkeit, Wohngebiete, die von ihren Bewohnern als Ghetto bezeichnet werden: Wer kann, zieht weg. Das multikulturelle Zusammenleben funktioniert keineswegs problemlos. Viele Zugewanderte klagen über die subtile Diskriminierung bei der Job- und Wohnungssuche. Die heile Welt gibt es nur noch an der Oberfläche. Gleichzeitig wird die Kluft zwischen Arm und Reich immer größer, wie Joakim Palme, Professor am Institut für Zukunftsforschung, ausgerechnet hat. Der Sohn Olof Palmes führt dies auf die enormen Börsengewinne Mitte der neunziger Jahre sowie das üppige Prämiensystem der Chefs von privaten und staatlichen börsennotierten Unternehmen zurück.

Zwar reproduziert sich das Volk vorbildlich. Doch wie viele andere westliche Industrieländer muss Schweden die Herausforderungen des demographischen Wandels meistern: Immer mehr rüstige Rentner verursachen immer höhere Kosten im Gesundheitswesen. Hinzu kommt die Arbeitslosigkeit, die sich mit politischen Mitteln nicht bekämpfen lässt, weil sie längst zur Struktur westlicher Gesellschaften gehört. Auf all diese Fragen muss Schwedens neu ernannter Arbeiterführer Fredrik Reinfeldt eine Antwort finden. Sonst werden die Wähler bei nächster Gelegenheit wieder auf das Original zurückgreifen. Am Ende aller Wandlungen wird Schweden immer noch ein ausgeprägter Sozialstaat sein. Doch die Zeit der Gleichheitsutopien und der großen Träume von sozialer Harmonie ist weitgehend vorbei. Schweden ist auf dem Wege, zu einem ganz normalen europäischen Gemeinwesen zu werden.

Harmonie in »Talibanistan«

Männer und Frauen in Schweden

»In der Kindertagesstätte fühlen sich nur Viren und Läuse wohl!« – mit diesem Schlachtruf machten im Schweden der 70er Jahre die Kritiker des Ausbaus der Kinderbetreuung ihrem Frust Luft. Das, was heute weltweit als Vorzeigemodell gilt, war damals heftig umstritten. Hausfrauen beklagten, sie müssten sich jetzt eine Arbeit außerhalb des Hauses suchen, Gesellschaftswissenschaftler grübelten, inwieweit die Familie in die Abhängigkeit vom Staat gerät.

Begonnen hatte die Debatte, die in Schweden zu mehr Gleichberechtigung von Mann und Frau führen sollte, bereits Anfang der 60er Jahre. Die Konjunktur lief auf vollen Touren, Arbeitskräfte waren gefragt – da rückten die Frauen ins Blickfeld. Etwa ein Drittel von ihnen war schon in den 40er und 50er Jahren berufstätig, vor allem in landwirtschaftlichen Betrieben und in Familienunternehmen. Auch an die Universitäten zog es immer mehr Studentinnen.

1962 veröffentlichte Eva Moberg, Tochter des Schriftstellers Vilhelm Moberg, ihr vielbeachtetes Buch »Frauen und Menschen«. Sie kritisierte, Frau würde vor allem als Hüterin von Heim und Herd gesehen, und stellte fest, dass sowohl Männer als auch Frauen nur eine Rolle hätten: die des Menschen. Moberg forderte, die Männer sollten die Hälfte der Hausarbeit und Kinderpflege übernehmen. Sie setzte sich für einen kürzeren Arbeitstag für beide Geschlechter und für mehr Betreuungsangebote durch Kindergarten und Vorschule ein.

Mobergs Ideen wurden im Diskussionsforum »Gruppe 222« weiterdiskutiert, das sich 1963 bildete – einem Netzwerk von Vertretern der verschiedenen politischen Blöcke, von der liberalen Volkspartei bis zu den Sozialdemokraten. Dort – wie auch in der öffentlichen Debatte um die »Befreiung der Frau« – ging es unter anderem um die Frage, inwiefern die gemeinschaftliche Besteuerung von Eheleuten Frauen daran hindert, berufstätig zu werden. Viele erhitzte Diskussionen und einige staatliche Sachverständi-

genberichte später nehmen die regierenden Sozialdemokraten Anfang der 70er Jahre die Forderung in ihr Parteiprogramm auf, alle
Menschen sollten wirtschaftlich unabhängig von ihren Familien-
angehörigen leben können. Dazu gehört, die Unterhaltspflicht
gegenüber den Eltern abzuschaffen, Studierende mit einem eltern-
unabhängigen Kredit zur Finanzierung ihres Lebensunterhalts aus-
zustatten, und in dem Maße, in dem Frauen stärker auf dem Arbeitsmarkt Fuß fassen, auch die Unterhaltspflicht dem Ehepartner
gegenüber abzubauen. Die Sozialdemokraten definieren die Familie nun als eine Gemeinschaft von zwei oder mehr Menschen, die
freiwillig und finanziell unabhängig voneinander zusammenleben – die Kernfamilie à la Vater-Mutter-Kind kommt nach der
Revolte der 68er ohnehin aus der Mode. Die Scheidungsrate steigt,
die Zahl der Eheschließungen sinkt – genau wie in Deutschland.

Mit der eigenständigen Besteuerung jedes Einzelnen, unabhängig von Geschlecht und Familienstand, ist in Schweden ein wichtiger Schritt auf dem Weg zu mehr Gleichberechtigung getan.
1974 wird dann das Elternzeitmodell eingeführt. Inzwischen können Mutter und Vater bis zu 16 Monate mit dem Kind zu Hause
bleiben und bekommen dafür bis zu 80 Prozent ihres Gehalts wei-
tergezahlt – bis zu einer Obergrenze von umgerechnet 3700 Euro.
Zwei Monate sind für die Väter reserviert; werden sie nicht von
ihnen in Anspruch genommen, verfallen die Zahlungen. Deutschland folgt dem schwedischen Modell 2007, mehr als drei Jahrzehnte später, nach zähem politischem Ringen und vor dem
Hintergrund dramatisch gesunkener Geburtenzahlen. Wer heute
in Deutschland Vaterzeit nimmt – und das tun bisher gerade einmal fünf Prozent der Väter –, wird vielerorts noch immer schief angesehen oder belächelt. Das ist in Schweden völlig anders. Schwedische Väter übernehmen heute ein Fünftel der Elternzeittage.
Wenn es darum geht, wer die Kinder aus der Kita abholt, das Bad
putzt oder Händchen hält am Krankenbett der lieben Kleinen,
dann sind Männer in Schweden mittlerweile genauso zuständig
wie Frauen. Väter, die mit ihren Sprösslingen den Bus bevölkern
oder den Nachwuchs im Kinderwagen durch den Park schieben –
vielleicht noch zusammen mit einem anderen Vater mit Kind –,
gehören ganz selbstverständlich zum Alltagsbild. Und wenn Mann
auf der Arbeit mitteilt, dass er Elternzeit nehmen will, ist das nichts
Ungewöhnliches. Kommt er später wieder zurück in den Beruf, hat
er außerdem das Recht, auf Teilzeit zu gehen.

Einsatz für den Nachwuchs: Papaland Schweden

Auch bei Mats, der in einer Werbeagentur angestellt ist, gab es keine Probleme. Viele seiner Kollegen waren bereits Vater geworden, sein Chef hat selbst vier Kinder. Als der 36-Jährige nach Elternzeit fragte, kam das nicht überraschend. Ihm selbst ging es jedoch um mehr als die Inanspruchnahme einer ihm zustehenden Sozialleistung. »Ich hatte festgestellt, dass ich meine Kinder durch die langen Arbeitstage nur noch selten sah. Ich ging, bevor sie aufwachten. Und wenn ich nach Hause kam, waren sie schon wieder auf dem Weg ins Bett. Inzwischen habe ich einen viel besseren Kontakt zu meinen Kindern. Jetzt ist es selbstverständlich, dass sie sich an mich wenden, wenn sie Hilfe brauchen, und nicht nur an ihre Mutter.« Acht Monate lang bestimmten Windeln und die richtige Portion Ketchup auf den Nudeln Mats' Alltag. Seine Frau ging unterdessen arbeiten. Mats hat festgestellt, dass diese Phase auch seiner Beziehung gutgetan hat. »Das Verständnis füreinander ist gewachsen. Kinder zu betreuen ist ein harter Job. Da gibt es gute und schlechte Tage. Und wenn man am Abend mal sauer oder müde ist, dann sagt der andere vielleicht: ›Hattest du einen schlechten Tag? Das kann ich gut verstehen.‹«

Je besser eine Frau ausgebildet ist, desto wahrscheinlicher ist es, dass ihr Mann Elternzeit nimmt – das haben Studien belegt. Bleibt er mit dem ersten Kind zu Hause, steigen zudem die Chancen, dass das Paar ein zweites Kind bekommt. Die Zwei-Kind-Familie ist in Schweden die Regel: Vier von fünf Frauen, die bereits ein Kind haben, bringen noch ein Geschwisterchen zur Welt. Das zeigt sich auch an den praktischen Zweier-Kinderwagen – mit Liegebereich für den Säugling und mit einem Sitz für das ältere Kind –, die es in allen möglichen Formen und Farben zu kaufen gibt. Ein zweites Kind stärkt auch das Band zwischen den Eltern: Mit seiner Geburt nimmt das Risiko einer Scheidung ab, was natürlich wiederum zum Wohl der Kinder beiträgt.

Das hatten die schwedischen Gesetzgeber auch im Sinn, als sie Frauen im Jahr 1901 vier Wochen unbezahlten Urlaub nach der Entbindung zubilligten. In den 30er Jahren kam dann der Kündigungsschutz bei Schwangerschaft hinzu, und ab 1947 gab es ein einheitliches Kindergeld. Mitte der 70er Jahre folgte das Elternzeitmodell. Die Frage, ob und wie viel Elternzeit sich die Männer gönnen, hat mit dem Haushaltseinkommen zu tun: Je besser eine Familie gestellt ist, desto wahrscheinlicher ist die Beteiligung des Mannes an der Erziehungsarbeit. Für Familien mit mittleren und unteren Einkommen ist es schlicht eine Frage der Finanzen, ob er oder sie zu Hause bleibt. Frauen verdienen auch im Gleichstellungs-Vorzeigeland Schweden im Durchschnitt immer noch deutlich weniger als Männer – ganze 20 Prozent. Wenn Kinder ins Spiel kommen, ist es daher oft die Frau, die zurücksteckt.

Frauen arbeiten in Schweden genau wie in Deutschland öfter Teilzeit als ihre männlichen Kollegen. Jede fünfte Frau in Schweden arbeitet zwischen 20 und 34 Stunden die Woche, bei den Männern tun dies gerade einmal sechs Prozent.

Auch Henrik und Ulrika haben sich für diese Lösung entschieden. Er hat eine volle Stelle als Wirtschaftsprüfer, sie arbeitet 30 Stunden in der Woche beim Finanzamt. Sie ist es auch, die die meisten praktischen Aufgaben für die Familie erledigt und die ersten Tage zu Hause bleibt, wenn eines der beiden Kinder krank wird. Das ist immer noch anstrengend genug, findet Ulrika.

Die Gleichberechtigung hat eben auch ihren Preis: Viele schwedische Haushalte mit kleinen Kindern und zwei berufstätigen Eltern funktionieren nur, weil alles minutiös durchgeplant ist. Für Spontaneität bleibt da wenig Zeit, meint Ulrika. »Ich bin gestresst, denn es ist schwer, Kinder und Familie unter einen Hut zu bekommen. Ich arbeite eigentlich verkürzt, aber oft mache ich so viel wie eine Vollzeitkraft. Da müssen Berichte fertig werden oder ich übernehme schwierigere Fälle. Und dann komme ich nach Hause, und da geht es dann weiter. Ich arbeite die ganze Zeit, auch am Abend, und am Ende bin ich ziemlich müde.«

Abschlussfest in der Schule, Sportkurs oder Elternabend: Damit kein Termin vergessen wird, gibt es die Pinnwand in der Küche. Hier hängen die Stundenpläne der Kinder, ein Erinnerungsblatt, wer wann den Hasen füttert, und Informationsbriefe aus Kindergarten und Schule. Der Wochenbrief ist für schwedische Schulkinder unverzichtbar. Mit dem Schreiben werden die Eltern regelmäßig darüber informiert, was gelaufen und was für die kommenden sieben Tage geplant ist. Hausaufgaben sind genauso verzeichnet wie die Anweisung, besondere Kleidung für ein Sportfest einzupacken, und die Übersicht, welches Essen es in der Schule gibt. »Und dann kommen noch die Freizeitaktivitäten der Kinder hinzu«, stöhnt Henrik. Zwei Mal die Woche hat sein Sohn Fußballtraining, wozu er hingefahren und wieder abgeholt werden muss. Weil er selbst viele Jahre im Verein gespielt hat, übernimmt Henrik den Bring- und Abholservice jedoch gern. Aber anders als früher muss sich der 43-Jährige die Zeit heute genau einteilen. Alles spricht er ganz genau mit seiner Frau ab. Weniger wäre da manchmal mehr, überlegt er. »Mich stresst, dass in Schule und Kindergarten so viel los ist. Da gibt es Einladungen zu Kaffee und Kuchen, Picknick, Schulbasare. An manchen Tagen müssen die Kinder doppelte Kleidung mitbringen oder spezielles Essen für einen Ausflug. Oder sie sind bei ihren Freunden eingeladen – jeden Tag ist irgendwas! Dann müssen sie besondere Hausaufgaben machen! Und das kostet Zeit – meine Freizeit.«

Der Stress entsteht nicht nur durch volle Terminkalender und knappe Freizeit. Auch finanziell müssen Henrik und Ulrika jonglieren. Wer nicht Vollzeit arbeiten geht, sondern sich auch für die Familie einbringt, bekommt das am Ende bei der Rente zu spüren. Deshalb legen die beiden jeden Monat ein bisschen auf die hohe Kante, damit Ulrika mit ihrer Teilzeitstelle im Alter nicht schlechter dasteht als ihr Mann. Aber auch wenn es sich finanziell lohnen würde: Ausschließlich Hausfrau zu sein, das wäre trotzdem nichts für sie. »Klar hätte ich gern mehr Zeit für meine Kinder und all das, was sie erleben. Und sicherlich wäre ich dann auch nicht so

Stolz und unabhängig: Schwedinnen müssen sich nicht zwischen Beruf und Kindern entscheiden.

ausgebucht wie heute. Ich kann jetzt schon absehen, was wir an den nächsten Wochenenden machen. Wir sind sehr verplant, und ich kann nicht einfach sagen, heute unternehmen wir mal spontan dies oder jenes.«

Einmal die Woche setzen sich die Eltern zusammen und sprechen ab, wer in der kommenden Woche welche Aufgaben übernimmt. Dass beide berufstätig sind, hat nicht nur mit dem Spaß an der Arbeit zu tun. In Schweden müssen beide Eltern schlichtweg arbeiten, denn die Gehälter liegen deutlich niedriger als in Deutschland, die Lebenshaltungskosten dagegen sind höher.

In Deutschland gehen zwei Drittel der Frauen einer Beschäftigung nach, in Schweden sind es fast 80 Prozent. Diese stattliche Quote ermöglicht das gesetzlich festgelegte Recht auf Teilzeit. Bis zum achten Lebensjahr der Kinder kann jeder Vater und jede Mutter die Arbeitszeit auf bis zu 75 Prozent reduzieren – gegen entsprechenden Verdienstausfall, versteht sich. Zudem ist das im Vergleich zu Deutschland hervorragend ausgebaute System der Kinderbetreuung ein Eckpfeiler der schwedischen Familienpolitik. Die Gemeinden sind verpflichtet, Kindern, deren Eltern arbeiten oder studieren, einen Platz in Kindergarten oder Freizeitheim anzubieten. Auch wer arbeitslos ist oder mit dem zweiten Kind zu Hause bleibt, hat einen Anspruch auf mindestens drei Stunden Kinderbetreuung pro Tag. Betreut werden Kinder von einem bis zwölf Jahren. Kinder bis fünf Jahre gehen in den Kindergarten. Wenn sie sechs werden, kommen sie in die freiwillige Vorschulklasse, die auf die Schule vorbereitet, die mit sieben Jahren beginnt. Auch für den Nachmittag gibt es deutlich mehr Betreuungsangebote als in Deutschland. Die Ganztagsschule ist in Schweden die Regel.

Mangelnde Nachfrage für diese Angebote gibt es nicht. In den letzten Jahren herrschte ein regelrechter Babyboom in Schweden. 1,7 Kinder bringt jede schwedische Frau im Durchschnitt zur Welt, in Deutschland sind es gerade einmal 1,3. Das macht sich auch im Alltag bemerkbar. Schweden ist ein kinderfreundliches Land – was man von Deutschland nicht gerade sagen kann. Das wurde uns bewusst, als wir Besuch von unserer Freundin Maren und ihrer Familie aus Deutschland bekamen. »Wir stehen mit Kindern nicht so im Fokus wie zu Hause. Man sieht in Schweden ganz viele Familien, viele Schwangere, und es ist einfach ganz normal, Kinder zu haben. Vieles ist kinderfreundlich eingerichtet.« Da ist der Busfahrer, der das Paar umsonst durchwinkt, weil es mit zwei minderjährigen Kindern unterwegs ist. Oder die günstigen Kinderteller im Restaurant. Auffällig ist auch, mit wie viel Geduld auf die Bedürfnisse der Kinder eingegangen wird. Auch im größten Getümmel im Museum nimmt sich das Personal noch Zeit, die Fragen jedes einzelnen Kindes sorgfältig und in Ruhe zu beantworten.

Kinder haben ihre eigenen Rechte und Räume, hat Maren festgestellt. In Restaurants und Hotels gibt es Kinderstühle und -betten, in vielen Kaufhäusern oder beim Arzt sind in Spielecken Bauklötze und Buntstifte zu finden. Schwedische Busse haben markierte Bereiche für Kinderwagen, und ausklappbare Wickeltische sind auf Toiletten auch für Männer zugänglich.

Dass viele Kinder das schwedische Straßenbild prägen, mag Deutschen erst einmal auffallen. Eine Ähnlichkeit zwischen beiden Ländern besteht dagegen darin, dass auch in Schweden junge Paare die Geburt des ersten Kindes immer weiter nach hinten schieben. Die Karriere steht im Vordergrund, erst dann geht es an die Gründung einer Familie. Bei der Geburt des ersten Kindes ist die Mutter im Durchschnitt 29 Jahre alt, in Deutschland 30.

Die Geburtenzahlen steigen in Schweden seit Anfang des neuen Jahrtausends. Das stellte die Politik vor neue Herausforderungen; in Kindergarten und Freizeitheim machten sich die geburtenstarken Jahrgänge bemerkbar. In Schweden ist es üblich, sein Kind schon in ganz jungem Alter in die Kindertagesstätte zu geben, von den Einjährigen geht schon jedes zweite Kind ins *dagis*. Solcherlei Angebot muss man in Deutschland – vor allem in den alten Bundesländern – mit der Lupe suchen: Das Recht auf einen Kindergartenplatz gilt erst für Dreijährige.

Finanziert werden die von den Gemeinden verwalteten Kindergärten und Kitas in Schweden durch kommunale Steuereinnahmen, staatliche Zuschüsse und Beiträge der Eltern. Damit die Familien selbst nicht zu stark belastet werden, wurde kürzlich eine Kostenobergrenze eingeführt, die sogenannte *maxtaxa*. Für den Kindergarten dürfen beispielsweise nicht mehr als drei Prozent des Familieneinkommens verlangt werden. Niemand muss mehr als 130 Euro für das erste und knapp 100 Euro für das zweite Kind im Monat zahlen. Die Betreuung von Schulkindern am Nachmittag ist etwas günstiger.

Mehr als 700 000 Kinder werden in öffentlichen und privaten Einrichtungen betreut – das sind zehnmal so viele wie dreißig Jahre zuvor, als der Staat gerade begann, die Kinderbetreuung auszubauen. Inzwischen gehen 90 Prozent der Dreijährigen ins *dagis*, ein Drittel mehr als in Deutschland. In den 70er Jahren begann der Staat, neue pädagogische Standards zu setzen. Überall steht seither die Verbindung von Betreuung und Pädagogik im Vordergrund. Statt zu gehorchen, leise und am besten nicht sichtbar zu sein, sollten die Kinder in den 70er Jahren demokratisch und gewaltfrei erzogen werden und selbstbewusst ihre Räume erobern.

Bis heute sind Gruppenarbeit und klassenübergreifender Unterricht für schwedische Pädagogen keine Fremdwörter, was auch in der PISA-Studie, die in Deutschland eine regelrechte Bildungshysterie auslöste, lobend erwähnt wurde. Von deutschen Freunden, deren Kinder in Schweden zur Schule gehen, hören wir allerdings regelmäßig, dass zu wenig Disziplin herrsche. Erst in der achten Klasse werden Noten verteilt – eine Tatsache, die im Wahlkampf 2006 ein großes Thema war.

Auch die Gleichstellung zwischen den Geschlechtern ist schwedischen Pädagogen wichtig. Bereits 1980 definierten Bildungspolitiker sie als Lernziel im Unterricht der Grund- und Oberschule.

»Traditionellen Rollenbildern soll vorgebeugt werden«, so ist im Lehrplan zu lesen. In der Kinderliteratur gibt es dafür schon seit den 40er Jahren ein leuchtendes Beispiel: Pippi Langstrumpf. Sie hat Generationen von Mädchen vorgemacht, wie Frau selbstbestimmt ihr eigenes Leben lebt. Unabhängig von den Normen der Bildungspolitik, haust sie in ihrer chaotischen Villa Kunterbunt mit einem so ungewöhnlichen Haustier wie einem Äffchen. Sie ist stärker als der stärkste Mann der Welt, frech, rebellisch und selbstbewusst. Ihr Papa geht nicht mit der Aktentasche unter dem Arm und frisch gestärktem Hemd jeden Tag zur Arbeit, sondern wohnt im fernen Afrika. Und dass ihre Sommersprossen vielleicht nicht dem gängigen Schönheitsideal entsprechen, macht ihr gar nichts aus. »Ich mach mir die Welt, wie sie mir gefällt«, singt Pippi selbstbewusst und fröhlich. »Geisteskranke Phantasie und rätselhafte Zwangsvorstellungen«, dröhnte ein Pädagogikprofessor 1945, kurz nach der Veröffentlichung des ersten »Pippi«-Bandes von Astrid Lindgren in Schweden.

Doch heute ist Pippi aus keinem schwedischen Kinderzimmer mehr wegzudenken. Sie hat Mädchen gezeigt, dass sie alles können, was Jungs machen, und noch viel mehr. Trotzdem wählen junge Frauen auch im emanzipierten Schweden zum Großteil als typisch weiblich geltende Berufe. Warum das so ist, das versuchen in regelmäßigen Abständen Wissenschaftler zu ergründen: Zuletzt wurde gar ein staatlicher Ausschuss für mehr Gleichstellung in der Früherziehung installiert. Warum werden so wenige Männer Erzieher, Krankenpfleger oder Lehrer, und welchen Stellenwert hat das Thema Gleichstellung in der Ausbildung? Bis heute werden Lehrer und Erzieher – egal ob Mann oder Frau – in Schweden vielerorts noch mit *fröken* angesprochen, auf Deutsch »Fräulein« – eine Anrede, die in Deutschland seit langer Zeit als diffamierend angesehen wird!

In den Kindergärten überall im Land meldeten sich engagierte Pädagogen, die die zu verteilenden Gelder des neuen Ausschusses für eigene Projekte nutzen wollten. Eine Einrichtung nahm ihren Alltag auf Video auf, um sich ein unabhängiges Bild zu machen, wie sie mit ihren Schützlingen umgeht. Die Kollegen ertappten sich dabei, wie sie mit den Mädchen eher die Feinmotorik trainierten, damit sie selbständiger werden. Mit den Jungs sprachen sie oft in Form von kurz angebundenen Anweisungen; es fiel ihnen auf, dass diese oft rücksichtslos das Gespräch unterbrachen und die

Mädchen ihnen Platz machten. Andere Erzieher probten den Rollentausch: Jungs in die Puppenecke und Mädchen an die Carrerabahn!

Doch wenn es um die Berufswahl geht, sehnen sich junge Frauen dann doch wieder in die Puppenecke. Im Gymnasium, wo die 16-Jährigen ein dreijähriges berufsbezogenes oder studienvorbereitendes Oberstufenprogramm wählen müssen, interessieren sich Mädchen in stärkerem Maße für Pflegeberufe, geisteswissenschaftliche oder pädagogische Programme, bei den Jungen stehen dagegen Technik, Berufe in der Industrie oder im Baubereich höher im Kurs. Entsprechend groß ist die Segregation auf dem schwedischen Arbeitsmarkt. Und viele der Berufe, in denen Frauen dominieren, zum Beispiel im Pflegebereich, werden niedriger entlohnt als jene, in denen Männer in der Überzahl sind, zum Beispiel in der Industrie. Dies erklärt zum Großteil die 20-Prozent-Kluft zwischen Männer- und Frauengehältern. Aber auch, wenn sie in Branchen tätig sind, wo die Männer die Mehrzahl bilden, erhalten weibliche Mitarbeiter in der Regel drei Prozent weniger Lohn und Gehalt als ihre männlichen Arbeitskollegen. In Deutschland sind die Zahlen vergleichbar. Allerdings ist der Verdienstunterschied in den neuen Ländern nur halb so hoch wie im früheren Bundesgebiet. Frauen gehen dort im Durchschnitt mit etwas mehr als zehn Prozent weniger Lohn als ihre männlichen Kollegen nach Hause. Das hängt damit zusammen, dass der ostdeutsche Arbeitsmarkt anders strukturiert ist. In der höchsten und besser bezahlten Leistungsgruppe der Arbeiter etwa sind Frauen doppelt so häufig vertreten wie in den alten Bundesländern.

Für bessere Löhne von Frauen und andere Gleichstellungsfragen macht sich in Schweden eine eigene Behörde stark, *Jämställdhetsombudsmannen* (Jämo). Wer während der Elternzeit gekündigt wird oder an seinem Arbeitsplatz sexueller Belästigung ausgesetzt ist, kann sich dort Unterstützung holen, genauso wie bei ungleicher Bezahlung für gleiche Arbeit. Zudem überwacht die Behörde, dass die Gesetzgebung zur Gleichstellung von Männern und Frauen eingehalten wird. 1980 nahm sie ihre Arbeit auf, zur gleichen Zeit trat Schwedens erstes Gleichstellungsgesetz in Kraft.

In den höheren Etagen der Arbeitnehmer- und Arbeitgeberorganisationen und bei gesellschaftspolitischen Verbänden tut man sich jedoch immer noch schwer mit seiner Umsetzung, wenn es um die gleichmäßige Verteilung der Posten geht. Und auch die freie Wirtschaft hat nicht viel für Frauen auf Chefsesseln übrig. In den Vorständen der börsennotierten Unternehmen ist gerade einmal jedes fünfte Mitglied eine Frau, in den Leitungsgruppen der Vorstände, wo die wichtigen Entscheidungen gefällt werden, ist nur jedes zehnte Mitglied weiblich.

Wie es anders gehen kann, machte jüngst Schwedens Nachbar im Westen vor. Die Norweger führten eine 40-Prozent-Quote für Managerinnen in den Vorständen der börsennotierten Großunternehmen ein. Kritik aus Schweden ließ nicht lange auf sich warten. »Jedes Unternehmen muss das Recht haben, seine Aufsichtsratsmitglieder selbst auszuwählen, damit die beste Kompetenz gebündelt wird«, mäkelte etwa der Wirtschaftsverband *Svenskt Näringsliv*. Natürlich sei es gut, dass mehr Frauen derlei Aufgaben übernehmen, aber doch bitte nicht per Zwangsjacke. Als die bürgerliche Regierung antrat, waren Empfehlungen einer schwedischen Sachverständigen, die sich am norwegischen Modell orientierten, ganz schnell vom Tisch.

Viel entspannter ist die Lage bei Hofe. Zwar galt auch hier über Jahrhunderte hinweg die männliche Thronfolge. Doch als Königin Silvia 1977 mit Victoria als erstes Kind ein Mädchen gebar, wurde die althergebrachte Regelung nach erhitzten Diskussionen zwischen Royalisten und Republikanern geändert. Inzwischen bereitet sich die Kronprinzessin auf die Rolle der Königin vor, die sie eines Tages von ihrem Vater, König Carl XVI. Gustaf, übernehmen wird.

Auch die Politik geht im Wesentlichen mit gutem Beispiel voran: Im letzten Parlament war fast jeder zweite Abgeordnete eine Frau, von 22 Ministern im Kabinett Persson waren zehn weiblich. Eine weibliche Regierungschefin hingegen hat es – im Gegensatz zu Deutschland – in Schweden noch nicht gegeben. Mona Sahlin, die Mitte der 90er Jahre als Nachfolgerin von Ministerpräsident Ingvar Carlsson gehandelt wurde, stolperte über die »Toberoneaffäre«. Die charismatische Außenministerin Anna Lindh, die Göran Persson beerben sollte, wurde im September 2003 von einem geistig gestörten Attentäter erstochen.

Feminismus ist in der politischen Arena in Schweden kein Schimpfwort. Wie die einzelnen Parteien ihn umsetzen, ist allerdings eine andere Sache. Während der konservative Block unter Feminismus vor allem die Stärkung der individuellen Freiheit des

Einzelnen versteht, bezeichnete sich etwa der frühere sozialdemokratische Ministerpräsident Göran Persson gern als Feminist. Die Grünen und die Linkspartei hingegen proklamieren die Abschaffung des Patriarchats. Letztere profilierte sich vor allem mit ihrer charismatischen Parteivorsitzenden Gudrun Schyman in den 90er Jahren als Kämpferin für die Sache der Frau. »Die Diskriminierung und Kränkung von Frauen sieht unterschiedlich aus, je nachdem, wo wir uns befinden. Aber es sind die gleiche Norm, die gleiche Struktur und die gleichen Muster, die sich sowohl im Afghanistan der Taliban als auch hier in Schweden wiederholen«, rief sie den Delegierten auf dem Parteikongress 2002 entgegen.

In das Klischeebild der Radikalfeministin passt die 59-Jährige jedoch ganz und gar nicht. Knallroter Lippenstift und ein Faible für sehr kurze Röcke sind ihr Markenzeichen; ihre Wortwahl ist dagegen alles andere als damenhaft. »Es muss keiner glauben, dass wir alle verkniffene alte Schachteln sind, die Männer hassen, weil uns keiner haben will. Oder militante Blaustrümpfe, die den Leuten ihre Parolenplakate um die Ohren hauen. So denkt und redet man doch über uns. Aber darum geht es nicht. Wir kämpfen für Demokratie und Menschenrechte.«

1988 zog Schyman für die Linkspartei, die Nachfolgepartei der schwedischen Kommunisten, in den Reichstag ein. Fünf Jahre später griff die gelernte Sozialarbeiterin nach dem Parteivorsitz und machte die wegen ihrer kommunistischen Vergangenheit von den bürgerlichen Parteien mit Skepsis betrachtete *Vänsterpartiet* salonfähig: Sie verordnete ihren Genossen eine stramm feministische Linie. Rhetorisch brillant, gnadenlos populistisch und mit dem richtigen Gespür für Themen, hetzte sie durch die Talkshows – und hatte Erfolg: Die Linkspartei kletterte in der Wählergunst plötzlich über die Marke von 10 Prozent. Auch vor unpopulären Vorschlägen wie einer Steuer für Männer, mit der sie die Kosten für Gewalt gegen Frauen von den Verursachern einfordern wollte, schreckte Schyman nicht zurück. Mit den eigenen Verfehlungen ging sie ebenfalls nicht zimperlich um. Als 1996 an die Öffentlichkeit drang, dass sie Alkoholprobleme hat – ein Thema, bei dem der Schwede gar keinen Spaß versteht –, berichtete sie auf dem Fernsehsofa offenherzig darüber und verarbeitete ihre Erfahrungen später in einem Buch. 2003 geriet sie jedoch in den Verdacht der Steuerhinterziehung, und der Druck wurde zu groß. Nach zehn Jahren als Parteivorsitzende trat Schyman ab und wandelt seitdem auf eigenen Pfaden mit ihrer Frauenpartei »Feministische Initiative«. Immer noch streitet sie für gleiches Geld und gleiche Arbeit, eine gerechte Aufteilung der Elternzeit zwischen Frau und Mann und für ein Ende der Gewalt gegen Frauen. »Die Feministische Initiative wendet sich an Frauen, die das Patriarchat abschaffen wollen, und an Männer, die sich mit unserem Kampf solidarisch fühlen«, ist in der Selbstdarstellung zu lesen. Bei ihrer ersten Reichstagswahl 2006 kamen die Feministinnen damit auf nicht einmal ein Prozent der Stimmen. Doch sie wollen weitermachen, sagte Gudrun Schyman nach der Auszählung der Stimmen kämpferisch.

Sichtbaren Erfolg bei ihrem Einsatz für die Rechte der Frau hatte hingegen Schymans ehemalige Parteikollegin Marianne Eriksson. Als Abgeordnete der Linkspartei im Europaparlament bekämpfte sie Sexindustrie und Zwangsprostitution. 1997 brachte sie den Vorschlag ein, die Kunden von Prostituierten zu kriminalisieren. Damals erntete sie in Brüssel zwar noch Gelächter. Zwei Jahre später folgte Schweden aber ihrem Vorschlag und führte das Gesetz über den Kauf »sexueller Dienstleistungen« ein. Es bestraft die Freier, nicht aber die Prostituierten. Die Höchststrafe liegt bei sechs Monaten Gefängnis. Die schwedische Regierung sieht die Prostitution als Teil einer strukturellen Diskriminierung und Ausbeutung von Frauen und geht davon aus, dass sie ihre Körper nicht freiwillig verkaufen – anders als in Deutschland, wo die Prostitution legalisiert ist und Frauen, die mit Sexdiensten ihr Geld verdienen, eine Krankenversicherung abschließen und Vorkehrungen für die Rente treffen können. Das Ziel lautet Entkriminalisierung, ohne dabei die Zwangsprostitution aus dem Auge zu verlieren.

Diese unterschiedliche Sichtweise auf das Thema führte vor der Fußball-WM in Deutschland zum Krach zwischen beiden Ländern. Gleichstellungs-Ombudsmann Claes Borgström war gar der Meinung, die schwedische Fußball-Nationalelf sollte das sportliche Großereignis gleich ganz boykottieren, um ein Signal gegen den Frauenhandel zu setzen. Denn wenn Millionen Männer zur WM kämen, könne die Zahl der Bordelle und ihrer Prostituierten in Deutschland nicht ausreichen. Per Menschenhandel würden dann Zehntausende Frauen ins Land geholt und zur Prostitution gezwungen.

Während die ganze Welt den Fußball feiern wollte, gab sich Schweden sauertöpfisch. Zudem wurde die schwedische Öffentlichkeit durch Informationen über deutsche »Verrichtungsboxen« zusätzlich schockiert. Die mobilen Einheiten, die die schnelle »Verrichtung« von Sex ermöglichen, würden in großer Zahl in der Nähe der Fußballarenen aufgestellt, um Männer zu befriedigen, so das Schreckensszenario.

Doch der Hintergrund wurde, wie so oft in den schwedischen Medien, ausgeklammert. Dass es bei dem Projekt mit niederländischem Vorbild eigentlich darum ging, die Gewalt gegen Prostituierte auf dem Straßenstrich einzudämmen, wurde nicht erwähnt. Dass man damit in Köln bereits gute Erfahrungen gemacht hatte, weil der »Sexdienst« in garagenartigen geschützten Containern stattfindet, wo Drogendealer und Zuhälter nicht erwünscht sind und die Frauen schnell Hilfe holen können, wenn sie bedroht werden, war ebenfalls kein Thema.

Das schwedische Verbot des Sexkaufs wurde international stark beachtet und hat in den nordischen Ländern Island und Finnland zu ähnlichen Gesetzen geführt. Viel gebracht hat es jedoch nicht: Gerade einmal 750 Männer wurden in den ersten sechs Jahren angezeigt, denn die Beweislage ist schwierig. Um einen Täter zu überführen, muss man ihn schon in flagranti erwischen. Das geht vielleicht beim Straßenstrich, doch der ist aus ebendiesem Grund stark zurückgegangen. Die Prostitution hat sich in Hotels und Bars verlagert, die Frauen suchen ihre Kunden über das Internet oder legen ihre Visitenkarten aus.

Inzwischen fahren immer mehr schwedische Männer über die Ostsee in die baltischen Länder, um Sex zu kaufen. In den großen Hotels von Vilnius, Riga oder Tallinn wird »adult entertainment« vielfach schon an der Rezeption angeboten; spärlich bekleidete Frauen, manche noch im Teenageralter, die sich aufreizend um Tanzstangen schlängeln, gehören in den Nachtbars vielerorts zum Standard.

Mehrere hundert von ihnen werden pro Jahr von Frauenhändlern als Zwangsprostituierte nach Schweden verschleppt. Vor allem aus dem Baltikum, Russland und anderen osteuropäischen Staaten. Über die Opfer des Frauenhandels hat der schwedische Regisseur Lukas Moodysson 2002 einen harten Film gedreht: »Lilja 4-ever« erzählt die Geschichte der 16-jährigen Lilja, die in einer öden estnischen Provinzstadt in schwierigen familiären Verhältnissen aufwächst. Als sich die Mutter mit dem Freund nach Amerika absetzt, ist der Teenager auf sich allein gestellt. Lilja schnüffelt Klebstoff und prostituiert sich, um zu überleben. In der Disko lernt sie einen Schleuser kennen, der ihr ein besseres Leben in Schweden verspricht – sie ist Zuhältern in die Hände gefallen, die sie in Stockholm zur Prostitution zwingen.

Der Film hat die schwedische Öffentlichkeit aufgerüttelt, und auch in den baltischen Ländern wurde er in Schulen gezeigt – um den Jugendlichen die Augen zu öffnen und sie vor den Menschenhändlern zu warnen.

Gleichstellung bezieht sich in Schweden nicht nur auf das Verhältnis von Frauen und Männern. Der Begriff lässt sich auch auf gleichgeschlechtliche Partnerschaften ausdehnen. Damit die Rechte von Homo- und Bisexuellen gewahrt werden, gibt es seit 1999 einen eigenen Ombudsmann für sie. Er setzt sich gegen Diskriminierung aufgrund der sexuellen Neigung ein, berät staatliche Institutionen beim Erlass neuer Gesetze und unterstützt alle, die sich gegen Diskriminierung zur Wehr setzen wollen. Dazu gehören lesbische und schwule Paare, die bei der Wohnungsvermittlung benachteiligt werden, und Männer und Frauen, die am Arbeitsplatz gemobbt oder gar nicht erst eingestellt werden, weil sie offen mit ihrer Homosexualität umgehen.

2003 wurde das betreffende Diskriminierungsgesetz verschärft, ein Jahr später seine Taug-lichkeit anhand des vielbeachteten Falles eines lesbischen Paares geprüft – der erste Prozess zu Diskriminierung aufgrund sexueller Neigung seit 15 Jahren. Es ging um zwei Frauen, die sich in der Warteschlange eines Restaurants öffentlich umarmt und geküsst hatten. Der Restaurantbesitzer bezeichnete ihr Verhalten als »Rumknutschen« und bat sie, damit aufzuhören. Daraufhin sei eine der beiden aggressiv geworden, verteidigte er sich später vor Gericht. Er habe sie gebeten zu gehen. Eine der Frauen setzte sich zur Wehr, ihrer Meinung nach war offensichtlich, dass ihr offener Umgang mit ihrer Partnerin den Gastwirt störte: »Homosexuelle müssen immer vorsichtig sein, wenn sie ihre Gefühle gegenüber dem Partner zeigen wollen. Das Verhalten, das uns von Polizei und anderen Behörden entgegengebracht wird, ist deprimierend«, sagte die Klägerin nach dem Urteil der ersten Instanz der Tageszeitung *Dagens Nyheter*. Erst in dritter Instanz wurde ihr ein Schmerzensgeld in Höhe von umgerechnet knapp 1700 Euro zugesprochen.

Während es heute meist noch ein langwieriger Prozess ist, vor Gericht recht zu bekommen, hat sich die Gesetzeslage für gleichgeschlechtliche Paare, die den Bund fürs Leben schließen wollen, schon lange entspannt. Seit 1995 haben sie die Möglichkeit, ihre Partnerschaft öffentlich registrieren zu lassen. Damit war Schweden nach Dänemark und Norwegen das dritte Land der Welt, das Schwulen und Lesben ermöglichte, eine eheähnliche Verbindung einzugehen, viele Jahre, bevor Deutschland im Jahr 2001 nachzog. Mit dem Jawort, das sie vor einem Standesbeamten abgeben müssen, erhalten sie annähernd die gleichen Rechte und Pflichten wie heterosexuelle Eheleute. Ende 2005 waren 3300 Männer und Frauen in Schweden die sogenannte Homoehe eingegangen; 0,5 Prozent aller seit dem Inkrafttreten des Gesetzes über eingetragene Partnerschaften neu ausgestellten Trauscheine gingen an Schwule und Lesben.

Auch unser Kollege Bill und sein Freund Peter sind inzwischen amtlich registrierte Eheleute. Peter wollte schon länger heiraten, doch Bill freundete sich erst mit dem Gedanken an, als er im Krankenhaus lag und am Blinddarm operiert werden sollte. Außerhalb der offiziellen Besuchszeiten wurden nur nahe Angehörige zu den Patienten gelassen. Bill stellte sich die Frage, ob man seinen Freund wohl vorlassen würde – nicht nur bei einer Blinddarmoperation, sondern vor allem, wenn es einmal um eine schwerwiegende Erkrankung gehen sollte.

Ihre eingetragene Partnerschaft, wie die Ehe von gleichgeschlechtlichen Partnern offiziell heißt, entspricht in vielem dem Durchschnitt: Beide waren älter als die meisten heterosexuellen Paare bei der Heirat, und der Altersunterschied zwischen beiden war auch sehr viel größer. Homosexuelle Ehen werden häufiger in Großstädten geschlossen, und häufiger ist einer der Partner im Ausland geboren. Auch das Bildungsniveau ist höher als im Durchschnitt der gemischtgeschlechtlichen Ehen. Zudem lassen sich homosexuelle Paare häufiger scheiden, und ein Fünftel der Männer und ein Drittel der Frauen waren vorher bereits einmal mit einem Partner des anderen Geschlechts verheiratet.

Das ist auch bei Bill und Peter der Fall. Peter hat aus einer früheren Beziehung eine Tochter. Inzwischen hat Bill als Peters Partner das Recht, sie zu adoptieren. Und seit 2003 ist auch der Weg zu gemeinsamen Kindern durch Adoption frei. Der Gesetzgeber hat den Paaren jedoch auferlegt, den Kindern Vorbilder für beide Geschlechter zu geben. Wie das überprüft wird, ist eine andere Frage.

In der Praxis gestaltet sich die Adoption, die in Schweden über staatlich anerkannte Organisationen geregelt wird, jedoch schwierig. Gleichgeschlechtliche Paare müssen sich ganz hinten anstellen. Im eigenen Land wird nur noch eine Handvoll Kinder pro Jahr zur Adoption freigegeben – dafür sorgen die Pille und eine liberale Abtreibungsgesetzgebung. Die Kinderheime überall auf der Welt, aus denen fast hundert Prozent der in Schweden adoptierten Kinder stammen, werden oft von religiösen Vereinigungen geführt, die der Homoehe eher kritisch gegenüberstehen.

Lesbische Paare hingegen haben die Möglichkeit, ein eigenes leibliches Kind zu bekommen: Seit 2005 können sie sich künstlich befruchten lassen und haben dabei die gleichen Rechte wie heterosexuelle Frauen.

Um eine vollständige Gleichstellung zu erreichen, müsste jetzt auch noch die Kirche ihre konservative Haltung ablegen. Denn bisher ist es Homosexuellen und Lesben nicht erlaubt, vor den Altar zu treten und sich dort trauen zu lassen – in Schweden gilt die kirchliche Heirat anders als in Deutschland nicht als Ergänzung der standesamtlichen, sondern ist auch allein gültig. Dass zwei Frauen oder zwei Männer wie Mann und Frau mit kirchlichem Segen die Ehe eingehen können, damit tun sich viele Bischöfe und Priester noch schwer – doch der Widerstand sinkt. Nach der Kirchenwahl 2005, bei der die Entscheidungsträger in Gemeinden und Stiften für die kommenden vier Jahre gewählt wurden, war mehr als jeder zweite der Gewählten für die Homoehe. In der Bevölkerung ist die Stimmung ebenfalls positiv. Zwei Drittel der Schweden fänden es in Ordnung, wenn gleichgeschlechtliche Paare auch kirchlich heiraten könnten, nur ein Drittel hat Probleme damit. Und auch der Gesetzgeber prüft jetzt, ob die Homoehe der Heteroehe völlig gleichgestellt werden kann, was zur Folge hätte, dass das Eherecht geschlechtsneutral formuliert werden müsste.

Apropos Heirat: Auch Deutsche und Schweden heiraten einander gern. 2004 gaben immerhin drei Prozent der heiratswilligen Männer einer deutschen Frau das Jawort. Die umgekehrte Verbindung – schwedische Frau und deutscher Mann – brachte es sogar auf vier Prozent. Das mag damit zusammenhängen, dass deutsche Männer beim Stichwort »Schwedin« eine gewisse Unruhe befällt: Sind das nicht diese langbeinigen, blonden Wesen mit den strahlend blauen Augen? Frauen, die gut aussehen und die freimütig ihre Sexualität ausleben? Ein Klischee, das vermutlich auf einige schwedische Filme zurückzuführen ist, die Anfang der 50er Jahre entstanden. 1951 drehte Arne Matsson seinen Spielfilm »Sie tanzte nur einen Sommer«, in dem die unschuldige Kerstin vom Lande dem Studenten Göran aus der Stadt näherkommt – ganz entgegen den Vorstellungen von Eltern und Pfarrer, die die Romanze zu verhindern suchen. In Ingmar Bergmans »Sommer mit Monika« aus dem Jahr 1953 ist Harriet Andersson die junge Frau, die zusammen mit ihrem Freund aus der Stadt flüchtet und ein paar Wochen in der Inselwelt der Schären verbringt. Sozialrealismus, gepaart mit Naturromantik und sommerlich leicht bekleideten Frauen prägten so das Klischee der freizügigen Schwedin – zumal in der Matsson-Produktion auch noch eine Einstellung mit entblößter Brust zu sehen ist, was damals für einige Aufregung sorgte.

Später festigte Anita Ekberg das Bild von »der Schwedin«. 1960 badete die üppige Blondine in Fellinis »La dolce vita« im Trevi-Brunnen in Rom. Die schwedische Filmindustrie erkannte die Bedürfnisse des Publikums und drehte in den 60er und 70er Jahren eine Reihe von Sexfilmen. Sie werden vor allem für den ausländischen Markt produziert und in Westdeutschland unter dem Stichwort »Schwedenfilme« gehandelt – Softpornos wie »Inga, ich habe Lust« oder »Carmilla – sie machen Liebe«, die verglichen mit der heutigen Sexindustrie naiv und harmlos daherkommen. Einige waren sogar für Jugendliche freigegeben.

In Wirklichkeit aber sind Schwedinnen nicht promiskuitiver als Frauen aus Deutschland oder dem übrigen Europa. Im Gegenteil, viele von ihnen sind ziemlich verklemmt. Am Strand hängen sie sich schamhaft ein Handtuch um, wenn sie in die Bikinihose schlüpfen. Wenn sie sich dem anderen Geschlecht nähern, nehmen vor allem Jugendliche erst einmal gern einen tiefen Schluck aus der Flasche. »Sex mit Schweden ist öde und langweilig. Die sind echt oft voll und pennen dann gleich ein«, beschreibt eine junge Internetnutzerin in einem Schwedenforum ihre Erfahrungen.

Tatsache ist aber, dass sich Schwedinnen gern modisch und körperbetont anziehen. Schminke und der Riecher für den kommenden Trend sind schon für Teenager von 15 Jahren scheinbar überlebenswichtig. Doch das Ausstellen der eigenen Vorzüge und ein perfektes Äußeres sind noch lange keine Einladung zur näheren Kontaktaufnahme. Die Kleidung zeigt zwar vieles – kurze Röcke, Stiefel mit hohem Schaft und tiefe Ausschnitte gehören zur Standardausrüstung im Samstagabendverkehr –, die Annäherung aber ist umso schwerer.

Um da mithalten zu können, muss sich auch der schwedische Mann einiges einfallen lassen. Auch er steht unter dem Druck, einen makellosen Körper zu präsentieren. Vor allem in den Städten schwitzen daher viele von ihnen heute auf Streckbänken und unter Hantelstangen. Hier ist auch der Anteil der Singlehaushalte besonders hoch. In Stockholm leben in zwei von drei Haushalten Alleinstehende, im ganzen Land wird durchschnittlich jeder zweite Haushalt von einem Single geführt – damit gehört Schweden zu den Spitzenreitern in der EU und liegt auch vor Deutschland mit nur 40 Prozent Singlehaushalten.

Das bedeutet keineswegs, dass Schweden nicht gern mit einem Partner leben. Etwa 40 000 Ehen werden jedes Jahr geschlossen. Eine Heirat ist jedoch keine Verbindung auf Ewigkeit, und auch wirtschaftliche Zwänge hindern die Eheleute heute nicht mehr, auseinanderzugehen. Sollte das eigene Gehalt nicht reichen, sichert der fürsorgliche Staat nach einer Trennung die wirtschaftliche Unabhängigkeit. Kein Wunder, dass die Trennungsrate hoch ist, annähernd jede zweite Ehe wird geschieden, nicht ganz so viele wie in Deutschland. Anders als dort unterstützt in Schweden der Besserverdienende jedoch seinen Partner nach der Trennung finanziell nicht. Das Doppelversorgermodell ist in Schweden unbekannt. Für verheiratete Frauen gilt dieselbe Gesetzgebung wie für Männer – sieht man einmal von den Bestimmungen bei der Geburt eines Kindes ab.

Die meisten Eheleute werfen schon nach drei bis vier Jahren das Handtuch, in Deutschland ist dagegen die Trennung kurz vor dem sprichwörtlichen »verflixten siebten Jahr« häufig. In beiden Ländern sind es vor allem die Frauen, die den Schlussstrich ziehen, in Schweden sind sie dabei im Durchschnitt Anfang bis Mitte 40. Für die Kinder bedeutet das jedoch nicht, dass sie den Kontakt zu ihrem Vater verlieren. Üblich ist, dass sich die Eltern das Sorgerecht auch nach einer Trennung teilen. 90 Prozent der Kinder in Schweden haben zwei sorgeberechtigte Eltern, und immer mehr Männer engagieren sich auch nach der Trennung für ihre Sprösslinge. Sehr verbreitet ist dabei das wochenweise Wechseln zwischen Vater und Mutter, das jedes fünfte Scheidungskind mitmacht. Wie das geht, beobachten wir bei unserer Freundin Ingrid und ihrem Freund Conny.

Conny hat zwei Kinder aus erster Ehe. Jeden Mittwoch wechseln sie den Wohnort. Exfrau Helena bringt die neunjährige Therese und den achtjährigen Christian morgens in die Schule, am Nachmittag kommen sie nach Hause zu Conny und wohnen dann bis zum nächsten Mittwoch bei ihm. Nach der Trennung vor drei Jahren ist der 45-Jährige im ehemals gemeinsamen Reihenhaus geblieben, wo seine Kinder ihre eigenen Zimmer behalten haben. Seine Exfrau hat sich in der Nähe niedergelassen und wohnt inzwischen mit ihrem neuen Freund zusammen. Doch für die Kinder ist auch Platz in der neuen Wohnung, erzählt Conny. »Wir haben uns für den Wechsel mitten in der Woche entschieden, weil dann die Wochenenden ungestört sind. Außerdem habe ich auf diese Weise in jeder Woche einige Abende frei, und andere verbringe ich mit den Kindern. So machen wir es auch mit Weihnachten und Ostern: Sind die Kinder Weihnachten bei meiner Exfrau, habe ich sie zu Ostern und umgekehrt. Dann können sie das eine Fest mit der Familie von Helena feiern, das andere Fest mit meiner Familie.«

Seine Arbeit als Programmierer hatte er sich nach der Trennung so eingeteilt, dass er an den Tagen, an denen die Kinder bei der Exfrau wohnen, länger arbeitet, um in der Woche, in der sie bei ihm sind, mehr Zeit für sie zu haben. Dann holt er Therese und Christian aus dem Hort ab, kocht mit ihnen oder hilft bei den Schularbeiten. Mit seiner Exfrau tauscht er sich per E-Mail über die praktischen Dinge des Alltags aus: Haben die Kinder die richtige Kleidung für den Wandertag eingepackt? Stehen Einladungen zum Kindergeburtstag an? Sie haben ein gemeinsames Konto eingerichtet, wo das Kindergeld eingeht, von dem sie Kleidung, Spielzeug und den Besuch beim Friseur bezahlen. Natürlich schlägt es heftig zu Buche, dass sie doppelte Kinderzimmer, Kleidung und Spielzeug finanzieren müssen, stöhnt Conny. Doch der Einsatz lohnt sich. Er könnte sich nicht vorstellen, auf seine Kinder zu verzichten. Es ist ihm wichtig, Verantwortung für sie zu übernehmen.

Ein- bis zweimal im Monat telefoniert er auch mit Helena. Dann geht es um Beobachtungen, die ihnen besonders aufgefallen sind oder Sorgen machen. Wie kommt Therese in der Schule mit, putzt sich Christian jetzt regelmäßiger die Zähne? »Natürlich fanden es die beiden nicht toll, dass wir uns trennen. Aber die Kinder haben akzeptiert, dass sie abwechselnd bei uns wohnen. Und sie wissen, welche Regeln bei dem einen und bei dem anderen gelten – auch wenn wir natürlich versuchen, ähnliche Maßstäbe zu setzen.«

Wenn die Kinder krank werden und ein Elternteil zu Hause bleiben muss, ist ganz automatisch klar, wer zuständig ist. Bis zu 60 Tage im Jahr dürfen Conny und Helena am Krankenbett wachen, bis ihr jüngstes Kind zwölf Jahre alt ist. Für diese Zeit bekommen sie eine finanzielle Entschädigung von 80 Prozent ihres Gehalts. Und viele scheinen diese Regelung großzügig zu ihren Gunsten auszulegen, wie eine Stichprobenkontrolle der allgemeinen Versicherungskasse im Sommer 2006 zutage brachte. Ein Siebtel der Eltern hatte falsche Angaben gemacht.

Für Conny ist das Fehlen wegen Krankheit der Kinder erst einmal kein Thema. Er hat mit seiner neuen Freundin Ingrid gerade sein drittes Kind bekommen. Sie übernimmt die ersten Monate der Elternzeit. Sind Therese und Christian da, ist die 42-Jährige auch für sie Ansprechpartnerin. Wenn sie mit Conny allein ist, können sie sich ganz in Ruhe um den kleinen Gabriel kümmern. Und nach ein paar Monaten tauschen sie dann die Rollen.

Conny hat gerade den Arbeitgeber gewechselt und verabredet, dass er zehn Monate Elternzeit nimmt und jeweils einen Tag in der Woche in der Firma erscheint. Auf diese Weise kann er sich dann auch mehr um die größeren Kinder kümmern.

Solche Patchworkfamilien werden immer häufiger, und das hat auch in der Sprache seinen Ausdruck gefunden. Kinder aus einer früheren Beziehung des Partners heißen »bonusbarn« (»Bonuskinder«), eine hübschere Bezeichnung als das deutsche »Stiefkind«.

Kaffee und Konsens

Arbeiten in Schweden

»Har du lust, att ...« – wer mit schwedischen Kollegen zusammenarbeitet, tut gut daran, Arbeitsanweisungen vorsichtig zu formulieren. »Hast du Lust, ein paar Papiere für mich zu faxen?«, ist eine häufig gestellte Frage an eine Mitarbeiterin, die wir ebenso gut mit »Skulle jag kunna be dig ...« einleiten könnten – »Könnte ich dich bitten ...?«. Dabei geht es weder darum, ob die Kollegin gerade Lust dazu hat, die Bitte zu erfüllen, noch, ob wir ihr diesen Auftrag erteilen können. Es ist vielmehr die typisch schwedische Art, jemandem mit einer Bitte nicht zu nahe zu treten – und dennoch sein Ziel zu erreichen. Mit einer solchen Formulierung versichert sich der Schwede, dass er nicht stört und sich an die Regeln hält – nicht nur im Kontakt mit Kollegen aus den höheren Etagen. »In Deutschland seid ihr viel direkter. Daran musste ich mich erst mal gewöhnen«, erzählte uns einmal die junge Opernsängerin Elisabeth aus Malmö, die bereits in Deutschland Berufserfahrung gesammelt hat. »In Schweden machen wir es am liebsten so wie alle. Das könnte man auch als feige bezeichnen – wir haben Angst vor Konflikten.«

Wer rumbrüllt, Türen schlägt oder mit hochrotem Kopf Kommandos über den Flur bellt, um seine Forderungen durchzusetzen, hat schlechte Karten – solche Entgleisungen durch Kollegen und Vorgesetzte behagen den Schweden gar nicht. Wer die Fassung verliert – und das wäre mit Blick auf das schleppende Arbeitstempo gewisser Berufsgruppen manchmal durchaus verständlich –, erreicht gar nichts. Im Gegenteil: Der keifende Kunde wird schlicht ignoriert. Und da die Schweden mit Konflikten schlecht umgehen können, gilt es, diplomatisch vorzugehen. Dabei helfen Dienstbesprechungen, die häufig und ausgiebig abgehalten werden. Viele Arbeitnehmer, besonders in Führungspositionen, schleppen sich von einem *möte* zum nächsten. Das fängt schon morgens an, wenn die Kollegen mit der Kaffeetasse in der Hand zusammenkommen: Alle Meinungen werden gehört, keiner darf überfahren werden. Auf diese Weise kann man nicht nur das gemeinsame Vorgehen abstimmen. Es wird auch der Unzufriedenheit Einzelner vorgebaut, nach dem Motto »Du hättest dich ja beteiligen können«.

Auch wenn Umstrukturierungen anstehen, ist es ein schlauer Weg, die Last der Verantwortung von der Chefetage auf viele Schultern zu verteilen. Das konnten wir kürzlich an unserem Arbeitsplatz erleben, als es darum ging, neue Sendeschwerpunkte für den Hörfunkbereich zu entwickeln. Alle Mitarbeiter sollten das Gefühl bekommen, dass sie auch ein Wörtchen mitreden dürfen, sollten ihre »Bälle in die Luft werfen«, wie eine Mitarbeiterin der Abteilung für Weiterbildung betonte. Seminare wurden angesetzt, in denen wir unsere Visionen über die Sendungen von morgen entwickeln sollten. Akribisch wurden Mitarbeiterlisten geführt, damit auch jeder und jede an den Treffen teilnehmen. Alle konnten ihre Ideen kundtun, die besten Vorschläge wurden notiert – und am Ende entschied doch die Leitung nach ihren Vorgaben. Denn bei aller demokratischen Diskussion muss eben am Ende jemand sagen, wo es langgeht. Das ist auch in Schweden nicht anders als in Deutschland.

Ein großer Unterschied zwischen Deutschland und Schweden ist der Umgang mit der Arbeitszeit. Besonders an Arbeitsplätzen im öffentlichen Dienst – und diese machen immerhin ein Drittel aller Jobs aus – achten die Angestellten penibel darauf, dass sie rechtzeitig den Griffel fallen lassen. Die Arbeit ist nicht alles, Schweden sind nicht in gleichem Maße auf ihren Job fixiert wie viele Deutsche, sie arbeiten auch häufiger Teilzeit. Das mag damit zusammenhängen, dass Männer und Frauen fast zu gleichen Teilen arbeiten. Während in den meisten Familien in Deutschland häufig ein Partner die Hausarbeit übernimmt, kann sich der andere ganz seinem Beruf widmen – Überstunden sind da an der Tagesordnung. In Schweden sind beide gleichermaßen für die Familie zuständig und müssen pünktlich gehen, weil sie mit dem Kochen dran sind oder ein Kind aus der Kindertagesstätte abholen wollen.

Dafür gilt in vielen Unternehmen Gleitzeit. Für sie machten sich die Gewerkschaften in den 70er Jahren stark. Wenn es die Arbeitsaufgaben erlauben, können etwa die Mitarbeiter des schwedischen Finanzamtes schon zwischen sieben und neun Uhr anfangen; Abendarbeiter dürfen bis maximal 19 Uhr bleiben. Wer mal früher weg muss, kann nacharbeiten oder sich vorher die Stunden auf einem Arbeitszeitkonto ansparen. Und das Prinzip hat inzwischen Schule gemacht. Wer mal länger bleibt, bekommt in vielen

Ohne Kaffee geht gar nichts: Pause mit Kollegen

Unternehmen Freizeitausgleich. Alternativ kann man sich die Überstunden auszahlen lassen. Diese Arbeitsbedingungen haben in den vergangenen Jahren vor allem viele deutsche Ärzte nach Schweden gelockt – lange bevor sich die deutschen Mediziner im Sommer 2006 zumindest etwas bessere Arbeitsbedingungen erkämpften.

Die Koffer packen und ab nach Schweden – dieses Wagnis gehen derzeit etwa 2000 Deutsche pro Jahr ein. Die schwierige wirtschaftliche Lage in der Heimat trieb 2005 etwa 145 000 Menschen in die Ferne, ein Aderlass wie ihn das Land seit 50 Jahren nicht mehr gesehen hat. Auf der Liste der Wunschländer rangiert Schweden zwar unter »ferner liefen«, dafür fließt der Strom deutscher Zuwanderer stetig. Die Ersten flüchteten während des Zweiten Weltkriegs bzw. kurz danach und sind mittlerweile eingebürgert, eine weitere Welle kam nach dem Ende der DDR. Schon nach fünf Jahren des permanenten Aufenthalts und wenn man sich nichts zuschulden kommen lassen hat, kann man als Deutscher die schwedische Staatsangehörigkeit beantragen. Weite Natur und eine ruhigere Gangart als in der Heimat locken daher viele nach Norden, zudem bescheinigen internationale Untersuchungen Schweden mit schöner Regelmäßigkeit eine sehr gute Lebensqualität.

Unsere Freundin Martina kam 2002 nach Schweden. Die 34-Jährige hatte damals ihr Jahr als Ärztin im Praktikum in Deutschland hinter sich und war auf der Suche nach einer neuen Stelle. Schweden hatte die Gynäkologin schon während ihres Studiums in Linköping kennengelernt, auch Schwedisch sprach sie fließend. Bereits damals waren in Stockholmer Kliniken Ärzte Mangelware. Kurz entschlossen bewarb sie sich, und ihre Gründe klingen einleuchtend: »Ich kann mich hier beruflich besser entwickeln als in Deutschland. Wenn Kurse oder Praktikumszeiten anstehen, werden wir dafür freigestellt. Als ich ein halbes Jahr mit ›Ärzte ohne Grenzen‹ nach Afrika wollte, war das auch kein Problem.« Zudem übernähme das Pflegepersonal in Schweden Aufgaben, die in Deutschland Ärzte erledigen müssen, etwa Blut abnehmen und gewisse Verwaltungstätigkeiten. Dadurch könne sie mehr praktizieren und auf ihre Patienten eingehen.

Die Hierarchien sind flacher, die Kollegen duzen sich, und auch wenn es ein Oberarzt ist, der eine Entscheidung getroffen hat, darf Martina sie in Frage stellen. Das sei in Deutschland anders. Und weil es den Schweden schwerfällt, Kritik zu üben, wird mehr gelobt als in ihrer alten Heimat, hat Martina beobachtet. Das stärkt das Selbstvertrauen. Dafür verdient sie deutlich weniger als in Deutschland. Nachtdienste werden zwar doppelt bezahlt, dafür sind Stress und Verantwortung aber auch entsprechend hoch, denn die Besetzung wird in der Nacht stark ausgedünnt, meint die Gynäkologin, die am renommierten Universitätsklinikum *Karolinska* in Stockholm angestellt ist. Das geht zulasten der Patienten, die oft stundenlang warten müssen. Und das nicht nur nachts: Auch wer eine Bestrahlung braucht oder eine lebenswichtige Operation benötigt, muss sich in die Schlange einreihen.

Unter den frischgebackenen Ärzten in Schweden waren ausländische Mediziner in den letzten Jahren in der Mehrheit. Allein Martina kennt mindestens ein halbes Dutzend Ärzte aus Deutschland in ihrer Umgebung. In der Kommune Jönköping hatte 2006 jeder dritte Mediziner einen ausländischen Pass, die Deutschen gehören dabei zu den größeren Gruppen. Ihnen eilt der Ruf voraus, eine gute Grundausbildung zu haben und fleißig zu sein, hat Martina beobachtet. Auch werde sie häufig gelobt, wie schnell sie Schwedisch gelernt habe.

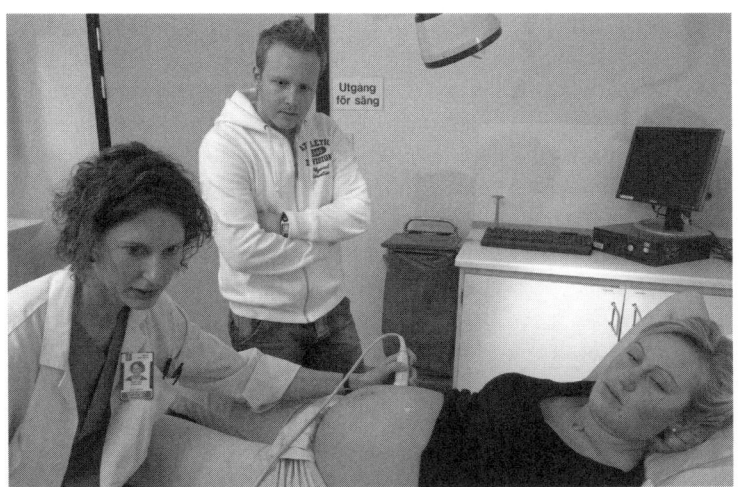

Stressfrei im Norden: In der Stockholmer Uniklinik Karolinska
behandeln deutsche Ärzte.

Die private Kontaktaufnahme mit den Kollegen gestaltet sich da
schon schwieriger. Viele Schweden in ihrem Alter wollen nach der
Arbeit schnell nach Hause und sich der Familie widmen. Für ein
gemeinsames Bier nach Dienstschluss bleibt da wenig Zeit. Am
leichtesten fällt der private Kontakt mit allen, die selbst schon einmal im Ausland waren oder weit gereist sind. Inzwischen hat Martina auch manch deutsche Freunde. Mit einigen hat sie inzwischen
sogar einen deutschen Stammtisch gegründet, um ab und zu mal
wieder in der Muttersprache reden zu können.

Gewöhnungsbedürftig sind in Schweden die hohen Lebenshaltungskosten. Über das Geschrei, das ausbrach, als die große Koalition in Deutschland ankündigte, die Mehrwertsteuer 2007 auf
19 Prozent anzuheben, konnte man hierzulande nur lachen: Wer
in Schweden einkaufen geht, muss 25 Prozent *moms* bezahlen,
bei Lebensmitteln sind es immerhin noch zwölf Prozent – deutlich
mehr als die sieben Prozent in Deutschland.

In europäischen Supermärkten muss man nur in Norwegen,
Island, der Schweiz und Dänemark mehr bezahlen. Zudem wird
die Lebensmittelbranche von einigen Monopolisten beherrscht.
Als sich 2003 der deutsche Discounter Lidl auf dem schwedischen
Markt etablierte, verfolgten schwedische Gewerkschaften nicht

nur ganz genau, ob das schwedische Arbeitsrecht eingehalten wird, es wurden (ähnlich wie in anderen europäischen Ländern) auch regelrechte Kampagnen gegen das umstrittene Unternehmen geführt. Eine der skurrileren – und typisch schwedischen – war dabei die Diskussion um den richtigen Anteil von Vitamin D in der Milch. Weil die deutsche Milch im Gegensatz zur schwedischen damit nicht extra angereichert wird, bangten Ernährungswissenschaftler um die Gesundheit des schwedischen Volkes. Besorgte Eltern diskutierten eifrig, ob sie ihren Sprösslingen derlei Getränk überhaupt ins Glas gießen können – mit fremden Produkten tut man sich hierzulande generell etwas schwer.

Inzwischen hat sich die Aufregung wieder gelegt, und wie selbstverständlich finden sich jetzt auch in Schweden produzierte Produkte in den Regalen des deutschen Discounters – zu geringeren Preisen. Von der einheimischen Bevölkerung werden die Supermärkte zahlreich aufgesucht, und einen Effekt für alle Verbraucher hatte das Ganze auch: Die Etablierung von Niedrigpreis-Supermärkten hat die großen schwedischen Anbieter ICA und Konsum erfolgreich unter Druck gesetzt.

Nicht nur die Lebenshaltungskosten sind höher als in Deutschland, auch fürs Wohnen müssen Neuschweden Unsummen auf den Tisch legen – besonders, wenn sie sich in Großstädten ansiedeln. So groß wie die Auswahl an günstigen Häusern in ländlichen Gebieten ist, so angespannt ist die Lage in den größten Städten des Landes, vor allem in Stockholm, Göteborg und Malmö. Die erste Wohnung bekommt man daher oft nur über Vermittlung von Freunden oder Bekannten. Da wird dann flugs ein kleiner Verschlag von der eigenen Wohnung abgeteilt, ein Minibad eingebaut und eine Kochnische eingerichtet – schon kann man 20 möblierte Quadratmeter für umgerechnet 300 Euro pro Monat bewohnen.

So begannen auch wir unsere Wohnkarriere in Stockholm. Glücklicherweise wurde dann schon vier Monate später die Wohnung eines Kollegen frei, der nur die normale Miete wollte, dafür mussten wir seine Blumen in Makramee-Ampeln gießen und unter einem riesigen Kutschenrad als Kronleuchter schlafen.

Doch als Neu-Stockholmer kann man froh sein, ein eigenes Reich zu beziehen – noch dazu ohne Aufschlag. In der schwedischen Hauptstadt warten mehr als 100 000 Menschen auf eine Wohnung in einer kommunalen Wohnungsbaugesellschaft. Viele stellen in guter sozialistischer Tradition schon ihre Neugeborenen in die Warteschlange, damit sie bei Volljährigkeit eine eigene Wohnung beziehen können. Der Trend ist allerdings ein anderer: In der Stockholmer Innenstadt wurden in den letzten Jahren viele Miethäuser in Wohneigentum umgewandelt, so dass man die Wohnungen teuer kaufen musste, um überhaupt vernünftigen Wohnraum beziehen zu können.

Der Erwerb ist nicht besonders kompliziert, viel Eigenkapital brauchen die Käufer nicht, und wer eine feste Stelle hat, der kann auf günstige Kredite hoffen. Entweder erwirbt man ein *bostadsrätt* – wörtlich übersetzt Wohnrecht. Dabei geht es um Eigentumswohnungen, die in der Regel von Wohnungsbaugenossenschaften verwaltet werden, welche dafür einen monatlichen Betrag erhalten. Doch stärker als in Deutschland, wo auch die Hausgemeinschaft frei entscheiden kann, ist das Miteinander in der *bostadsrättsförening* von Regeln und Paragraphen gesteuert. Es gibt einen Vorstand mit Verantwortung für Finanzen, Verwaltung und die Regelung von zwischenmenschlichen Problemen, und einmal im Jahr wird zur Versammlung gerufen. Und damit man nicht nur gemeinsam Probleme diskutiert, gibt es zweimal im Jahr die Möglichkeit, die lieben Nachbarn unter ungezwungenen Umständen in freier Natur zu treffen, bei der *vår- und höststädning*, dem Frühjahrs- und Herbstputz.

Wer es etwas unabhängiger mag, der zieht gleich in ein eigenes Haus mit Grundstück ein – eine der beliebtesten Wohnformen in Schweden. Einfamilienhäuser heißen auf Schwedisch *Villa* und werden im Bietverfahren erworben. Der Boom steigender Preise hält seit mehr als einem Dutzend Jahren an, und mit den fallenden Zinsen der letzten Jahre hat er inzwischen schwindelerregende Höhen erreicht. Als die schwedische Reichsbank 2006 erstmals wieder anfing, die Zinsen zu erhöhen, bangten Grundeigentümer und Wohnungsbesitzer um den Wert ihrer Objekte, und es wurde eifrig darüber diskutiert, wann der Boom sich abschwächt und die Überteuerungsblase platzt.

Zudem langt der Staat bei der Grundsteuer mächtig zu. Das ist eines der wenigen Themen – abgesehen von Solidarkundgebungen und Erste-Mai-Demonstrationen –, das die Schweden regelmäßig zu Protestkundgebungen auf die Straße treibt. Ein Prozent des Einheitswertes müssen Besitzer von Einfamilienhäusern an den Fiskus abführen. Wer eine Sauna einbaut, die Fassade neu streichen lässt oder auf andere Art zur Wertsteigerung beiträgt, zahlt mehr. Jeder

Grundeigentümer muss sein Haus einmal pro Jahr schätzen lassen. Diese Summe bildet dann die Grundlage für die Besteuerung.

Das monatliche Durchschnittseinkommen liegt in Schweden bei 24 300 Kronen. Davon wird etwa ein Drittel an die Gemeinden abgeführt, um Krankenhäuser und Schulen zu finanzieren. Mit zunehmendem Gehalt steigt der Steuersatz. Wer es auf mehr als umgerechnet 28 300 Euro pro Jahr bringt, muss noch einmal 20 Prozent Einkommenssteuer berappen, also etwa die Hälfte seines Lohnes abgeben – das ist sozialdemokratische Steuerpolitik auf Schwedisch. Gut verdienende Sportgrößen wie Björn Borg oder Mats Wilander lassen sich daher lieber im Ausland nieder.

Bei der Steuererklärung gibt es kein Pardon. Wer mit falschen Angaben erwischt wird, muss mit saftigen Strafen und dem Unverständnis der Öffentlichkeit rechnen. Steuervergehen gehören neben Alkoholmissbrauch zu den Verhaltensweisen, bei denen die Schweden gar keinen Spaß verstehen.

Dafür ist das schwedische Steuersystem einfacher zu durchschauen als das deutsche, und auch das Vertrauen in den Staat ist in dieser Frage größer. Kaum einer nörgelt darüber, dass Schweden die höchsten Steuern in der EU erhebt – jede zweite Krone des Bruttonationalprodukts wird auf diese Weise erwirtschaftet, in Deutschland ist es gerade einmal ein Drittel. Vielleicht liegt es daran, dass sich die Schweden bewusst sind, dass ihnen die hohe Steuerlast am Ende durch die Wohlfahrtseinrichtungen des Landes wieder zugute kommt, und es keinem die Schamesröte ins Gesicht treibt, wenn er oder sie Sozialleistungen beantragt. Zudem kommen kaum weitere Abgaben auf die Arbeitnehmer hinzu, was das im Vergleich zu Deutschland deutlich niedrigere Durchschnittseinkommen relativiert. Bis auf die Altersvorsorge werden alle Sozialversicherungsbereiche durch Steuern finanziert. Um in den Genuss von Arbeitslosengeld zu kommen, musste man unter sozialdemokratischer Führung jedoch freiwillig einer Arbeitslosenversicherung beitreten. Dies war an eine Gewerkschaftsmitgliedschaft gebunden, die weitere Vergünstigungen bei Versicherungen ermöglichte und zudem von der Steuer absetzbar war.

Doch mit dieser Steuervergünstigung machte die 2006 gewählte bürgerliche Regierung als Erstes Schluss. Bereits kurz nach ihrem Regierungsantritt kündigte sie an, die Mitgliedschaft in einer Arbeitslosenkasse obligatorisch zu machen und die Beiträge anzuheben. Zehn Prozent ihrer Mitglieder könnten die Gewerkschaften dadurch verlieren, berechnete ein Meinungsforschungsinstitut im Herbst 2006. Trotz des rekordverdächtigen Organisationsgrades von derzeit rund 80 Prozent wäre das ein herber Schlag für die Arbeitnehmervertretungen. In Deutschland ist gerade einmal ein Viertel der Arbeitnehmer gewerkschaftlich organisiert.

Gewerkschaften

Im Dachverband der Arbeitergewerkschaften, der *Landsorganisationen i sverige* (LO), sind Maler und Automechaniker genauso organisiert wie Verkäuferinnen und Kellnerinnen – insgesamt rund zwei Millionen Schweden (Stand: 2006). Neben der LO besteht ein Dachverband der Angestelltengewerkschaften *Tjänstemännens Centralorganisation* (TCO) mit rund 1,3 Millionen Mitgliedern sowie ein Akademikerverband, *Sveriges Akademikers Centralorganisation* (SACO), in dem etwa 400 000 Berufstätige organisiert sind.

In Schweden bestimmen die Tarifpartner gemeinsam über alle Fragen des Erwerbslebens, über die Lohnentwicklung und – besonders wichtig – das Pensions- und Versicherungssystem. Die Gewerkschaften verwalten die Pensionsgelder ihrer Mitglieder und legen sie in Fonds und Aktien an. Auch die Arbeitslosenversicherung und die Auszahlung des Arbeitslosengeldes wird über sie abgewickelt. Ein bedeutender Machtfaktor – und eine Erklärung für den hohen Organisationsgrad von 80 Prozent der Arbeitnehmer.

Sozialdemokratie und Gewerkschaft sind personell und finanziell eng verflochten. Gewerkschafter besetzen zugleich wichtige Positionen in den Behörden und sitzen in den Aufsichtsgremien staatlicher Unternehmen. Die LO-Vorsitzende Wanja Lundby-Wedin wurde eine Zeitlang gar als mögliche Parteivorsitzende der Sozialdemokraten gehandelt.

In Zeiten der Globalisierung und des verschärften Wettbewerbs haben allerdings auch die schwedischen Gewerkschaften unter Mitgliederschwund zu leiden. Umso heftiger ist ihre Gegenwehr bei allen Versuchen kleiner und mittelständischer Unternehmen, die geltenden Flächentarifverträge durch eigene Abkommen zu unterlaufen. So wurde im Frühjahr 2007 ein kleines Bistro in Göteborg so lange bestreikt, bis die Besitzerin entnervt das Handtuch warf und ihr Unternehmen zum Verkauf anbot. Dabei sind schwedische Gewerkschaften durchaus zu pragmatischen Lösungen bereit, wenn Betriebe in Not geraten.

Auf Druck der Gewerkschaften betreibt der Staat eine aktive Arbeitsmarktpolitik betrieblicher Aus- und Weiterbildung, Umzugshilfen und Lohnsubventionen soll Jugendlichen und Langzeitarbeitslosen der Einstieg in den Arbeitsmarkt erleichtert werden.

Auch deutsche Arbeitnehmer, die länger als sechs Monate in Schweden arbeiten, müssen im Land ihre Steuererklärung machen. Damit das reibungslos über die Bühne geht, gibt es ein Doppelbesteuerungsabkommen zwischen beiden Ländern, erklärt Projektkoordinatorin Beatrice Beier vom Baltic-Training-Center in Rostock die Regeln. Seit 1999 bietet die Weiterbildungseinrichtung, die von der Arbeitsagentur finanziert wird, Vorbereitungskurse für Arbeitnehmer an, die nach Schweden auswandern wollen. Offenheit und die Motivation, sich an seine neue Umgebung anzupassen, sind wichtige Kriterien, damit der Start im neuen Land glückt, sagt Beier. Beim Verfassen von Bewerbungen für einen Praktikumsplatz hilft das Center den Kursteilnehmern.

In Zusammenarbeit mit dem schwedischen Arbeitsamt und einigen Kommunalverwaltungen wurden in den letzten Jahren vor allem medizinisches Pflegepersonal und Handwerker aus den Bereichen Bau, Kfz und Maschinenbau vermittelt. 70 Prozent der Teilnehmer fänden später eine Stelle in Schweden, sagt die Projektkoordinatorin. Ein Teil ihrer Absolventen aus Norddeutschland pendle auch nach Südschweden. Wenn die Blütenträume nicht reifen, liegen die Gründe oft im persönlichen Bereich. »Oft ist den Familien nicht klar, was es bedeutet, ins Ausland zu gehen. Es kann auch sein, dass die Sprache Schwierigkeiten bereitet. Außerdem haben wir gemerkt, dass zurückhaltende Leute in Schweden besser klarkommen.«

Manuel ist einer, der den Schritt gewagt hat. Der Karosseriebauer aus Mecklenburg-Vorpommern war nach vier Jahren bei der Bundeswehr auf der Suche nach einer neuen Arbeit, als seine Mutter vom Baltic-Training-Center in Rostock in der Zeitung las. Manuel bestand das Auswahlverfahren und paukte zwölf Wochen lang Vokabeln, Landeskunde und Fachbegriffe für seinen Beruf. Das Sprachenlernen fiel ihm nicht schwer, und Schweden kannte er schon von Urlaubsreisen. Vor einem Auslandsaufenthalt war dem 28-Jährigen nicht bange. »Ich war mit der Bundeswehr ein halbes Jahr im Kosovo, da wurde meine Belastbarkeit schon einmal auf die Probe gestellt. Ich mache gern Neues, man lernt nie aus.« Das Arbeitsklima sei viel entspannter, und er frage sich, ob es das Wort »Stress« im schwedischen Wortschatz überhaupt gibt. Außerdem gehe alles seinen »sozialistischen Gang«. Gehen Bauteile aus, werden sie erst mal neu bestellt – bis dahin ruht unter Umständen die Arbeit. In Deutschland sei da viel mehr Druck.

Auf der anderen Seite ist manches unpersönlicher: Als er mit starken Zahnschmerzen beim Zahnarzt erschien, wurde der Norddeutsche erst behandelt, als er nachweisen konnte, dass er in Schweden angestellt ist. Inzwischen hat er jedoch einen unbefristeten Vertrag und gehört damit zu den glücklichen Teilnehmern des Vorbereitungskurses, die es geschafft haben.

Einwanderung ist in Schweden kein Phänomen der Neuzeit und betrifft nicht nur die Großstädte: Auch im Norden des Landes gab es schon früh Arbeitnehmer, die aus den nahe gelegenen nordischen Ländern nach Schweden kamen, um ihr Auskommen zu finden, allen voran die Finnen. Arbeit fanden sie vor allem bei der Förderung von Eisenerz. Auch Stig Kartinens Vater kam dafür einst aus Finnland nach Schweden. Sein Sohn, der sein ganzes Leben lang in der Grube von Kiruna gearbeitet hat, sieht ein bisschen aus wie einer der sieben Zwerge, die morgens fröhlich pfeifend in den Berg marschieren: dicker Bauch, Bart, gemütliches Wesen. 1960 hat er angefangen, im Eisenerzabbau Hand anzulegen, den Weg runter in den Stollen kennt der Bergmann in- und auswendig. In gemäßigtem Tempo steuert er seinen Transporter hinunter ins Erdinnere, in die absolute Dunkelheit. Kleine Reflektoren, die links und rechts der geteerten Straße an den Felswänden haften, weisen den Weg auf 400 Kilometern unter Tage.

Die Zufahrten zu den verschiedenen Ebenen sind mit Ziffern markiert. Bis auf über 1000 Meter Tiefe haben sich die Maschinen inzwischen in die Erde gefressen, um Eisenerz zu fördern – neben Holz der wichtigste Rohstoff des Landes. Als Stig mit 16 Jahren hier anfing, schufteten sie auf gerade einmal 265 Metern unter Tage. Die Jobs waren begehrt und gut bezahlt, erinnert sich der Nordschwede. Doch die Arbeitsbedingungen waren hart. Die Kumpel mussten in Kälte, Dreck und Dunkelheit schuften. Licht gab es nur an der Maschine. Wenn sie kaputtging, tasteten sie sich an eine Stelle vor, wo eine Lichtquelle hing. Stirnlampen waren damals noch nicht Standard. »Im Notfall waren wir auf das Kabel am Berg angewiesen, an dem wir uns langhangeln konnten«, beschreibt der Bergmann seine harten Anfangsjahre.

Diese Zeiten sind lange vorbei. Heute unterscheidet sich der Arbeitsplatz kaum von gewöhnlichen Jobs in der Baubranche. Die Knochenarbeit machen inzwischen die Maschinen. In der Schaltzentrale sitzen die Kollegen vor großen Bildschirmen, mit ein paar Mausklicks bewegen sie die Bagger in den Stollen, per GPS dirigieren sie das Eisenerz auf die Verladewaggons. Die Kontrolle, dass alles funktioniert, haben sie über ein Kameraauge am Bagger. Das Bild wird in das warme und hell erleuchtete Leitungszentrum unter Tage übertragen.

Der Eisenerzabbau gehört zu den traditionellen Wirtschaftszweigen in Schweden. 35 Millionen Tonnen Roherz fördert die staatliche Aktiengesellschaft Luossavaara-Kiirunavaara (LKAB) heute durchschnittlich pro Jahr. Sie gehört neben Boliden und Zinkgruvan zu den drei größten Unternehmen, die sich vor allem der Gewinnung von Eisen, Kupfer und Zink widmen. Ein gutes Dutzend größerer Gruben gibt es in Schweden. Die dort geförderten Metalle machen etwa zehn Prozent des schwedischen Exports aus.

Allein in der Grube von Kiruna wurden bisher eine Milliarde Tonnen Eisenerz gewonnen. Doch weil sich das Vorkommen des Rohstoffes auf bis zu zwei Kilometer in die Tiefe erstreckt, soll bald noch tiefer gegraben werden. LKAB will in seinen Gruben bei Kiruna und Gällivare in Nordschweden in den nächsten zehn Jahren umgerechnet zwei Milliarden Euro in die Weiterentwicklung der Produktion investieren und so die gestiegene Nachfrage aus Fernost bedienen. Damit sich die Grabschaufeln immer tiefer in den Berg vorarbeiten können, soll die ganze Stadt Kiruna um einige Kilometer verlegt werden, was bei den Einwohnern natürlich nicht auf Gegenliebe trifft. Doch für den strukturschwachen Norden ist das Unternehmen mit seinen mehr als 3000 Mitarbeitern einer der wichtigsten Arbeitgeber.

Vom Rohstoff im Berg wussten die Nordschweden schon im 17. Jahrhundert. Ausbeuten ließ sich das Metall aber erst 200 Jahre später, als ein technisches Verfahren entwickelt wurde, mit dem aus Roheisen Stahl hergestellt werden konnte. Nach 1870 setzte auch in Schweden der Aufschwung der Industrie ein. Maßgeblich daran beteiligt waren Erfinder wie Nobel und Ericsson.

Schon 1863 hatte Alfred Nobel seine im wahrsten Sinne des Wortes zündende Idee: Er entwickelte das Verfahren der heute in den Alltagssprachgebrauch aufgenommenen Initialzündung. Ein Jahr nach dieser bahnbrechenden Erfindung flog der Sprengstoff Nitroglyzerin mitsamt Nobels Fabrik in die Luft. Bei dem Unfall kamen mehrere Personen ums Leben, unter ihnen Alfreds Bruder Emil. Auf Druck der Öffentlichkeit und der Stockholmer Behörden musste er sein Labor und die angeschlossene Fabrik ins norddeutsche Geesthacht-Krümmel verlegen. Durch Beimischung von Kieselgur entdeckte er dort 1866 einen weniger gefährlichen Umgang mit dem hochexplosiven Material. Das Gemisch ließ er ein Jahr später unter der Bezeichnung Dynamit patentieren. Neben insgesamt rund 350 Patenten hinterließ der Chemiker auch die Nobelstiftung, finanziert aus dem Vermögen seines Sprengstoffimperiums.

Nicht weniger aktiv war Carl Gustav Patrick de Laval: Rund 90 Patente meldete der 1845 in Orsa geborene schwedische Ingenieur und Doktor der Philosophie an. In seiner Erfinderwerkstatt beschäftigte er Ende des 19. Jahrhunderts über 100 Ingenieure. Doch der kommerzielle Erfolg der meisten Ideen blieb aus, und de Laval starb hoch verschuldet. Dabei ermöglichte sein Milchseparator erstmals die Herstellung großer Mengen von Butter, und die Lavaldüse wird noch heute in Flugzeugtriebwerken verwendet.

Auch Lars Magnus Ericsson gründete Ende des 19. Jahrhunderts sein Unternehmen. 1878 begann er mit dem Bau von Telefonen, was die Menschheit maßgeblich beeinflussen sollte. Anfang der 80er Jahre des 19. Jahrhunderts nahm das Unternehmen an einer Ausschreibung für das Stockholmer Fernsprechnetz teil. Denn Telefonieren ist ein menschliches Bedürfnis und muss für jedermann erschwinglich sein – so die Devise des Firmengründers. Und der Plan wurde bald in die Realität umgesetzt: Stockholm stieg Mitte der 1880er Jahre zu der Stadt mit der weltweit höchsten Telefondichte auf. Später kamen die Firmenbereiche Telefonzentralen und -netze hinzu, eine Reihe von Tochterunternehmen gründete Ericsson im Ausland. Heute ist Ericsson in 140 Ländern tätig und baut noch immer Telefone, allerdings wesentlich kleinere.

Schweden haben nicht nur das Dynamit erfunden und entscheidend zur Fortentwicklung der Telekommunikationstechnik beigetragen. Auch das Kugellager und das Sicherheitszündholz gehen auf das Konto schwedischer Tüftler. Bereits im 18. Jahrhundert maß der Astronom Anders Celsius als erster die Helligkeit der Sterne und registrierte den Zusammenhang zwischen dem Nordlicht und Änderungen im Erdmagnetfeld. Weltweit bekannt wurde er durch seine Temperaturskala, die er 1742 einführte.

Seit den 1940er Jahren konstruierte Viktor Hasselblad seine bis heute von professionellen Fotografen geschätzten Mittelformatkameras, und Ruben Rausing gründete nach dem Zweiten Weltkrieg Tetra Pak. Die erste Milchtüte aus Karton brachte der findige Unternehmer 1951 auf den Markt. Den Anstoß zu der Idee hatten ihm gewicht- und platzsparende Kartonverpackungen in einem amerikanischen Supermarkt gegeben. Mittlerweile ist die Familie Rausing zu einer der reichsten Unternehmerdynastien weltweit aufgestiegen: mit 20 000 Mitarbeitern, acht Milliarden Euro Umsatz und über 120 Milliarden jährlich produzierten Verpackungen.

»Dass wir so ein überaus kreatives Volk sind, das liegt vermutlich daran, dass wir in langen, finsteren Wintern viel Zeit zum Nachdenken haben«, vermutet Håkan Lans, der selbst Dutzende Patente angemeldet hat, darunter die Grundlagen für die Computermaus, GPS-Ortung und Farbbildschirme.

Neben einzelnen genialen Erfindern prägen auch einige Familienunternehmen die schwedische Wirtschaftsgeschichte. Allen voran die Industriellenfamilie Wallenberg. Den Grundstein für das heutige Imperium legte André Oscar Wallenberg Mitte des 19. Jahrhunderts. In Karlskrona hatte er in den 30er Jahren seine Ausbildung zum Offizier der Marine erhalten. Doch die Arbeitsbedingungen ließen zu wünschen übrig. Die Ausrüstung der Flotte war dem Staat wichtiger als eine angemessene Bezahlung seiner Mitarbeiter, meinte Wallenberg im Revolutionsjahr 1848 in seinen ersten Zeitungsartikeln zu Marinepolitik und Währungsfragen. Mit Gleichgesinnten gründete er die Wochenzeitung *Bore*, und als er 1850 mit einem Posten in der Provinz mundtot gemacht werden sollte, wechselte er ins Wirtschaftsleben und ließ sich in Stockholm als Geschäftsmann nieder. Mit der Gründung von Dampfschiffgesellschaften übte er das, was später das Kerngeschäft seiner Industriellendynastie werden sollte: die Vermehrung von Geld. 1856 gründete André Oscar Wallenberg Stockholms Enskilda Bank – die erste private Geschäftsbank Schwedens, die heute Skandinaviska Enskilda Banken heißt, kurz SEB. Seine Söhne bauten das Geschäft mit den Unternehmen Asea und Atlas aus, die heute als ABB und Atlas Copco international tätig sind. Der Durchbruch gelang in der dritten Generation mit dem Erwerb des Biotechnologieunternehmens Astra – eine Goldgrube, hat die 1999 mit dem britischen Unternehmen Zeneca fusionierte Firma mit dem Magenmittel Losec doch einen absoluten Bestseller im Programm.

Die jüngste Generation schwedischer Unternehmer hat die Welt der Computer und der Telekomdienste für sich entdeckt. Der gelernte Informatiker Niklas Zennström ist mit Gratisdiensten und Tauschbörsen im Internet reich geworden. Sein Internet-Telefonie-Netzwerk Skype hat er für drei Milliarden Dollar an eBay verkauft. Ginge es nach dem Schweden, bräuchte eigentlich niemand mehr für schnöde Telefongespräche zu bezahlen. Schließlich ist doch das weltumspannende Internet für alle zugänglich.

Heute ist es die richtige Positionierung in einer globalisierten Welt, die auch über den Erfolg schwedischer Unternehmen entscheidet. Der Umgang mit Krisen, die im Zusammenhang mit der wirtschaftlichen Globalisierung stehen, unterscheidet sich dabei in Deutschland und Schweden. Das macht sich besonders bemerkbar, wenn es um Entlassungen geht. Als der schwedische Konzern Electrolux Ende 2005 ankündigte, er wolle ein Werk der Firmentochter AEG in Nürnberg schließen, brach in Deutschland ein wochenlanger Arbeitskampf aus, die Gewerkschaft rief zum Warenboykott auf. 1750 Mitarbeiter bangten um ihre Jobs. In der schwedischen Konzernleitung war das Verständnis für den Streik erwartungsgemäß äußerst gering. Streiks trügen nicht gerade dazu bei, das Verhandlungsklima zu verbessern, hieß es aus der Konzernleitung zum Verhalten der deutschen Kollegen. Schließlich sei man mit den Gewerkschaften im Gespräch.

AEG gehört seit 1994 zu Electrolux, und nach der Osterweiterung der EU 2004 bieten sich für den schwedischen Haushaltsgerätehersteller in Polen inzwischen günstigere Produktionsbedingungen als in Deutschland. Daher setzte das international tätige Unternehmen auch in Schweden den Rotstift an, um seine Wettbewerbsfähigkeit zu verbessern. 2004 wurde beschlossen, die Staubsaugerfabrik in Västervik nach Ungarn zu verlegen. Ein Jahr später kündigte Electrolux an, am größten Standort, in Mariestad, zahlreiche Mitarbeiter zu entlassen. Spontane Streiks gab es ob dieser Entscheidung nicht.

Das mag am Verhandlungswillen zwischen Arbeitgebern und Arbeitnehmern liegen, die in der Krise erst einmal in Klausur gehen, um Wege zu finden, die betroffenen Arbeitnehmer aufzufangen. Wie das geht, ließ sich Anfang des Jahrtausends bei Ericsson beobachten, dem Flaggschiff der schwedischen Wirtschaft, das in eine bedrohliche Schieflage geraten war. Schuld an der Misere waren klobige und wenig ansprechende Mobiltelefone und falsche Weichenstellungen im Vorstand. Die Ericssonaktie sank wie ein Stein, von über 170 Kronen Mitte 2000 auf etwa 50 Kronen ein

Jahr später, und erreichte zwischenzeitlich mit wenigen Kronen den Bruchteil ihres einstigen Wertes. Das Unternehmen beschloss mehrere Sparpakete und baute innerhalb weniger Jahre fast die Hälfte seiner 105 000 Arbeitsplätze in 140 Ländern ab, um wieder auf Erfolgskurs zu kommen. Auch in Schweden wurde Zehntausenden Angestellten gekündigt: Zum Höhepunkt der Krise im Jahr 2001 etwa mussten mehr als 7000 Mitarbeiter ihre Plätze räumen – ein harter Schlag nicht nur für das Unternehmen und vor allem die Entlassenen, sondern für das ganze Land. Gleichzeitig setzte sich Ericsson dafür ein, dass seine Mitarbeiter nach der Kündigung neue Jobs finden.

Beispiel Kumla, eine kleine Gemeinde südlich von Örebro: Im Herbst 2001 wurde dort das erste Projekt gestartet, das mehr als 1000 Angestellte der Ericsson-Fabrik wieder in Lohn und Brot bringen sollte. Ein Jahr lang zahlte Ericsson den betroffenen Mitarbeitern die Löhne weiter. Gleichzeitig erhielten sie Unterstützung bei Bewerbungen und Beratungsangebote. Am schwersten fiel es den meisten, die Kündigung zu verarbeiten, um wieder nach vorn blicken zu können, beobachteten die Berater. Auch der *trygghetsrådet*, wörtlich übersetzt Geborgenheitsrat, war ein Ansprechpartner. Dabei handelt es sich um eine Stiftung, die seit 1974 tätig ist und auf der Basis des Tarifvertrages Arbeitnehmern hilft, eine neue Stelle zu finden. Finanziert wird sie durch eine Abgabe, die mehr als 32 000 Unternehmen für ihre etwa 700 000 Mitarbeiter zahlen.

Ein Jahr später wurde das Kumla-Projekt ausgewertet: Die Hälfte der etwa 1300 Teilnehmer hatte einen neuen Arbeitsplatz gefunden, ein Drittel ein Studium aufgenommen, und der Rest Elternzeit beantragt, sich selbständig gemacht oder war vorzeitig pensioniert worden.

Ähnliche Projekte wurden an den Ericssonstandorten in Gävle, Stockholm und Nynäshamn ins Leben gerufen. Doch nicht überall waren sie gleich erfolgreich. In Großstädten wie Stockholm und Göteborg, wo es solche Beratungs- und Unterstützungsangebote bereits früher gegeben hatte – wenn auch in kleinerem Umfang –, ging das Konzept beispielsweise nicht auf. Arbeitsämter und andere zuständige Stellen waren weniger engagiert als in Kumla, wo gerade einmal 20 000 Menschen wohnen. Im Vergleich zum Großraum Stockholm mit an die zwei Millionen Menschen machten sich die Auswirkungen der drohenden Arbeitslosigkeit in Kumla stärker bemerkbar. Auch waren die Kontakte zu den Beratern in der Kleinstadt persönlicher.

Inzwischen geht es mit Ericsson wieder bergauf. In der Sparte der Mobilfunknetze gehört das Unternehmen zur Weltspitze. Bei der Produktion von Handys arbeiten die Schweden mittlerweile mit dem japanischen Unterhaltungselektronik-Riesen Sony zusammen. Die große Nachfrage nach den neuen Mobiltelefonen, die sich als Walkman und Kamera einsetzen lassen, und der weltweite Boom auf dem Mobilfunkmarkt beflügelten zuletzt den Aufschwung.

Auch in der Autobranche gab es jüngst ein Tauziehen zwischen Deutschland und Schweden, zwischen den Standorten des General-Motors-Konzerns Rüsselsheim und Trollhättan. Die Produktionsstandorte von Opel und Saab in Deutschland und Schweden buhlten um die Gunst des Mutterkonzerns. Der musste gegen sinkende Verkaufszahlen kämpfen und suchte nach Wegen, günstiger zu produzieren. Schon 2003 hatten in der Saab-Fabrik in Trollhättan 1400 Leute gehen müssen. Jetzt standen erneut knapp zehn Prozent der 5600 Beschäftigten auf der Streichliste der Amerikaner.

Es gehe um die Frage, ob die europäischen Standorte dem Wettbewerb überhaupt noch gewachsen sind, mahnte der damalige Saab-Chef Peter Augustsson an. »Wenn wir weiterhin so teuer produzieren, wird die Industrie in Europa keine Zukunft haben. Wir müssen jetzt handeln. 12 000 Mitarbeiter werden das Unternehmen verlassen, aber das wird dazu beitragen, die Arbeitsplätze für über 50 000 Beschäftigte zu sichern. Wollen wir uns für effektive Standorte in Schweden einsetzen, oder wollen wir zulassen, dass die Autos künftig in Asien montiert werden?«

Verglichen mit mehreren tausend Betroffenen an den deutschen Standorten ging es für die Schweden glimpflich ab. Doch die Sorge um die Arbeitsplätze in der 53 000 Einwohner zählenden Kleinstadt Trollhättan blieb. Schließlich gab es in jedem zweiten Haushalt einen, der für die General-Motors-Tochter arbeitete.

Mit gellenden Pfiffen und großen Protestplakaten gingen die Schweden dennoch nicht auf die Straße. Denn auch im Arbeitskampf gilt das Konsensprinzip. Beim Arbeitskonflikt in Trollhättan prüften Gewerkschafter und Politiker zunächst, welche Standortverbesserungen sie von staatlicher Seite anbieten können. Zur Lösung des Konflikts wurden Fördergelder zur Entwicklung umweltfreundlicher Fahrzeuge ins Gespräch gebracht und mehr Geld für Infrastruktur und den öffentlichen Nahverkehr angeboten. Zudem sprachen die deutlich niedrigeren Löhne für Schweden: General Motors zahlte 2004 für einen Saab-Mitarbeiter mit Lohn- und Lohnnebenkosten im Schnitt 23 Euro die Stunde, für den deutschen Opel-Kollegen fielen zehn Euro mehr an. Auch der Kündigungsschutz ist lockerer: In Schweden darf je nach Konjunkturlage entlassen werden.

Dass Fabriken in Länder mit geringeren Produktionskosten verlegt und damit Arbeitsplätze gefährdet werden, ist für schwedische Wirtschaftspolitiker das eine Schreckensszenario. Ein anderes ist die gefürchtete Konkurrenz durch Lohndumping im eigenen Land. Der damalige Regierungschef Göran Persson prägte nach der verlorenen Abstimmung über den Euro und vor der EU-Osterweiterung 2004 das Unwort vom »Sozialtourismus«. Aus Polen und den baltischen Staaten könnten alsbald die Einwandererströme kommen und die Vorteile des schwedischen Wohlfahrtssystems ausnutzen, so lautete damals die düstere Prophezeiung des Sozialdemokraten. Anders als in Deutschland stimmte das Parlament jedoch gegen Übergangsregeln. Eine erste Auswertung zwei Jahre später zeigte, dass die befürchtete Masseneinwanderung ausgeblieben war. Seit 2003 liegt der Anteil von Arbeitnehmern aus den neuen EU-Ländern konstant bei 0,2 Prozent. Vor allem gut ausgebildete Menschen mit gefragten Qualifikationen wagen den Schritt nach Norden. Nur ein Fünftel der Neuankömmlinge hatte einen niedrigen Ausbildungsstand, rechnete die EU-Kommission aus – Perssons Befürchtungen bewahrheiteten sich bisher nicht.

Der Umgang mit ausländischer Konkurrenz fällt in Schweden noch immer schwer. Das bekam 2004 eine lettische Baufirma zu spüren, die sich in Vaxholm vor den Toren Stockholms bei der Ausschreibung für die Renovierung einer Schule durchsetzen konnte. Das Unternehmen Laval hatte den Zuschlag bekommen, weil es günstiger arbeiten konnte als seine schwedischen Konkurrenten – eine Folge der Freizügigkeit von Waren und Dienstleistungen für den damaligen EU-Neuling Lettland. Dass die Letten ihren Bauarbeitern jedoch deutlich weniger zahlten, als der schwedische Tarifvertrag vorschreibt, war schwedischen Gewerkschaften ein Dorn im Auge. Sie witterten Lohndumping und bliesen zum Kampf; die Baustelle wurde blockiert. Laval musste aufgeben und klagte vor Gericht. Die Europäische Dienstleistungsrichtlinie und damit die Frage, zu welchen Bedingungen Unternehmen aus anderen EU-Ländern Dienstleistungen anbieten dürfen, wurde von den EU-Organen heftig diskutiert und später in modifizierter Form verabschiedet. Das umstrittene »Herkunftslandprinzip« wurde dabei durch das »Prinzip des freien Dienstleistungsverkehrs« ersetzt – ein Begriffswechsel, der wenig am Grundproblem ändert: Das Zielland der Dienstleistungen darf den Anbietern aus anderen Staaten praktisch keine Regelungen auferlegen; lediglich in Fällen, die die öffentliche Ordnung, die Sicherheit, die Gesundheit und den Umweltschutz berühren, sind einige wenige Ausnahmen erlaubt

Eine Erfindung der Arbeitsmarktpolitiker, die auch in Deutschland auf großes Interesse gestoßen ist, war die Erprobung des staatlich finanzierten Sabbatjahres, auf Schwedisch *friår*, »Freijahr«. Es kam auf Initiative der schwedischen Grünen zustande und bot staatlich Angestellten seit 2005 die Möglichkeit, drei bis zwölf Monate freizunehmen. In dieser Zeit sollten sie sich beruflich weiterentwickeln, sich fortbilden oder einfach nur erholen. Dafür erhielten sie 85 Prozent des ihnen zustehenden Arbeitslosengeldes, an ihrer Stelle wurde vorübergehend ein Arbeitsloser eingestellt. Denn der Regierung ging es nicht nur darum, Berufstätige zu motivieren. Ziel war auch, Arbeitslose wieder in Lohn und Brot zu bringen. Ein Unterfangen, das bei Vertretern der Wirtschaftsverbände zunächst auf Skepsis stieß. Die arbeitsfähige Bevölkerung werde in den nächsten 30 Jahren abnehmen. Wenn der Wohlfahrtsstaat erhalten werden solle, dann müssten so viele Menschen wie möglich in Beschäftigung gebracht werden, wetterte etwa der Wirtschaftsverband Nutek.

Das Sabbatjahr stieß auf großes Interesse. Bis zu 12 000 Personen pro Monat nutzten im Jahr 2005 die neue Möglichkeit, vor allem Frauen, die sich schon jahrelang in Pflegeberufen geplagt oder als Kindergärtnerinnen gemüht hatten.

Auch Anna-Marie, die in einem Vorort von Stockholm im Pfarrgemeinderat die Finanzen verwaltet, beantragte 2003 ein halbes Sabbatjahr. Die damals 59-Jährige verwirklichte ihren langgehegten Traum, einen Grundkurs über christliche Religion zu belegen. Ihre Erfahrungen waren positiv. Die gewonnene Freizeit habe das geringere Einkommen in jedem Fall aufgewogen, sagt die Kirchenmitarbeiterin im Nachhinein. »Das war Gold wert für mich, dass ich noch einmal studieren konnte und dafür noch bezahlt wurde. In meinem Alter gibt es kaum noch eine Möglichkeit, Studiengeld oder Ähnliches zu bekommen.«

Die positiven Erfahrungen bestätigte auch eine repräsentative Studie des *Institutet för arbetsmarknadspolitisk utvärdering* (IFAU), des schwedischen Instituts für die Beurteilung der Arbeitsmarktpolitik. Mehr als vier Fünftel der vorübergehenden Aussteiger gaben an, es ginge ihnen besser als vorher.

Von denjenigen, die an die Stelle der Auszeitler getreten waren, teilte nur jeder zweite Befragte diese positive Einschätzung. Das verwundert nicht, war für sie die Zeit auf dem neuen Arbeitsplatz doch von vornherein begrenzt. Zwar sollten vornehmlich Langzeitarbeitslose, Menschen mit Behinderung und Einwanderer auf diese Weise in den Genuss eines neuen Jobs kommen. Tatsächlich kam aus diesen Gruppen jedoch nur ein Drittel. Als Arbeitsbeschaffungsmaßnahme ist das Sabbatjahr daher nur begrenzt tauglich. Wenn vor allem Menschen die Stellen besetzten, die nur kurzzeitig arbeitslos sind, dann könne man davon ausgehen, dass sie auch ohne diese Hilfe eine Stelle gefunden hätten, urteilte man im schwedischen Arbeitsamt.

Neue Stellen könnten jedoch diejenigen schaffen, die die Auszeit für eine neue berufliche Orientierung nutzen, bescheinigte die Studie. Knapp ein Viertel der Teilnehmer des Jahres 2005 gab an, eine Weiterbildung begonnen zu haben, immerhin sechs Prozent machten sich selbständig. Nicht genug, monierten die Kritiker und gaben dem Projekt im Bereich Neuschaffung von Arbeitsplätzen schlechte Noten. Die bürgerliche Regierung erklärte das Experiment 2006 sogar für gescheitert.

Verglichen mit deutschen Verhältnissen war die Arbeitsmarktlage in den ersten Jahren des neuen Jahrtausends in Schweden deutlich besser. Die Reformen der Sozialsysteme, über die in dieser Zeit in Deutschland so heftig gestritten wurde, hatte Schweden bereits zu Beginn der 90er Jahre vollzogen, als das Land durch eine schwere Wirtschaftskrise dazu gezwungen wurde, die öffentlichen Ausgaben zu beschneiden. Nach dem Platzen der IT-Blase um den Jahrhundertwechsel gab es zwar noch mal eine Baisse, die den Verlust vieler Arbeitsplätze in der international so vielgerühmten Internet- und Kommunikationsbranche brachte. Heute liegt die Arbeitslosigkeit in Schweden offiziell jedoch bei nur rund fünf Prozent – halb so hoch wie die gesamtdeutsche und weniger als ein Drittel der ostdeutschen Arbeitslosenquote.

Besonderes Kopfzerbrechen macht den Arbeitsmarktstrategen dabei die Arbeitslosigkeit von Jugendlichen und Menschen ausländischer Herkunft. Die Jugendarbeitslosigkeit gehört zu den höchsten in der EU. Knapp ein Viertel der 15- bis 24-Jährigen war 2005 ohne Arbeit – schlimmer war die Lage nur in Griechenland und Italien. Der Vergleichswert in Deutschland lag bei zehn Prozent.

Auch bei Firmengründungen schneidet das Land im internationalen Vergleich schlechter ab als der EU-Durchschnitt. Im *Global Entrepreneurship Monitor*, einem internationalen Forschungsprojekt, das die Gründungsaktivitäten in 35 Ländern vergleicht, nahm Schweden 2005 gerade einmal den 32. Platz ein. Unter den nordischen Ländern bildet es ebenfalls das Schlusslicht.

Samantha Coard und Lillemor Johansson hat das allerdings nicht bekümmert. Die beiden Schwedinnen wagten 2006 den Schritt in die Selbständigkeit und eröffneten eine kleine PR-Agentur. Samantha hat früher als freiberufliche Journalistin gearbeitet. Sie ist es gewohnt, zu recherchieren und zu verkaufen. Doch mit ihrer eigenen Firma kann es die schlanke Frau mit den schwarzen Haaren in eigener Regie tun. Der Zeitpunkt für sie und ihre Kollegin war dafür optimal, sagt die 37-Jährige: »Wir haben Erfahrungen im Arbeitsleben gesammelt, unsere Kinder bekommen und genug Selbstvertrauen aufgebaut. Nachdem wir unsere Elternzeit genommen hatten, brauchten wir eine neue Herausforderung. Und wer Familie und Beruf unter einen Hut bringen kann, für den ist es auch kein Problem, ein eigenes Unternehmen zu gründen.«

Führungspersönlichkeiten wie diese sähen Schwedens Wirtschaftspolitiker gern häufiger. Doch mehr als 70 Jahre fast ununterbrochener sozialdemokratischer Führung haben eben ihre Spuren hinterlassen. Bürokratische Hürden, hohe Steuersätze und die umfangreiche Absicherung als Arbeitnehmer sind die wesentlichen Gründe, warum sich weniger Menschen in Schweden als im EU-Durchschnitt auf das Wagnis der Selbständigkeit einlassen. Auch die Politik hat sich zu spät für das Problem interessiert. In Schweden war es immer feiner, in den etablierten Großunternehmen zu arbeiten, wo die Arbeitsplätze als besonders sicher galten. Kleinunternehmer standen im sozialdemokratischen Schweden noch in den 70er Jahren unter Generalverdacht. Doch allmählich verändert sich die Situation anscheinend: Schon heute werden 30 Prozent des schwedischen Exports von kleinen und mittelständischen Unternehmen erwirtschaftet. Durch neue staatliche

Beratungsstellen in allen Regionen des Landes sollen sie in Zukunft mehr Unterstützung erhalten, entschied noch die sozialdemokratische Regierung vor ihrem Verlust der Regierungsmacht 2006.

Eine Entwicklung, die Samantha und Lillemor begrüßen. Ohne Hilfe vom Firmengründerzentrum in Stockholm wären sie sicher nicht so weit gekommen. Die Stiftung unterstützt Jungunternehmer mit kostenlosen Beratungsstunden und hilft beim Erstellen des Geschäftsplans. »Am Anfang sah das aus wie eine lange Treppe, die man hochklettern muss. Da gab es eine ganze Menge Dinge zu erledigen, bevor wir zur Bank gehen konnten, um einen Kredit zu beantragen. Und als wir das sahen, dachten wir: ›Auweia, das wird anstrengend.‹ Ich bin wirklich keine Wirtschaftsexpertin, und am Anfang haben wir wenig kapiert.«

Doch dann haben sich die beiden Frauen Hilfe geholt und die Bereiche, die sie selbst nicht durchschauten, in die Hände von Experten gegeben. Dass in Schweden verhältnismäßig wenig Menschen den Schritt zum eigenverantwortlichen Unternehmertum wagen, habe aber auch mit dem *Jantelag* zu tun, meint Samantha, dem ungeschriebenen Gesetz, wonach niemand sich einbilden möge, er sei etwas Besonderes. Zudem spielten das lange Erbe des Wohlfahrtsstaates und die noch immer sehr guten Bedingungen für Arbeitnehmer eine Rolle, gibt Geschäftspartnerin Lillemor zu bedenken: »Eine feste Stelle ist sehr bequem. Es gibt geregelte Arbeitszeiten, bezahlte Überstunden, fünf Wochen bezahlten Urlaub und Krankengeld. Das ist ein phantastisches System. Und wenn du Nachwuchs bekommst, hast du Anspruch auf Teilzeit und darfst bis zu 60 Tage pro Jahr zu Hause bleiben, wenn das Kind krank ist. Wer würde das freiwillig aufgeben?«

Die Familie ist in Schweden eben auch in der Arbeitswelt ein Thema; Deutschland hat hier noch viel aufzuholen. Auch bei männlichen Mitarbeitern haben schwedische Firmen im Hinterkopf, dass sie Väter werden könnten, entsprechend flexibel wird der Umgang mit der Arbeitszeit gehandhabt. Und wer Arbeit hat, ist nicht so einseitig auf sie fixiert wie oft in Deutschland.

Dafür sind wir als Deutsche manchmal genervt, wenn Probleme nicht ordentlich diskutiert werden und Kritik schnell als Angriff auf die Persönlichkeit gewertet wird. Das ständige Suchen nach dem Konsens, der auch den Letzten in der Runde glücklich machen soll, ist gewöhnungsbedürftig.

Gedanken aus dem Winterland

Einblicke in das schwedische Kulturleben

Die eine gehört zu den »meistbeachteten Krimi-Schriftstellerinnen«, der andere ist »schon lange kein Geheimtipp mehr«. Wenn es um die Vermarktung schwedischer Krimiautoren geht, kennen die Lobeshymnen der Pressestellen deutscher Verlage keine Grenzen. Das Problem ist nur: Hier in Schweden haben die meisten noch nie von ihnen gehört – von den Turstens, Wahldéns und Lundholms, den Krimiautoren aus der zweiten Reihe. Gibt man ihre Namen etwa in eine Suchmaschine im Internet ein, taucht vor allem eine ganze Reihe deutscher Treffer auf. Sogar mehrere Internetportale beschäftigen sich mittlerweile mit den Schwedenkrimis und bieten Poräts, Rezensionen und Leserforen zu Mankell und Co. an, gleich daneben geht's per Mausklick zur Buchbestellung.

Aber auch in ihrer Heimat animiert zumindest der riesige Erfolg der bekanntesten Kriminalkommissare Beck und Wallander so manchen Autodidakten. Die Volkshochschule in Stockholm etwa hat den Schreibkurs »Kriminalroman und Thriller« ins Programm genommen. Wem das nicht reicht, der kann eine Exkursion an die englische Südküste buchen – Diskussionen über Mordtheorien beim Five o'clock tea und Spaziergänge im mystischen Abendnebel inklusive.

Den Grundstein für den großen Erfolg schwedischer Krimis legte das Autorenpaar Maj Sjöwall und Per Wahlöö. Mitte der 60er Jahre veröffentlichten sie ihren ersten »Roman über ein Verbrechen«, neun weitere Bücher über die Fälle von Kommissar Martin Beck sollten folgen. Inspiriert hatte die beiden Journalisten zuvor die Übersetzung einiger Polizeikrimis des Amerikaners Ed McBain. Per Wahlöö berichtete zudem als Polizeireporter berufsmäßig über Mord und Totschlag. Doch den überzeugten Marxisten ging es um mehr als die spannende Darstellung von Verbrechen. Sie wollten auch politisch Einfluss nehmen, erinnert sich Maj Sjöwall. »Die sechziger und siebziger Jahre waren die Zeit des Vietnamkrieges. Auch in Schweden gingen die Menschen auf die

Straße, es gab heftige, engagierte Diskussionen. Per und ich traten der Kommunistischen Partei bei, und weil wir keine Politiker waren, versuchten wir, unsere sozialistischen Überzeugungen in unseren Büchern auszudrücken.« Kein Wunder, dass sie damit auch in der DDR große Erfolge feierten.

Gesellschaftsanalyse und Engagement zeichnet auch einige der heute erfolgreichen Krimiautoren aus. Henning Mankell, der mit seinen Büchern um Kommissar Wallander Millionen verdient hat, engagiert sich in Afrika. Schon als Kind träumte er von einer Reise auf den schwarzen Kontinent. Bei seinem ersten Besuch stellte er fest, dass er sich dort sehr wohl fühlt. Dann lud man ihn ein, bei der Gründung und späteren Leitung eines Theaters in Mosambiks Hauptstadt mitzuwirken. Das ist jetzt mehr als 20 Jahre her. Seitdem ist Mankell Regisseur des Avenida-Theaters in Maputo, wechselt regelmäßig zwischen den Kontinenten und Sprachen. Als Theaterregisseur spricht er Portugiesisch, die Sprache der einstigen Kolonialmacht. Als Romancier schreibt er in seiner Muttersprache Schwedisch. Die Arbeit des Schriftstellers ist zurückgezogen, der Regisseur hat dagegen immer sein Ensemble um sich. Mankell braucht beides: »Das Schreiben ist eine sehr einsame Arbeit. Du kannst problemlos ein Buch schreiben, ohne je einem Menschen zu begegnen. Das Theater ist das genaue Gegenteil. Da musst du mit Menschen arbeiten. Und das ist ein echtes Privileg für mich, das einsame Kämmerlein zu verlassen und unter Menschen zu sein.«

Ohne die langjährige Wahrnehmung der Welt aus der Perspektive des Fremden hätte es den europaweit erfolgreichen Bestsellerautor Mankell wohl nie gegeben. Die meisten Wallander-Romane sind geographische und kulturelle Zwitter: Die Spur der Verbrechen, die Wallander zunächst in Schweden verfolgt, führt in die sogenannte Dritte Welt. Von dort kommen viele Menschen, die aus politischen oder wirtschaftlichen Gründen in Europa Zuflucht suchen oder von Menschenhändlern verschleppt werden. Ein Großteil der armen Welt, fürchtet Mankell, drohe eher zum »globalen Ghetto« als zu einem Teil des »globalen Dorfes« zu werden. Doch er selbst ist kein still leidender Philanthrop, der an Afrika verzweifelt. »Es gibt immer etwas, was du tun kannst. Du kannst dich für bezahlbare Medikamente einsetzen und dafür, dass die Leute eine vernünftige Ausbildung erhalten«, sagt Mankell.

In einem Land, in dem die meisten Menschen weder lesen noch schreiben können, hat das Theater als Ausdrucksmittel und Medium eine besondere Bedeutung. Theater in Afrika – das ist für Mankell ein Abenteuer, für das er nie Geld erwartet oder bekommen hat. Er finanziert es mit seinen Krimi-Bestsellern.

Auch Liza Marklund nutzt ihre Popularität, um Einfluss zu nehmen. Als Journalistin hat sie oft genug haarsträubendes Unrecht beschrieben. 1995 bezieht sie in ihrem ersten Buch Stellung, es ist eine Mischung aus Dokumentation und Thriller. In »Mia – ein Leben im Versteck« beschreibt sie die Leiden einer Frau auf der Flucht vor ihrem gewalttätigen Partner. Weil Maria Eriksson sich von ihrem libanesischen Ehemann nicht unterdrücken lassen will, muss sie am Ende ihre schwedische Heimat verlassen.

Über die Landesgrenzen hinaus bekannt wird Marklund mit ihrer Krimireihe um die Journalistin Annika Bengtzon. 1998 veröffentlicht sie den ersten Band aus der Serie und steigt binnen Kurzem zum Shooting-Star der schwedischen Krimiszene auf. Ihre Heldin ist gestresste Mutter und neugierige Reporterin des fiktiven Stockholmer »Abendblattes«. Klug, unprofessionell und überengagiert – eine Kombination, die nicht immer gesund wirkt –, stolpert sie ins Verbrechen. Im ersten Band wird das Olympiastadion im Herzen der Stadt gesprengt. Doch hier sind keine Terroristen am Werk: »Olympisches Feuer« ist eine tiefgründige Geschichte um Mobbing, Eifersucht und enttäuschte Liebe. Marklunds Thriller über den Missbrauch von Macht sind wie aus dem Leben gegriffen – aus ihrem eigenen: »Kriminalromane sind immer Abbild der Gesellschaft. Krimis beruhen auf Details, und deshalb ist das Beobachten so wichtig. Ich versuche, den Finger in die Wunde zu legen, Dinge zu zeigen, die schlecht laufen. Bei einem Verbrechen ist die Gesellschaft nie unschuldig. Menschen sind keine isolierten Inseln, sie sind das Produkt der Gemeinschaft, in der sie leben. Deshalb geht es im Krimi immer auch um die Gesellschaft.«

Aufgewachsen ist Marklund im äußersten Norden Schwedens. Dass sie später einmal Krimis und Artikel schreiben würde, davon träumte sie schon als Kind. Nach der Schule hatte sie viele unterschiedliche Jobs. In Israel verpackte sie Oliven, am Londoner Earls Court kellnerte sie, in Hollywood war sie Statistin. Dann fuhr sie im Auto durch Mittelamerika. Später hat sie Journalismus studiert, war Reporterin bei Zeitungen, Moderatorin beim Privatfernsehen und brachte es bis zur Chefredakteurin. Ihre Heldin Annika trägt Züge von ihr. Sie hat die gleiche Art zu arbeiten wie Marklund selbst – in ihren heftigsten Zeiten wohlgemerkt. Aber Annika

würde niemals eine leitende Position aufgeben, nur um sich hinzu-
setzen und Kriminalromane zu schreiben. Schließlich hat sie eine
gewisse Vorbildfunktion für Frauen im richtigen Leben, schmunzelt Marklund: »Sie ist ein ganzer Mensch, auch wenn sie eine
Frau ist. Nicht irgend so ein dahergelaufenes Liebchen, das die
Männer ins Bett kriegen wollen – was die übliche Rolle wäre, die
Frauen in Krimis spielen dürfen. Sie ist listig und stark, aber auch
plump und durchaus fehlbar. Sie ist fürsorglich, liebt ihren Mann
und ihre Kinder. Aber sie ist auch ehrgeizig und rücksichtslos.
Also, sie kann, kurz gesagt, ein ganz schönes Register ziehen.«

»Gut recherchierte Geschichten, die ohne übertriebene Drama-
tik oder Klischees auskommen«, befand die Jury des begehrten
Poloni-Preises, mit dem Frauen in der Männerdomäne Krimi ausgezeichnet werden. In den meisten Büchern sind Männer die
Hauptfiguren. Frauen in Kriminalromanen, das seien fast immer
kinderlose Singles, kritisiert Marklund. Sie stecken Schläge ein und
Tritte, doch dann stehen sie wieder auf, als wäre nichts geschehen.
»Niemals aber werden sie vergewaltigt, gedemütigt und gebro-
chen. Was hat das mit der Wirklichkeit zu tun?«, fragt sie.

Schweden ist in Sachen Gleichberechtigung weit gekommen,
doch das heißt nicht, dass es keine brutale Gewalt gegen Frauen
mehr gibt. Eine Thematik, die Marklund in ihrem Roman »Das
Paradies« verarbeitet. Da begegnet Reporterin Bengtzon Menschen, die in den Untergrund abtauchen müssen, weil sie niemand
vor ihren Peinigern schützen kann – eine deutliche Kritik an den
Verhältnissen in Schweden und ein Zeichen gegen die Unterdrückung von Frauen. »Dass ich eine andere Klasse Mensch bin, nur
weil ich als Frau geboren wurde, das macht mich stinkwütend. Alle
wissen, dass Männer Frauen totschlagen. Nur ich wusste nicht,
dass solche Zustände offenbar normal sind. Als junge Kriminal-
reporterin in Nordschweden habe ich mir die Anklageschriften
beim Gericht angesehen. Und jede Woche gab es Frauen, die misshandelt wurden. Einige lebten weiter, andere waren tot. Das ist
doch furchtbar. Ich schreibe über Frauen, die solche Gewalt erleiden mussten, und ich schreibe über Frauen, die etwas dagegen tun
wollen.«

Auch Marklunds Kollege Håkan Nesser lässt sich von Verbrechen
im wirklichen Leben inspirieren. Er glaubt allerdings nicht, dass
die wachsende Zahl von Krimiautoren in Schweden mit den zu-

nehmenden Straftaten zu tun hat. Die stiegen auch in anderen Ländern Europas. Der Verkaufserfolg hänge eher mit den Eigenheiten des Genres zusammen: »Der Kriminalroman gibt dem Schriftsteller die Möglichkeit, realistisch zu schreiben und eine gute Geschichte zu erzählen, die auch noch einen Spannungsbogen hat. Letzteres muss der Roman nicht zwingend leisten.«

Die große Akzeptanz der Krimis hat auch damit zu tun, dass die Schweden gern lesen. An einem durchschnittlichen Tag nimmt jeder dritte Schwede ein Buch in die Hand. Etwa sechs Prozent der Gesamtzeit, in der er oder sie Medien aller Art Aufmerksamkeit schenkt, wird dem Buch gewidmet. Und seit der Senkung der Buchsteuer sind viele Werke billiger geworden. 2002 veranlasste das Kulturministerium die Senkung der Mehrwertsteuer für Bücher vom 25 auf sechs Prozent. Damit wollten die Kulturpolitiker mehr Leser anlocken. Noch günstiger wird es nur einmal im Jahr – im Februar, wenn der Bücherschlussverkauf anbricht. Viele Geschäfte öffnen dann schon um Mitternacht ihre Türen und werden nicht selten von Massen Leselustiger überrannt. Andere ködern die Kundschaft in dieser Zeit mit Öffnungszeiten ab dem frühen Morgen. Um die gesteigerte Nachfrage decken zu können, werden einige Titel zudem extra nachgedruckt.

Zu den Autoren, die in den letzten Jahren mit anspruchsvolleren Sujets ein Massenpublikum erreichen konnten, gehören Kerstin Ekman und Per Olov Enquist. Der Schriftsteller und Dramatiker, Jahrgang 1934, ist einer der wichtigsten Autoren des Landes. Ein Schwerpunkt seiner Arbeit ist die Auseinandersetzung mit historischen Stoffen. Seinen internationalen Durchbruch hatte er in den 60er Jahren mit dem dokumentarischen Roman »Die Legionäre«, in dem er die Auslieferung baltischer Berufssoldaten an die Sowjetunion beschreibt. Die Männer hatten im Zweiten Weltkrieg auf deutscher Seite gekämpft und nach dem Krieg in Schweden Zuflucht gesucht. Ihre Abschiebung nach Russland war dramatisch, bedeutete sie für viele doch den sicheren Tod.

Zuletzt war Enquist mit zwei historischen Romanen erfolgreich, die die Welt der Medizin berühren. In »Der Besuch des Leibarztes« rekonstruierte er den politischen Einfluss des Mediziners Struensee am Hofe Christians VII. im 18. Jahrhundert. In »Das Buch von Blanche und Marie« beleuchtete er das Verhältnis der berühmten Naturwissenschaftlerin Marie Curie zu ihrer Assistentin Blanche Wittman.

Kerstin Ekman, Jahrgang 1933, begann Ende der 50er Jahre als Krimiautorin, wandte sich ein Jahrzehnt später aber von dem Genre ab und beeindruckte mit ihrem Romanzyklus, der die industrielle Entwicklung einer schwedischen Kleinstadt und ihre Bedeutung für das Leben der Frauen schildert. Später zog sie nach Nordschweden, beschrieb die Verhältnisse in dieser dünnbesiedelten Region des Landes und beobachtete die Veränderungen, die mit der Modernisierung einhergingen. Ekman wurde Mitglied der Schwedischen Akademie, die unter anderem für die Auswahl der Nobelpreisträger verantwortlich ist, trat jedoch 1989 wieder aus, weil sie der Meinung war, die Institution beziehe nicht klar genug Stellung für den mit dem Tode bedrohten indo-britischen Autor Salman Rushdie.

Ihren internationalen Durchbruch hatte sie in den 90er Jahren mit ihrem Roman »Geschehnisse am Wasser«, der auch in Nordschweden spielt und im Spannungsfeld von samischer und schwedischer Lebensweise angesiedelt ist, verbunden mit einem unaufgeklärten Mordfall. 2003 beendete sie ihre Romantrilogie »Der Wolfspelz«, die erneut das 20. Jahrhundert ins Visier nimmt und verfolgt, wie sich die Verhältnisse in einem kleinen Bergdorf in Jämtland verändern – im Mittelpunkt stehen erneut die Frauen.

Zu den Autoren, die sich in den vergangenen Jahren erstmals einen Namen machten, gehören Niemi, Flygt und Khemiri. Sie rückten zu Beginn des neuen Jahrtausends Minderheiten, Underdogs und das Leben der Einwanderer in den Fokus. Zuerst kam Mikael Niemi aus Pajala, geboren 1959 im schwedisch-finnischen Grenzgebiet hoch im Norden Schwedens. Er schrieb mit »Populärmusik aus Vittula« äußerst witzig über eine Jugend im unwirtlichen Tornedal mit seinen kauzigen Bewohnern, wo in den wilden 60er Jahren der Einzug des Rock 'n' Roll Farbe ins Leben der jungen Leute bringt. Wie es der Arbeiterklasse im sozialdemokratischen Schweden in den 70er und 80er Jahren ging, beleuchtete sein Kollege Torbjörn Flygt in seinem Roman »Underdog«. Seine Hauptfigur heißt Johan und wächst wie der Autor selbst im Malmö der 70er Jahre auf. Mit Mutter Bodil, einer alleinerziehenden Industriearbeiterin, und Schwester Monika, die zwar schlau ist, aber gemobbt wird, wohnt er in einer Neubausiedlung. Johan ist ständig damit beschäftigt, sein geringes Selbstvertrauen zu bekämpfen und zu zeigen, dass er mehr kann, als seine Freunde ihm zutrauen – Klassenkampf aus der Perspektive von unten.

Besser soll es auch Teenager Halim aus dem Stockholmer Einwanderervorort Skärholmen gehen. Nach dem Tod der Mutter zieht der Sohn arabischer Eltern mit seinem Vater in den hippen Innenstadtbezirk Södermalm. Bereits in Schweden geboren, sträubt sich Halim jedoch gegen allzu aufdringliche Einschwedungsversuche seiner Umwelt und spricht fortan das sogenannte Rinkebyschwedisch, das mit Ausdrücken aus den Herkunftssprachen der jungen Einwanderer durchsetzt ist. In dieser ganz eigenen Sprache verfasst er auch sein Tagebuch – Jonas Hassen Khemiris Debütroman, der 2006 in Deutschland unter dem Titel »Das Kamel ohne Höcker« herauskam, ist ein Buch für Teenager auf der Suche nach ihrer Identität, nicht nur für Jugendliche aus Einwandererfamilien.

Auch in Kinder- und Jugendbüchern nimmt die Auseinandersetzung mit dem Fremden zu. An die 1500 Buchtitel werden für diese Altersgruppe jedes Jahr in Schweden veröffentlicht, die Hälfte davon stammt aus heimischer Produktion. Bücher für junge Leser haben im Vergleich zu Deutschland in Schweden einen höheren Stellenwert. Wegweisend für diese Entwicklung war Astrid Lindgren mit ihren Geschichten von Pippi Langstrumpf. Ihre Heimat und die von Karlsson vom Dach oder den Gebrüdern Löwenherz ist naturgetreu im Erlebnispark Astrid-Lindgren-Land in Lindgrens Geburtsort Vimmerby in Südschweden nachgebaut.

Auch viele Liedertexte stammen aus der Feder der großen Kinderbuchautorin. Der Jazzbassist und Komponist Georg Riedel, der in den 70er Jahren die Musik zu den Pippi-Filmen schrieb, vertonte viele von ihnen. »Idas Sommerlied« etwa singen die Kinder jedes Jahr, wenn der letzte Schultag gekommen ist und die großen Ferien vor der Tür stehen. Seit Kurzem können sie Pippi auch als Balletttänzerin bewundern – natürlich nicht in Spitzenschuhen, sondern eher mit Schritten, die an Breakdance erinnern. 2005 brachte die Königliche Oper in Stockholm das erste Ballett über das Leben der frechen Schwedin auf die Bühne; die Musik schrieb Riedel zusammen mit einem Kollegen.

Nicht nur Pippi, auch all die anderen Figuren von Astrid Lindgren begegnen Kindern im Kinderliteraturmuseum Junibacken in Stockholm. Lindgren hatte zugestimmt, am Aufbau des Museums mitzuwirken, wenn dort neben ihrer eigenen auch andere Kinderliteratur präsentiert würde. Und so sind neben der fest eingebauten Villa Kunterbunt auch die Figuren von Zeichner Sven Nordqvist, Pettersson und Findus, oder der von Gunilla Bergström erschaffene

Auf Tuchfühlung mit Pippi und Michel:
Das Kindermuseum Junibacken

vorlaute Knirps Willi Wiberg, der auf Schwedisch Alfons Åberg heißt, zu sehen. Manchmal kann es auch passieren, dass ein dickbäuchiger weißer Troll durchs Bild läuft. Er gehört zur Familie der Mumins, die die Schriftstellerin Tove Jansson erschaffen hat.

Kinder nehmen in Schweden im Vergleich zu Deutschland deutlich mehr Platz in der Öffentlichkeit ein. Und sie werden ernst genommen, weshalb auch schwere Themen in Büchern kindgerecht vermittelt werden – Arbeitslosigkeit, Scheidung oder Drogen sind ebenso wenig tabu wie Gefühle im Zusammenhang mit Tod, Trauer oder der ersten Liebe.

Eine frühe beeindruckende Auseinandersetzung mit dem Sterben hatte Astrid Lindgren schon im Buch über die »Brüder Löwenherz« veröffentlicht. Damit lag sie Anfang der 70er Jahre ganz im Trend, denn sachliche und realistische Schilderungen boomten damals. In den 80ern schlug das Pendel dann in die andere Richtung aus, die Märchen- und Fantasywelle rollte an. Die Helden im historischen Abenteuerbuch wurden mit magischen Eigenschaften versehen, Olov Svedelid schrieb einige Bücher dieser Art. Auch die ersten Geschichten vom kauzigen alten Pettersson und seinem vorlauten Kater Findus wurden Mitte der 80er Jahre veröffentlicht.

Für ihren Optimismus auch bei schweren Themen sind die Kinder- und Jugendbuchautoren Viveca Lärn und Ulf Stark bekannt. Sie stellen das Erleben der jungen Hauptfiguren in den Vordergrund und thematisieren die Probleme der Kinder. Lärn erzählt etwa, was der Alkoholismus des Vaters für einen Teenager bedeutet; Stark hat die Geschichte vom Wahl-Opa geschrieben und schildert, was dem kleinen Berra passiert, als dieser stirbt.

Sie alle können vielleicht darauf hoffen, einmal den Astrid-Lindgren-Gedächtnispreis zu bekommen, die weltweit wichtigste Auszeichnung für Kinderbuchautoren, die im Jahr 2003, ein Jahr nach dem Tod der Namensgeberin, erstmals vergeben wurde. Kronprinzessin Viktoria selbst verleiht die Auszeichnung jedes Jahr im Freilichtpark Skansen in Stockholm, neugierig beobachtet von vielen jungen Lesern. Dass Lindgren selbst nie mit dem Literaturnobelpreis ausgezeichnet wurde, wundert die Kinderbuchautorin Lygia Bojunga aus Brasilien, die 2004 Lindgrenpreisträgerin war. »Kinder brauchen das Theater wie Essen und Trinken; sie brauchen Bücher und Geschichten wie Liebe und Fürsorge. Kinder brauchen Bilder, sie müssen richtige Instrumente hören und auch spielen, das ist so wichtig wie Kleidung. Der Unterschied ist: Wenn wir Kindern Nahrung, Schutz, Kleider und Wärme versagen, sterben sie sichtbar. Ohne Kunst, Musik und Literatur stirbt ihre Seele, und wir sehen es nicht. Kinder brauchen Kunst und Bücher zum Leben.«

Lesen mit Fingerspitzen

Fernab des Mainstreams entstehen in Schweden Bilderbücher für sehbehinderte Kinder. Die schwedische Grafikdesignerin Maria Beskow denkt sich seit etlichen Jahren solche Bücher zum Fühlen aus. Etwa 1500 blinde oder sehgeschädigte Kinder unter 12 Jahren leben in Schweden, und wenn sie wissen wollen, wie ein Dinosaurier aussieht, können sie Beskows Schöpfung Tyra kennenlernen. Da, wo sonst gemalte Figuren durchs Bild springen, sind die Hauptpersonen der Geschichte hier ausgeschnitten und aufgeklebt. Die Kinderfinger ertasten spitze Zähne und einen langen Schwanz. Maria Beskow muss dabei ganz anders denken als bei herkömmlichen Büchern. »Zuerst mache ich mich frei von den Bildern, die ich in der Vorlage sehe. Das Wichtigste ist, nur das Wesentliche mitzunehmen. Es dürfen nicht zu viele Details werden, sondern nur die Hauptaussagen des Bildes. Das bedeutet, dass die Fühlbilder ganz anders aussehen als im Originalbuch. Aber das macht nichts, weil die Kinder die Bücher eben mit den Fingern lesen.«

Auf Seite zwei ist Tyra, die Saurierdame, in ihrer natürlichen Umgebung zu erleben. Links im Bild steht ein Vulkankegel, aus dem Rauch kommt, rechts ein einzelner Baum. Die Materialien für diese Szene haben eine außerordentlich wichtige Funktion. »Der Boden auf diesem Bild soll eine Art Moos sein, und da habe ich einen grünen Filzstoff ausgewählt, der ganz weich ist. Für den Vulkan habe ich ein festeres Material genommen, das sich ein bisschen wie Stein anfühlt. Und der Rauch, das ist ein ganz dünner Stoff, der etwas flauschig ist und wo die Umrisse verschwimmen.«

Beskow sucht an den unmöglichsten Stellen nach Stoffen für ihre Bilder. Die Federn, die Tyra im Buch trägt, stammen von einem Staubwedel. Und um die faltige Haut eines Dinosauriers nachzuahmen, hat sie Leder in der Waschmaschine gewaschen, damit es nicht mehr so glatt ist. Man muss eben erfinderisch sein.

Ungewöhnliche Wege für Kinder beschritt in den 70er Jahren auch Suzanne Osten – auf der Bühne. War Kindertheater bis dahin noch vor allem Unterhaltung für die Knirpse aus wohlhabenden Familien, so sollten jetzt alle jungen Schwedinnen und Schweden in den Genuss kommen, ihr eigenes Leben auf der Bühne gespiegelt zu sehen. Es waren die wilden 70er Jahre mit Frauenbewegung und antiautoritärer Erziehung. Osten war Pionierin in Sachen Kindertheater. Mitte des Jahrzehnts gründete sie am Stadttheater in Stockholm die Kinder- und Jugendbühne *Unga Klara* (»Junge Klara«) und machte Schweden damit europa- und weltweit zu einem der wichtigsten Zentren des Kindertheaters.

Ausgehend vom Drama des Euripides, schrieb die Regisseurin Mitte der 70er zusammen mit dem Dramaturgen Per Lysander »Medeas Kinder«, Schwedens erste Tragödie für junge Zuschauer, und prägte einen Theaterstil, der mit drastischem Humor und starken Gefühlen die Lebenswelt der Kinder abbildete. Später führte sie Regie bei Stücken, die sich mit der Trunksucht der Eltern befassten, die Frage stellten, was behindert und was normal ist, oder unter dem Titel »Hitlers Kindheit« erforschten, wie ein kleines Kind zum Faschisten erzogen wird.

Dass auch ganz kleine Kinder ein Recht auf Theater haben, davon ist die 63-Jährige überzeugt. Jüngst machte sie mit einem Stück für Babys im Alter von sechs bis zwölf Monaten Schlagzeilen. Wie fühlt es sich an, im Bauch seiner Mutter zu schwimmen, sich durch den engen Geburtskanal zu zwängen und dann mit zwei komischen Wesen konfrontiert zu sein, die sich Eltern nennen?

Als sich der Vorhang öffnete, machten die Kleinsten große Augen: Von der Decke der blutrot ausgekleideten Bühne hingen lange breite Samtbahnen, in denen die Schauspieler schaukelten und sich einhüllen konnten wie in einem Kokon. Oder wie in der Gebärmutter – eine Situation, an die sich die jüngsten Zuschauer vielleicht noch erinnern konnten. Doch Suzanne Osten ging es nicht nur darum, die Erlebniswelt von Babys in Bilder und Töne umzusetzen. Ihr Stück hatte auch eine politische Botschaft: »Dass wir Kinder als kleine niedliche Buddhas betrachten, als Puppen oder Objekte – das ist eine Form von Rassismus. Es fällt uns schwer, einzusehen, dass diese Kinder die gleichen kleinen intelligenten Wesen sind, die wir auch mal waren. Und die beste Rückmeldung, die ich von den Zuschauern bekommen kann, ist, wenn eine Mutter sagt, ich wusste nicht, dass meine Tochter so viel versteht. Dann hat sie Respekt vor ihrem Kind entwickelt!«

Das große Engagement für Kinder und Jugendliche im Kulturbereich hängt in Schweden einerseits mit der wichtigen Rolle zusammen, die die Kinder- und Familienpolitik spielt, andererseits mit der langen Tradition, Themen aus dem sozialen Bereich Raum zu geben. Das macht sich auch in der aktuellen Berichterstattung des Fernsehens bemerkbar, wo regelmäßig vernachlässigte Menschen im Pflegeheim zu Wort kommen oder alleinerziehende Eltern, denen irgendeine Segnung des Wohlfahrtsstaates vorenthalten worden ist. Diese Themen werden häufig relativ weit vorn platziert, und wir fragen uns immer wieder, inwiefern diese Gewichtung tatsächlich dem entspricht, was der schwedische Zuschauer sehen will. Für deutsche Augen ist dies alles sehr verwunderlich, kommen Sozialthemen in deutschen Medien doch nicht gleich an erster Stelle – es sei denn, sie haben einen aktuellen Anlass.

Die andere Seite dieser Medaille ist, dass im öffentlich-rechtlichen Fernsehen und Radio große Anstrengungen unternommen werden, um Programm für gesellschaftliche Gruppen zu machen, die keine hohen Einschaltquoten versprechen. Es gibt Fernsehsendungen auf Samisch, Hörfunkprogramme für Sinti und Roma in ihrer Sprache, Sendungen in Zeichensprache für Gehörlose und seit Kurzem ein Fernsehmagazin, das sich »Schwulenlobby« nennt und sich als Gesellschaftsmagazin für Männer beschreibt. Das ist öffentlich-rechtlicher Auftrag im klassischen Sinn. Er wird in Schweden mit seiner langen sozialdemokratischen Vergangenheit wesentlich gewissenhafter umgesetzt als etwa in Deutschland.

Auch in der Pressefotografie lässt sich der Hang zu Sozialthemen feststellen. Als wir nach Schweden kamen, war es für uns erst einmal ungewöhnlich, dass ein spielendes Kind am vorderen Bildrand vor einer Szene im Kindergarten genauso die Seite eins ausfüllen kann wie Damen und Herren in Kostüm und Schlips, die gerade über wichtige politische Themen verhandelt haben.

Im Fernsehen stehen die beiden öffentlich-rechtlichen Programme SVT 1 und SVT 2 zur Auswahl, die mit den Privatsendern TV 3, TV 4 und Kanal 5 das Angebot dominieren – diese fünf Programme sind per Digitalbox empfangbar. Der erfolgreichste Privatsender ist TV 4, der 1991 als erster privater Fernsehanbieter terrestrisch im ganzen Land auf Sendung ging und dem betulichen Staatsfernsehen Konkurrenz machte – selbst in Deutschland mit seinen strengen Medienwächtern war Privatfernsehen zu diesem Zeitpunkt längst eine Selbstverständlichkeit. Über Kabel und Satellitenschüssel gibt es weitere Fernsehangebote.

Was wir als Deutsche in Schweden vermissen, ist eine fundierte Auslandsberichterstattung. In Deutschland leisten sich die großen Zeitungen und die öffentlich-rechtlichen Rundfunksender ein weltumspannendes Netz von Korrespondenten. Dagegen berichteten für das öffentlich-rechtliche schwedische Fernsehen zuletzt gerade einmal sieben Reporter aus der weiten Welt, davon waren drei für den europäischen Kontinent abgestellt. Auch die großen Zeitungen *Dagens Nyheter* und *Svenska Dagbladet* sparen am Personal. Nicht alle Leser und Zuschauer sind damit einverstanden. Viele unserer weitgereisten schwedischen Freunde und Bekannten beklagen sich – gerade auch mit Blick auf die vielfältige deutsche Medienlandschaft –, in einem »Tal der Ahnungslosen« zu leben.

Im Spätprogramm des schwedischen Fernsehens wird dann umso mehr Ausland gezeigt, vornehmlich aus dem englischsprachigen Raum: Serien und Filme, wohin man zappt, meist im Original mit Untertiteln, was unter anderem die sehr guten Englischkenntnisse der meisten Schweden erklärt.

Auch das Kommentieren fällt schwedischen Journalisten manchmal schwer, haben wir beobachtet. Wo in Deutschland zugespitzt Stellung bezogen wird, sind in Schweden eher unkommentierte Aussagen von Betroffenen zu hören. Berichte in Fernsehen und Radio enden mit Vorliebe mit einer Originalaussage eines Beteiligten und fangen auch oft damit an – bloß nicht den Beitrag mit dem eigenen Standpunkt abrunden, sich bloß nicht zu weit aus dem Fenster lehnen, scheint die Devise zu lauten.

Natürlich gibt es auch in Schweden Spötter und Satiriker, die kein Blatt vor den Mund nehmen: Die Journalistin Amelia Adamo gibt alles, um ihre Leser auf die Palme zu bringen. In ihren Kolumnen für das Boulevardblatt *Expressen* und die Frauenzeitschrift *Amelia* beschreibt sie die Vorzüge der Intimrasur und klagt über die vielen Faulpelze im Norden des Landes, die seit Generationen von Sozialhilfe leben und sich den ganzen Tag über mit Baumrinde zwischen den Zähnen herumstochern. Und ihr Kollege Jan Guillou, bekannt durch seine Krimis und Mittelalter-Schmöker, legt sich mit allen an, egal ob Feministinnen oder Gewerkschaftsbonzen.

Interessant ist, dass es ein großer Name aus dem deutschen Medienbereich zu einem eigenen schwedischen Verb gebracht hat: *Wallraffa* bedeutet, investigativen Journalismus zu betreiben – wie einst Günther Wallraff, der verkleidet als türkischer Gastarbeiter Diskriminierung und Ungerechtigkeiten unbarmherzig aufdeckte und unseriöse Machenschaften bei der Bild-Zeitung ans Tageslicht brachte.

Im Hörfunk hat der öffentlich-rechtliche Schwedische Rundfunk fast eine Art Monopolstellung für seriösen Informationsjournalismus und bietet inzwischen auch immer mehr musikorientierte Programme im Internet an. *Sveriges Radio* sendet vier landesweite Programme, 26 Regionalprogramme und einen internationalen Kanal, der in einem Dutzend ausländischer Sprachen sendet, darunter »Radio Schweden« auf Deutsch.

Durchschnittlich etwa sechs Stunden pro Tag nutzen Schweden ihre Medien, zwei Stunden weniger als die Deutschen. Beim Zeitungslesen dagegen sind sie Weltmeister, an die 90 Prozent der Bevölkerung nutzen regelmäßig Tageszeitungen – entweder in gedruckter Form oder im Internet. An einem durchschnittlichen Tag in Deutschland tut dies gerade einmal jeder Zweite.

Im Zeitungswesen sind die drei wichtigsten privaten Eigentümer die Medienhäuser Bonnier, Schibsted und Stenbeck. Etwa 170 Tageszeitungen gibt es in Schweden. Überregional dominieren *Dagens Nyheter,* ungebunden liberal, und *Svenska Dagbladet,* ungebunden konservativ, sowie die Boulevardblätter *Aftonbladet* und *Expressen,* die – was den deutschen Leser erstaunt – sozialdemokratisch und liberal geprägt sind. Anders als die öffentlich-rechtlichen Medien bezieht die schwedische Boulevardpresse gern und oft Stellung, ist dabei aber wesentlich seriöser als ihre Pendants in Deutschland oder Großbritannien. Ähnlich wie dort spielen aber Mord und Totschlag und das Leben der Stars und Sternchen eine zentrale Rolle. Doch mit so manchem heimischem Star haben sie so ihre liebe Müh. Schweden neigen scheinbar einfach weniger zum Starkult als ausländische Berühmtheiten.

Auch die königliche Familie drängt sich nicht ins Rampenlicht, selbst wenn die Wahrnehmung in Deutschland eine andere ist. Seit die bürgerliche Deutsche Silvia Sommerlath Anfang der 70er Jahre dafür sorgte, dass die Medien der gänzlich unroyalen Bundesrepublik in schönen Geschichten vom Rendezvous mit dem damaligen Kronprinzen Carl Gustaf schwärmen konnten, verfolgen Millionen deutsche Leser das Geschehen bei Hofe im bunten deutschen Blätterwald. In ihrer Heimat werden die Royals hingegen eher in Ruhe gelassen als ihre Pendants in manch anderem europäischen

Königreich. Dafür haben die Reporter von *Damtidning* bei den gekrönten Häuptern scheinbar ein Stein im Brett. Die schwedische »Damenzeitung« berichtet regelmäßig darüber, wie es zwischen Kronprinzessin Victoria und ihrem Liebsten läuft oder was Königin Silvia in der nächsten Zeit so vorhat. Doch alles bleibt stets im Rahmen, und die Klage des Königshauses gegen deutsche Frauenzeitschriften wegen ihrer allzu phantasievollen Berichterstattung vor wenigen Jahren ist gegen schwedische Medienhäuser kaum vorstellbar.

Betrachtet man die Auflagenhöhe, rangieren die Gratiszeitungen gleich hinter der überregionalen Tagespresse und den Boulevardzeitungen – darunter die bereits gut eingeführte *Metro*, die an die Fahrgäste in den Bussen und Bahnen der drei größten Ballungszentren des Landes verteilt wird, und ihre seit Kurzem in der Hauptstadt herausgegebene Konkurrentin *Stockholm City*. Sie sind im Gegensatz zu den Kaufzeitungen ausschließlich auf Anzeigeneinnahmen angewiesen; ihre Berichterstattung ist entsprechend bunt. Am Wochenende nach der Auszahlung der Gehälter, dem sogenannten Lohnwochenende, gleichen sie dann auch mehr einem Anzeigenblättchen als einer seriösen Zeitung.

Um die Vielfalt zu stärken, wurde in Schweden in den 60er Jahren ein staatlicher Zuschuss für die Presse eingeführt, von dem vor allem Provinzblätter profitieren. Auch für die Auslieferung in dünnbesiedelten Gebieten am Wochenende können Zeitungen Subventionen beantragen. Zeitschriften kommen jedoch nicht in den Genuss dieser Finanzspritzen. Ihr Markt hat in Schweden in letzter Zeit einen schnellen Wandel durchgemacht, in dem viele Titel ausgetauscht wurden. Wie nicht anders zu erwarten, ist auch die Gewerkschaftspresse stärker als in Deutschland vertreten.

Was Journalisten tun und lassen dürfen, das überwacht der schwedische Presserat, der 1916 gegründet wurde. Wer sich in den Medien falsch dargestellt fühlt, kann sich seit 1970 an den Presseombudsmann wenden, der dann eine öffentliche Rüge ausspricht. Für das ethisch richtige Verhalten gibt es Regeln und Gesetze, bereits 1766 verabschiedete Schweden als erstes Land der Welt ein Pressegesetz. Herausragend daran ist bis heute das weitreichende Recht auf Einsicht in behördliche Dokumente – für Journalisten paradiesische Zustände.

Wer sich in Schweden ins Kulturleben stürzen will und in einer größeren Stadt wohnt, sollte sich die Spontaneität abgewöhnen. Wie im Umgang mit Freunden ist es auch beim Besuch von Theater und Kino ratsam, sich frühzeitig für einen Termin zu entscheiden und um eine Eintrittskarte zu kümmern. Dafür wiederum wird erwartet, dass der Kulturhungrige Zugang zu Telefon und Internet hat – denn über diese segensreiche Erfindung lässt sich in Schweden leicht vieles buchen, und die Bedeutung des Internets wird immer größer. Allerdings braucht auch ein gutes Gedächtnis, wer sich noch all die Passwörter merken will, die bei allen möglichen Kontakten mit Bezahldiensten, Abos oder Mitgliedschaften nötig sind. Zudem ist es wichtig, alle geforderten Daten einzugeben, sonst kommt man nicht an sein Ziel. Das konnten wir vor einiger Zeit erleben, als uns die vielen Fragen zu unserer Person bei der Internetanmeldemaske einer Konzertkasse die Schweißperlen auf die Stirn trieben. Als Deutsche sind wir es immer noch nicht so recht gewohnt, dass wir neben unserer Adresse persönliche Daten wie sämtliche Telefonnummern, Alter und Geschlecht preisgeben sollen. Also versuchten wir es mit einem Pseudonym und mussten natürlich scheitern – ob es daran lag, dass unser Name mit unserer Telefonnummer abgeglichen wurde, oder ob es einen anderen Grund hat, wissen wir nicht.

Sehr viel entspannter als bei der Abendplanung in den Großstädten ist die Lage im Sommer in ländlichen Gebieten, in denen die Konkurrenz geringer ist. Überall im Land finden in den hellen Monaten Festivals statt, von der Volksmusik am Siljansee über Opern im umfunktionierten Kalksteinbruch in Dalarna bis hin zu bekannten Rock- und Popfestivals, etwa im småländischen Hultsfred, und den Jazzfestivals von Göteborg und Stockholm. Hier treten auch Schwedens international bekannteste Jazzgrößen auf, das Esbjörn Svensson Trio, die Sängerinnen Victoria Tolstoy und Rigmor Gustavsson. »Ich spiele Klavier, weil wir kein anderes Instrument zu Hause hatten«, schmunzelt Svensson. Musikalische Experimente sind es auch, die seine Musik beeinflussen: Beim Esbjörn Svensson Trio paaren sich Jazzelemente mit Drum&Bass-Grooves, funkige Rhythmen stehen neben Anleihen aus Rock und Pop. Das Trio versteht sich als Popband, die Jazz spielt, und hat mit diesem Konzept bereits eine ganze Reihe von internationalen Musikpreisen abgeräumt. 1997 schreibt Svensson zusammen mit Victoria Tolstoy die Musik zu deren erstem Album »White

Lebendige Traditionen: Die Schweden lieben ihre Volksmusik.

Russian«, das die schwedische Sängerin mit der glasklaren Stimme im ganzen Land bekannt macht. An der Posaune stand bei dieser Aufnahme Nils Landgren, der sonst mit seiner eigenen Band, der groovenden »Funk Unit«, unterwegs ist. Den Norddeutschen ist der Schwede mit der metallicrot lackierten Posaune kein Unbekannter. Landgren hat bei der Big Band des NDR den Taktstock geschwungen, 2001 war er künstlerischer Leiter des Jazzfests in Berlin. In dieser Funktion hob er auch Rigmor Gustafsson ins Programm, zwei Jahre später veröffentlichten die beiden zusammen das Album »I will wait for you«.

Auch die Volks- und Spielmannsmusik hat im Sommer Hochsaison, nicht nur zu Mittsommer, wenn vielerorts in traditionellen Trachten um die Maistange getanzt wird. Bei diversen Festivals im Land drehen sich Tausende von Tanzlustigen im schleppenden Zweivierteltakt der Polka auf dem Tanzboden, etwa beim *Bingsjöfestival* in Dalarna oder in Ransäter in Värmland. Dann spielen Geige und Schlüsselfiedel auf, ein in Skandinavien beheimatetes Instrument ähnlich der Drehleier. Ale Möller ist einer, der es virtuos beherrscht, neben der Mandola, Geige, Harfe, Akkordeon, diversen Flöten und der griechischen Bouzouki. Seit zwei Jahrzehnten widmet sich der Multiinstrumentalist der schwedischen Volksmusik. Mit Lena Willemark hat er Balladen und die alten Gesänge der Hirten zum Ausgangspunkt für seine jazzinspirierten Interpretationen genommen, mit der Gruppe Frifot die schwedische Volksmusik neu erfunden. Inzwischen interessiert Möller der kulturelle Cross-over, seine Ale-Möller-Band besteht aus Musikern mit Wurzeln in Griechenland, dem Senegal, Mexiko und Kanada.

Das Dalapferd

Bengt sitzt in der Werkstatt versunken über seiner Arbeit. Der drahtige Mann mit dem weißgrauen Haarkranz und den dicken Brillengläsern schnitzt am Hinterteil eines Dalapferdes. Das orangefarbene Holzpferd mit der Bauernmalerei auf dem Rücken ist so etwas wie ein schwedisches Nationalsymbol.

Vorbild für das beliebte Schwedensouvenir aus der Region Dalarna waren einst die stämmigen Arbeitspferde, die den Männern in der waldreichen Gegend die besten Freunde waren. Auch Bengt hatte in seiner Kindheit in den 40er Jahren viel mit ihnen zu tun. Die Eltern besaßen einen Bauernhof. Der Vater nutzte die Tiere im Sommer als Ackergäule auf den Feldern, im Winter als Zugpferde beim Transport der Stämme aus dem Wald. Die Männer waren damals zum Teil monatelang im Wald. Bei schlechtem Wetter, wenn sie in ihren Waldkojen bleiben mussten, nahmen sie Messer und Holz zur Hand und schnitzten die Dalapferde – als Schmuck für den Kamin oder als Spielzeug für die Kinder. Inzwischen gibt es die Pferde in Orange, Blau oder Weiß. Vom Minipferd zum Anstecken bis zur kniehohen Holzfigur, als Kühlschrankmagnet, Schlüsselanhänger oder Ohrhänger. Wie es aussieht, wird Bengt auch weiterhin viel zu tun haben.

Nicht nur die Musik zieht die Schweden auf die grüne Wiese, auch Theatervorstellungen auf den vielen Freilichtbühnen im Land gehören zum schwedischen Sommer. Wenn es draußen schön warm und sonnig ist und der Appetit auf Kultur bei einem Schluck kühlen Wein groß, dann annonciert *Parkteatern* sein Programm. Die Stadttheater des Landes bieten seit 1942 alles von schwarzen Komödien über Kindertheater und klassisches Ballett bis zum Tangoabend zum Mitmachen. In Stockholm kommen jedes Jahr von Juni bis August mehr als 150 000 Zuschauer in die Open-Air-Vorstellungen.

Ausgestattet mit Picknickpaketen und Sitzkissen, oft in kleinen Grüppchen, packen die Schweden ihre Verpflegung aus: Wein aus Plastikgläsern und kunstvoll belegte Butterbrote oder einfach nur kühles Bier und Chips aus der Tüte. Linda Zachrison hat einige Jahre als künstlerische Leiterin für *Parkteatern* in Stockholm gearbeitet. »Der Witz dabei ist, dass kein Eintritt fällig wird und Bühnenkunst zu sehen ist, die das Publikum überrascht. Da geht es nicht nur um die übliche Hausmannskost, sondern auch um Stücke, die bewegen – in verschiedene Richtungen. Das Programm füllen wir wie eine Tüte mit Süßigkeiten: Da gibt es richtig salzige Stücke, aber auch die gute Milchschokolade.«

Ein Kulturklassiker des Sommers, der in Deutschland in dieser Art keine Entsprechung hat, ist *Allsång på Skansen*, übersetzt bedeutet das ungefähr »Gemeinsames Singen auf Skansen«. 1935 trafen sich die ersten Sangesfreudigen in dem Stockholmer Freilichtpark, um gemeinsam zu schmettern. Inzwischen ist die Veranstaltung zu einem respektablen Medienereignis herangewachsen, das auch im Fernsehen übertragen wird.

An sechs Dienstagen im Sommer singt Schwiegermutterschwarm Anders Lundin zusammen mit dem Publikum alles – von schwedischen Volksliedern bis zu beliebten Popklassikern. Dazwischen präsentiert er die besten Bands, die lustigsten Komiker und die hippsten Sänger. Dafür stehen manche Fans schon seit dem frühen Morgen an oder hängen den ganzen Tag auf den Bänken vor der Bühne, um dem Geschehen am Abend möglichst nahe sein zu können – kreischende Teenager und ältere Herren gleichermaßen.

Bei Allsång werden neue Stars geboren und alte verabschiedet. Auch die große Bedeutung der Tanzbands in Schweden, die sich daraus erklären lässt, dass Tanzabende auf dem Land bis heute ihr Publikum fanden, zeigt sich in der Programmstruktur. Christer Sjögren etwa, Sänger der »Vikinger«, die auch in Deutschland ihr Publikum finden, verabschiedete sich mit seiner Combo kürzlich nach mehr als 40 Jahren auf der Bühne in Skansen von seinen Fans. Popstars wie Carola oder Håkan Hellström sind immer wieder Gast auf der bekanntesten Freilichtbühne des Landes.

Abseits solcher nur auf das schwedische Publikum ausgerichteter Veranstaltungen hat sich die schwedische Musikindustrie zu einem Exportschlager entwickelt. Den Grundstein legte einst die Popgruppe ABBA in den 70er Jahren, nachdem sie beim *Grand Prix d'Eurovision de la Chanson* 1974 in Brighton mit »Waterloo« gewonnen hatte. In ihre Hits flossen Elemente aus der Volksmusik ein, aber auch aus Schlager und Cabaret. Das weite Stimmenspektrum, repräsentiert von zwei weiblichen und zwei männlichen Sängern, wurde ihr Markenzeichen. Gleichzeitig hatte ihre Musik etwas Unschuldiges an sich.

In den 80er Jahren landete die Rockgruppe Europe ihren Welthit »The Final Countdown«, danach kamen Ace of Base, Roxette, Dr. Alban und die Cardigans. In den letzten Jahren stieg das Land zwischenzeitlich zum drittgrößten Musikexporteur weltweit auf – nach Großbritannien und den USA. Schweden texten inzwischen für die großen internationalen Musikstars oder entwerfen deren Musikvideos. Und weltweit erfolgreiche Bands nehmen ihre Musik in den Polar-Studios in Stockholm auf. Wo einst ABBA vor dem Mikrophon stand, spielten später Led Zeppelin, Genesis oder die Backstreet Boys ihre Platten ein, nicht zuletzt wegen des legendären Rufs der Studios.

Die wichtige Stellung der Musikindustrie hat einerseits damit zu tun, dass die Jugend- und Musikkultur aus England und den USA großen Einfluss auf die schwedische Szene hat. Das ist auch in Deutschland nicht anders; in Schweden kommt jedoch hinzu, dass die meisten Jugendlichen sehr gut Englisch sprechen. Zum einen, weil die meisten Filme eben nicht synchronisiert werden, zum anderen, weil es für Sprecher einer kleinen Sprache wichtig ist, eine Lingua franca gut zu beherrschen, um sich überall auf der Welt verständigen zu können. Früher war in diesem Zusammenhang auch Deutsch wichtig, nach dem Zweiten Weltkrieg ist es vor allem Englisch.

Ein anderer Grund für das fleißige Schrammeln auf Gitarre und Bass ist für viele der frühe Kontakt mit der kommunalen Musikschule. Sie bietet Jugendlichen für wenig Geld Unterricht in Stimmbildung, Klavier, Gitarre oder anderen Instrumenten und wird zu einem großen Teil aus Steuergeldern finanziert. Knapp jeder fünfte Jugendliche greift in seiner Freizeit zum Instrument, oft helfen ihnen die Kommunen sogar, Übungs- und Auftrittsräume zu finden.

Wie es anscheinend auch anders gehen kann auf dem Weg zum Star, wird derweil im Fernsehen gezeigt. Anfang des neuen Jahrhunderts sendete das schwedische Privatfernsehen die Serie »Fame factory«, eine Talentshow für junge Sängerinnen und Sänger. Inzwischen läuft der Nachfolger »Idol« auch überall in Europa, in Deutschland unter dem Titel »Deutschland sucht den Superstar«.

Singen, das kann in Schweden eigentlich jeder. Etwa eine halbe Million Menschen sind aktive Chorsänger – sogar für diejenigen, die der Meinung sind, sie könnten nicht singen, gibt es spezielle Gesangsvereine.

Einer der ersten Barden, die sich öffentlich hinstellten und damit großen Erfolg hatten, war Carl Michael Bellman im 18. Jahrhundert. Mit seinen Episteln und Liedern von Fredman, dem versoffenen Uhrmacher, und Ulla Winblad, die Züge der Liebesgöttin Venus trägt, ließ er seiner Phantasie in Sachen Wein, Weib und Gesang freien Lauf. Damit war er Vorbild für die beiden großen Troubadoure des 20. Jahrhunderts, Evert Taube und Cornelis Vreeswijk.

Taubes Vater war Kapitän zur See, sein Sohn fuhr selbst hinaus aufs Meer und dichtete darüber so manchen Text, der Volksliedgut wurde. Er gilt wie Bellman als Nationaldichter, schrieb aber auch Prosa und Theaterstücke, die allerdings weit weniger Beachtung fanden. Taubes legendäre Auftritte waren auch für Cornelis Vreeswijk wegweisend, der sowohl Taubes als auch Bellmans Lieder interpretierte. Der gebürtige Holländer veröffentlichte in den 60er Jahren seine erste Platte und machte sich mit derben Liedern einen Namen. Elemente des französischen Chansons und des Blues aus Amerika kombinierte er mit der schwedischen Liedtradition; nach einem längeren Aufenthalt in Brasilien Ende der 70er Jahre kamen Sambarhythmen dazu. Viel zu früh starb Cornelis Vreswijk 1987 mit nur 50 Jahren an Leberkrebs.

Das schwedische Theater macht ebenfalls von sich reden: In der schwedischen Theaterszene ist Lars Norén der international erfolgreichste Dramatiker. In den 80er Jahren thematisierte er die Verlogenheit bürgerlicher Familien, in den 90er Jahren konzentrierte er sich auf das Leben der sozial Ausgestoßenen, im neuen Jahrhundert hat sich Norén mit dem Thema Auslöschung – Tod und Abschied – beschäftigt. Der 1944 geborene Dramatiker wird fleißig an deutschen Bühnen gespielt; besonders beklemmend war etwa die Aufführung von »Personenkreis 3.1« unter der Regie von Thomas Ostermeier an der Schaubühne in Berlin: Eine karge, weite Plattform mit Menschen aus allen Bereichen der Gesellschaft, die

aneinander vorbeilaufen. Einige von ihnen sieht der Sozialstaat
nur noch als problematische Fälle, nicht mehr als Individuen. Der
administrative Begriff »3.1« wird von der Bürokratie für Bürger
ohne Obdach, Prostituierte oder Alkoholiker verwendet. Aus dieser Masse schält Norén einzelne Schicksale – Fragmente von Bio-
grafien der vom Weg Abgekommenen. In seinem nächsten Stück
»7:3« thematisierte Norén die Ratlosigkeit des schwedischen
Strafvollzugs gegenüber dem Neonazismus, der abgeschirmt hinter Gefängnismauern wachsen kann.

Was Norén auf der Bühne gelungen ist, hat Ingmar Bergman
meisterhaft im Film umgesetzt: die Inszenierung psychologischer
Familiendramen und die Analyse schwieriger Beziehungsgeflechte.
Mit dem Familienepos »Fanny und Alexander«, in dem er sein
eigenes Leben verarbeitete, verabschiedete sich Bergman bereits
1982 vom Film. Doch 2003 kam er noch einmal zurück ans Set,
um mit seinen alten Weggefährten Liv Ullmann und Erland Josephson »Sarabande« zu drehen, eine reifere Version von »Szenen einer
Ehe« – der Regisseur war inzwischen 85, seine Hauptdarsteller 80
und 64 Jahre alt.

Ein Jahr später erlebten wir den Altmeister des schwedischen
Films, der sich inzwischen auf die Ostseeinsel Fårö zurückgezogen hatte, in einer neuen Rolle: Er ließ Einblicke in sein Privatleben zu. Mit seiner unehelich geborenen Tochter Maria von Rosen
veröffentlichte er Auszüge aus seinem Tagebuch über die letzten
Tage mit seiner Ehefrau Ingrid, die 1995 an Krebs gestorben war.
Mit ihr hatte er schon 1959 Tochter Maria bekommen, doch das
erfuhr diese erst gut 20 Jahre später. Von Rosen und Bergman hei-
rateten zehn Jahre nach der Geburt von Maria.

Einen Star, wie Ingmar Bergman es im vergangenen Jahrhundert
war, hat die schwedische Filmszene heute nicht vorzuweisen.
Dafür gibt es einige Filmemacher, die den düsteren Autorenfilm
weiterführen, wie Björn Runge, der zuletzt beim einheimischen
Filmpreis *Guldbagge* abräumte. Runge erzählt in seinem Spielfilm
»Morgengrauen« die Geschichte von Lügen und Selbsttäuschun-
gen zweier befreundeter Paare.

Stillstand und Gleichgültigkeit thematisiert Roy Andersson im
Jahr 2000 mit »Songs from the second floor« – 30 Jahre nach seinem Spielfilmdebüt. Die Einstellungen kommen minutenlang ohne
Schnitte aus, das Kameraauge bewegt sich behäbig wie ein Sau-
rier, der Film vermittelt durch seine monochromen Farben Trost-

losigkeit und Einsamkeit. Im Gedächtnis bleiben Menschen, ausgesetzt auf schier unendlich langen Fluren, festgeklemmt in einem nicht enden wollenden Stau durch eine fiktive Großstadt oder in der geschlossenen Anstalt mit der immer wieder gleichen wirren Replik auf den Lippen, es drehe sich alles – ein Film wie ein surreales Gemälde.

Natürlich gibt es auch Komödien in Schweden, die dem Ruf des kühlen und problemorientierten Films aus dem Norden so gar nicht entsprechen wollen. Lukas Moodysson ist im Jahr 2000 mit »Zusammen!« eine herrliche Parodie auf das WG-Leben in den 70er Jahren mit freier Liebe und antiautoritärer Erziehung geglückt. Josef Fares legte im gleichen Jahr mit »Jalla! Jalla!« einen Film vor, der äußerst amüsant das Versteckspiel zweier junger Schweden aus Einwandererfamilien zeigt, die gegen ihren Willen verheiratet werden sollen. In »Kops« zeigt Fares tapsige Dorfpolizisten bei dem Versuch, mit vorgetäuschten Verbrechen die Schließung der kleinen Polizeistation in der schwedischen Provinz zu verhindern – Filme, die es auch in Deutschland auf die Leinwand geschafft und teilweise zu Kultstatus gebracht haben.

Das Leben außerhalb der Ballungszentren war in den letzten Jahren auch in Filmen wie »Raus aus Åmal«, »Wie im Himmel«, »Zurück nach Dalarna!« oder »Populärmusik aus Vittula« zu sehen. Dass Geschichten, die das Leben auf dem Land schildern, ins Kino kamen, hängt zum Teil auch mit den neueren Produktionsstätten zusammen, die außerhalb der schwedischen Hauptstadt entstanden sind. »Trollywood«, wie Trollhättan nördlich von Göteborg gern genannt wird, ist mit der Produktionsgesellschaft *Film i väst* (Film im Westen) dabei am erfolgreichsten. Hier hat auch der Däne Lars von Trier schon gedreht, unter anderem das international erfolgreiche Dogma-Drama »Dogville« mit Nicole Kidman in der Hauptrolle.

Eine Kultureinrichtung, die wir in Stockholm nicht missen wollen, ist *Dansens hus*, das Haus des Tanzes. Die Bühne für zeitgenössischen Tanz liegt zwar in einem Konferenzzentrum unweit des Hauptbahnhofs, dessen Eingang und Foyer wenig zum Verweilen einladen. Doch das, was auf der Bühne von Haupt- und Studiosaal geboten wird, versöhnt den Besucher wieder mit den unattraktiven Rahmenbedingungen. In den 70er und 80er Jahren erlebte die zeitgenössische Tanzszene einen starken Aufschwung. Das war vor allem Birgit Cullberg zu verdanken, einer der wichtigsten Vertreterinnen des modernen Tanzes im letzten Jahrhundert. 1967 gründete sie ihr Cullbergballett, dessen Leitung in den 80er Jahren von ihrem Sohn Mats Ek übernommen wurde. Neben schwedischen Künstlern und Kompanien prägen vor allem die hervorragenden Gastspiele internationaler Choreographen und Ensembles aus Europa und der ganzen Welt das Programm.

Wer den Pas de deux vorzieht, kann sich das Ballett in der Königlichen Oper ansehen, das sowohl Klassisches als auch Modernes im Programm hat und sogar schon einmal mit einer Heavy-Metal-Band auf der Bühne aufgetreten ist – Ohrenstöpsel gab es für die Zuschauer gratis. Gegründet wurde die Bühne im 18. Jahrhundert unter König Gustav III., einem kulturliebenden Monarchen. Heute liegt sie in einem neoklassizistischen Bau unweit der Stockholmer Altstadt, der vor mehr als 100 Jahren eröffnet wurde. Wer auf den Balkon über dem Haupteingang tritt, kann hinüberblicken zum Schloss. Davon macht die Königsfamilie jedoch recht selten Gebrauch, obwohl sie hier eine eigene Loge hat. Eine der seltenen Ausnahmen, die wir erlebt haben, war die Premiere des Pippi-Langstrumpf-Balletts, bei der wir Kronprinzessin Victoria im Halbdunkel erahnen konnten.

Die Oper ist genau der richtige Ort für alle, die Spaß daran haben, sich herauszuputzen und sich an mächtig ornamentierten Interieurs erfreuen. Besonders beeindruckend ist in diesem Zusammenhang das *Guldfoajé*, das bis unter die Decke mit Spiegeln und Golddekorationen versehen ist. In der Pause lässt es sich hier vortrefflich promenieren und die neuste Garderobe zur Schau stellen. Oder man lässt sich nieder an kleinen Tischchen, auf denen schon Kaffee und Kuchen warten, wenn man dies vor Beginn der Vorstellung bestellt hat.

Ansonsten geht es bei schwedischer Architektur und schwedischem Design eher schlicht und geradlinig zu. Das Interesse an einer ansprechenden Einrichtung und ausgesuchten Wohnaccessoires hat in den letzten Jahren zugenommen. Hochglanzmagazine, die den richtigen »Lebensstil« vermitteln, gibt es viele. Und da in Schweden gern geshoppt wird, stehen exklusive, gut verarbeitete Einrichtungsgegenstände, Textilien und Mode, Glas und Keramik hoch im Kurs.

Schwedisches Design ist klar, funktional und mit wenig Schnickschnack beladen. »Das hat vielleicht damit zu tun, dass wir uns nicht gerne in den Vordergrund drängen, nichts Besonderes sein wollen«, mutmaßte einmal eine Glasdesignerin, die wir in der Region Småland in Südschweden besuchten.

Damit keiner etwas Besonderes sein muss, gibt es IKEA und H&M, die beide kurz nach dem Zweiten Weltkrieg gegründet wurden. Modernes Design zu niedrigen Preisen, lautet das Geheimrezept der erfolgreichsten Massenproduzenten für Möbel und Mode. Ein Prinzip, das in der ganzen Welt erfolgreich ist. Billyregale kann man inzwischen in mehr als 30 Ländern kaufen, Deutschland ist mit knapp 20 Prozent des Umsatzes der größte Markt für IKEA. Der Konzern selbst gehört inzwischen einer niederländischen Stiftung, der Stichting INGKA Foundation.

Die nüchternen funktionalen Linien tauchen auch in der Mode wieder auf. Das zeigen die schwedische Modekette Filippa K, die inzwischen den deutschen Markt erobert hat, Jeans der Marke Acne oder Stiefeletten von Whyred aus schwedischer Produktion. Denn neben der Musik war Mode in den letzten Jahren eine der Wachstumsbranchen im Export. »Wir haben einen sehr strikten und reinen Stil. Das kann man dann ein bisschen aufpeppen. Mit einer abgewetzten Lederjacke zum Beispiel oder abgegriffenen Jeans. Außerdem mögen wir Naturmaterialien. Wolle, Baumwolle, auch Leinen im Sommer. Schweden sind gut gekleidet. Nur bei der Festgarderobe hapert es noch ein bisschen. Aber da haben sich die großen Modeschöpfer jetzt auch weiterentwickelt«, erklärt Verkäuferin Sara den Trend. Eine schmal geschnittene Jeans, dazu ein Top verziert mit Rüschen oder Perlen, darüber eine Bolero-Strickjacke – schon ist das Ausgeh-Outfit perfekt. Haute Couture ist für Schwedinnen nicht nur ein Fremdwort, weil es aus dem Französischen kommt. Kultur im Wohlfahrtsstaat hat neben dem Fokus auf Randgruppen und sozialen Abgründen eben auch etwas mit sozialer Gleichheit zu tun: Ein gewisser Mainstream in der Äußerlichkeit lässt sich nicht verhehlen.

Insel der Friedfertigen?

Szenen aus dem dunklen Schweden

Maria kam in der Schule nicht mit. Ihre Augen waren schlecht, eine Brille konnte sich ihre bitterarme Familie mit sechs Kindern nicht leisten. Im Klassenzimmer entzifferte das schüchterne Mädchen nur mit Mühe, was die Lehrerin an die Tafel schrieb. Das brachte ihr das Urteil »zurückgeblieben« ein. Die Schulleitung ordnete die Unterbringung in der Sonderschule an – in den 30er Jahren eine Art geschlossene Anstalt. »Es war ein Gefängnis für Kinder, wo wir rechtlos waren«, erinnert sich die 72-Jährige. Eines Tages, Anfang der 40er Jahre, wird sie aufgefordert, ins Zimmer der Schulleiterin zu kommen, um einige Papiere zu unterschreiben. Dann geht alles ganz schnell: Maria wird ins Lazarett von Bollnäs geschickt, wo ihr die Mediziner Eierstöcke und Gebärmutter entfernen. Ein Arzt erklärt ihr, sie sei nicht ganz richtig im Kopf und könne daher kein Kind aufziehen – mit 16 Jahren wird die Schwedin gegen ihren Willen sterilisiert. Später schlägt sie sich als Magd durch, arbeitet auch als Altenpflegerin. Von dem Leid, das der Eingriff bei ihr verursacht hat, traut sie sich kaum jemandem zu erzählen. Sie fühlt sich einsam, wertlos und als Mensch zutiefst erniedrigt.

Ihr Schicksal teilt Maria mit Tausenden anderen Frauen, die in den 40er Jahren in Schweden zwangssterilisiert wurden. Bis Mitte der 70er Jahre war das Gesetz in Kraft, das es schwedischen Behörden erlaubte, mit drakonischen Methoden in die Familienplanung der Bürger einzugreifen. Vielfältig waren die Begründungen, mit denen die Sterilisierungen angeordnet wurden: Geisteskrankheit, Promiskuität, Alkoholismus, fehlende soziale Anpassung.

Vom Idealbürger hatten die Bevölkerungsexperten in den 30er und 40er Jahren sehr genaue Vorstellungen: Geistig und körperlich gesund sollte er sein, leistungsstark und gut für den Aufbau des »Volksheims« zu gebrauchen. Wer dazugehörte, das hatte die »Rassenbiologie« schon seit Beginn des 20. Jahrhunderts bestimmt – nicht nur in Schweden. Vier Jahre nach der Gründung der »Gesellschaft für Rassenhygiene« in Berlin rufen Forscher in Stockholm 1909 eine ganz ähnliche Einrichtung ins Leben. Herman Lundborg, Arzt und »Rassenbiologe« mit guten internationalen Kontakten, ist eine der Frontfiguren der neuen Forschungsrichtung. Mit Maßband und Kamera ist er in seiner Heimat unterwegs, um zu dokumentieren, wie sich Schweden und Saami, die Nachfahren der Ureinwohner, unterscheiden. Seine Ergebnisse fließen in die große »Volkstypausstellung« in der Kunstakademie in Stockholm ein, kurz nach dem Ersten Weltkrieg. 1921 veranstaltet das Stockholmer Tageblatt einen Schönheitswettbewerb, um den besten Vertreter des schwedisch-germanischen Rassetyps zu küren – ein Aufruf, der bei den Schweden auf Begeisterung stößt.

Ein Jahr später wird an der Universität Uppsala das erste staatliche Institut für Rassenbiologie der Welt eröffnet, die Leitung übernimmt Herman Lundborg. Zu Beginn seiner Arbeit nimmt er eine »Inventur« des schwedischen Volkes vor. Innerhalb von zwei Jahren werden 100 000 Schweden vermessen, über ihren familiären Hintergrund und ihren sozialen Status befragt. Die Ergebnisse veröffentlicht Lundborg in seinem Buch »Schwedische Rassenkunde«, dessen erste Auflage schnell vergriffen ist.

Auch bei den deutschen Biologen, die bei Lundborg ein- und ausgehen, rufen seine Thesen großes Interesse hervor. 1923 hält der spätere Chefideologe nationalsozialistischer Rassenpolitik, Hans Günther, öffentliche Vorlesungen in Schweden. Auch Eugen Fischer, später Leiter des Berliner »Instituts für Rassenhygiene«, und Fritz Lenz aus München, dessen Betrachtungen zur Eugenik später die unmenschliche »Bevölkerungspolitik« der Nationalsozialisten prägen sollen, sprechen in Uppsala vor. Günther formuliert später den »nordischen Gedanken«. Er meint, die »nordische Rasse« sei gefährdet und müsse durch »Aufnordung« biologisch aufgewertet werden. Lundborg bekundet Verständnis für Günthers Thesen, vertritt er doch selbst die Ansicht, die »schwedische Rasse« degeneriere und das »minderwertige Erbgut« in der Bevölkerung müsse bekämpft werden.

Doch anders als in Deutschland, wo die sogenannte Rassenhygiene sichtbar ins Verderben führt und die Nationalsozialisten sechs Millionen Juden ermorden und gesellschaftliche Gruppen wie Behinderte, Sinti und Roma oder Homosexuelle systematisch umbringen, wird die Debatte in Schweden in den 30er Jahren zeitgleich mit dem Aufbau des »Volksheims« geführt. Fallende Geburtenzahlen heizen Anfang der 30er Jahre Diskussionen über die

Zukunft der Bevölkerung an. Die Sozialreformer Alva und Gunnar Myrdal stellen in ihrem Buch »Krise in der Bevölkerungsfrage« 1934 Gegenmittel vor: familienfreundliche Wohnprogramme, Kindergeld und kostenlose Ausbildung. Und sie packen auch heiße Eisen wie Sexualität, Empfängnisverhütung und straffreie Abtreibung an. In der Debatte geht es nicht nur darum, dass mehr Kinder geboren werden, es wird angestrebt, dass sie unter besseren Voraussetzungen aufwachsen – mit allen Mitteln. Daher müssten jene Menschen, die ihren Kindern dies nicht bieten können, daran gehindert werden, Nachwuchs zu bekommen. Die Myrdals plädieren für die sogenannte »soziale Indikation«; die »eugenische Indikation«, also unerwünschte Erbanlagen völlig auszuradieren, halten sie für unrealistisch, und vor der Rassenbiologie, wie sie in Deutschland grassiert, warnen sie. 1934 präsentiert die sozialdemokratische Regierung unter Per Albin Hansson ihren Entwurf für ein Sterilisierungsgesetz, das diese Bedenken und Warnungen ignoriert.

Ab 1935 dürfen Menschen, die als geisteskrank, »mental langsam« oder seelisch gestört eingestuft werden, ohne ihre Einwilligung sterilisiert werden. Als Legitimation für den folgenschweren Eingriff genügt das Gutachten zweier Ärzte. 1941 wird das Gesetz verschärft: Jetzt tritt neben die sogenannte »eugenische« die von den Myrdals propagierte »soziale Indikation«. Menschen mit »asozialer Lebensweise« sollen in Zukunft ohne ihre Zustimmung unfruchtbar gemacht werden können. Und die Sozialreformer verbergen keineswegs, wen sie damit meinen: Prostituierte, Alkoholiker, Homosexuelle sowie Sinti und Roma. Mehr als 60 000 Menschen werden in Schweden bis Mitte der 70er Jahre sterilisiert, fast ausschließlich Frauen. Auf ihr Schicksal wurde in Schweden erst 1997 in breiterem Rahmen in der Öffentlichkeit aufmerksam gemacht. Erstmals leuchteten schwedische Historiker die dunklen Winkel des vordergründig so idyllischen »Volksheims« aus. In der Folge schuf die Regierung einen Hilfsfonds für einige der Opfer. Auch Maria kam in den Genuss dieser bescheidenen Maßnahme. Noch wichtiger war der Schwedin damals, dass ihre Landsleute endlich anfingen, sich mit den Untaten des Staates auseinanderzusetzen: »Ich glaubte schon, dass diese Verschwörung zu schweigen für immer andauern würde.«

Im Jahr 1979 lief im westdeutschen Fernsehen die amerikanische Dokumentation »Holocaust« und konfrontierte erstmals ein

Millionenpublikum mit den Verbrechen der Nationalsozialisten. Seitdem haben mit deutscher Gründlichkeit Generationen von Historikern, Journalisten und Schriftstellern immer neue Bücher, Radiosendungen und Spielfilme zum Thema produziert. Kein Vergleich zu Schweden, wo die Nazizeit in den Schulbüchern oft mit ein paar dürren Zeilen abgehandelt wird.

Dabei waren die Theorien zur »Rassenhygiene« nicht die einzige unrühmliche Verbindung zwischen Deutschland und Schweden im vergangenen Jahrhundert. Erst in den letzten Jahren wurde mit einer wirklichen Aufarbeitung der Rolle des Landes im Zweiten Weltkrieg begonnen. Historiker wiesen nach, wie folgsam die Schweden in den 30er und 40er Jahren waren: Nazikritische Zeitungen wurden damals zensiert, sympathisierende Parteien gegründet, schwedische Freiwillige traten in die Totenkopfverbände der SS ein. Sogar die Nürnberger Rassengesetze, die es »Ariern« verboten, sich mit Juden oder Personen mit jüdischen Vorfahren zu verheiraten, wurden nach 1937 von den schwedischen Behörden teilweise eingeführt.

Ausländerfeindliche Übergriffe und rassistische Gewalttaten gibt es heute auch in Schweden. Infolge einer schweren Wirtschaftskrise kam es Anfang der 90er Jahre in Trollhättan, Stockholm und vielen anderen schwedischen Städten zu hässlichen Szenen: Ausländer wurden durch die Straßen gejagt, in den Schulen tauchten rassistische Parolen auf. Als der Nachwuchs auch noch Zweifel am Holocaust äußerte, zog der damalige Regierungschef Göran Persson die Notbremse: Er lud zu einer Geschichtskonferenz ein, die internationales Aufsehen erweckte. Bis heute ermöglicht das *Forum för levande historia* (Forum für lebende Geschichte) mit Vorträgen, Exkursionen und Forschungsprojekten die Begegnung von Schülern mit Überlebenden des Holocaust.

Zudem betreibt die Institution eigene Forschung. Im Jahr 2006 stellten ihre Historiker eine Untersuchung vor, die erschreckend deutlich macht, wie verbreitet der Antisemitismus bis heute im Lande ist. 3000 Schweden aller Altersgruppen wurden befragt; nahezu jeder Dritte stimmte der stereotypen Aussage zu, die Juden als Kollektiv hätten zu großen Einfluss in der Welt (in Deutschland teilen 23 Prozent diese Auffassung). Jeder vierte Befragte lehnte einen Juden als Regierungschef ab.

Rund 20 000 Bürger jüdischen Glaubens leben heute in Schweden, jüdische Gemeinden gibt es in Stockholm, Göteborg und

Malmö. Dort war man über das Ergebnis der Studie keineswegs erstaunt. Dass Tausende Menschen mit all ihren unterschiedlichen Erfahrungen, Ansichten und Interessen pauschal als »die Juden« angesprochen würden, das könne man täglich in Schweden erleben, sagt Lena Posner-Körösi, Vorsitzende der jüdischen Gemeinde Stockholm: »Wir leben mit Hass und Drohungen, mit Schmähungen und Übergriffen. Unsere Friedhöfe werden geschändet, unsere Schulen müssen von Polizisten bewacht werden. Wir sind seit 250 Jahren im Land, wir sind Schweden, und trotzdem ist das alles für uns Alltag.«

Nach Schätzungen des Justizministeriums könnten in Schweden bis zu 2000 Neonazis aktiv sein, die über umfangreiche Kontakte ins Ausland verfügen und sich überwiegend mit dem weltweiten Verkauf rassistischer Musik finanzieren. Die Szene schreckt auch vor politischer Gewalt nicht zurück: Im Oktober 1999 wird der Gewerkschafter Björn Söderberg in seiner Wohnung in der Stockholmer Vorstadt Sätra erschossen. Nachbarn sehen die jugendlichen Täter aus dem Haus fliehen. Jahre später werden drei vorbestrafte Rechtsextremisten wegen des Mordes verurteilt.

Söderberg war aufgefallen, dass ein Arbeitskollege als Redakteur einer rechten Kampfpostille zur tonangebenden Figur in Schwedens Neonazi-Organisation *Nationalsocialistisk Front* (Nationalsozialistische Front) aufgestiegen war. Weil Söderberg sein Wissen an Journalisten weitergab, die darüber mit großen Schlagzeilen berichteten, stand er ganz oben auf den Hass-Listen der Rechtsextremisten.

Gemordet haben Schwedens Neonazis schon früher: Bei einem Bankraub im selben Jahr erschossen flüchtende Rechtsradikale nahe der Ortschaft Malexander zwei wehrlose Polizisten. Bei dieser Bluttat trifft auch Schwedens bekanntesten Dramatiker Lars Norén eine Mitschuld, denn er hatte für inhaftierte Gewalttäter ein Stück geschrieben, in dem er den Sträflingen ihre eigenen rassistischen Tiraden in den Mund legte und bei der Aufführung die Rollen mit wirklichen Häftlingen besetzte, was sie dann für ihre Raubüberfälle nutzten. Auch Journalisten, die sich des Themas annehmen, leben gefährlich. Unter dem Auto eines Reporter-Ehepaares, das im Milieu der rechten Szene recherchiert hatte, explodierte eine Bombe. Den Sprengstoff hatten die bis heute nicht gefassten Täter zuvor aus einem Waffendepot des Militärs gestohlen.

Die schwedische Szene pflegt enge Kontakte zu deutschen Gesinnungsgenossen. Der deutsche Neonazi-Anwalt Jürgen Rieger etwa besitzt bei Mariestad in Südschweden ein Gut mit ausgedehnten Ländereien. Er nutzt die liberale schwedische Gesetzgebung, um die deutsche Szene aus dem hohen Norden zu unterstützen. Deutsche Rechtsextremisten kommen auch zahlreich zum alljährlichen Fackelmarsch in die mittelschwedische Kleinstadt Salem, mit dem die Neonazis ihrem Anspruch auf »national befreite Zonen« Nachdruck verleihen wollen.

Auffallend ist, dass die rechtsextremen Organisationen das schwedische Öffentlichkeitsprinzip weidlich ausnutzen, indem sie persönliche Daten ihrer Gegner abfragen und dann auf sogenannten Hass-Listen im Internet kursieren lassen. Ein liberales Presse- und Urheberrecht sowie eine besonders großzügige Auslegung der rechtsstaatlich gewährten Meinungsfreiheit erleichtern die Verbreitung der rechten Propaganda.

Die Szene finanziert sich vor allem über die Verbreitung sogenannter »White Power«-Musik. Die dumpfen Liedtexte weckten auch bei Niklas das Interesse für rechtsextremes Gedankengut. Anfang der 90er Jahre wird der Teenager Mitglied in einer Band. Wochentags arbeitet er als Fahrer in einer Bäckerei, am Wochenende besucht er Konzerte, geht mit seinen Freunden saufen und liefert sich in Stockholms Innenstadt Schlägereien mit anderen Jugend-Gangs. Langsam verändern sich die Liedtexte. BSS – *Bevara Sverige svensk* (Halte Schweden schwedisch) – wird fortan zu Niklas' Leitmotiv: »Die Musik funktionierte wie ein Parteiprogramm, rein ideologisch gesehen. Denn die meisten Jungs haben gar keine Lust dazu, ›Mein Kampf‹ zu lesen.«

Im August 1995 erschlagen jugendliche Neonazis den 14-jährigen John Hron, Sohn tschechischer Einwanderer. Für Niklas wird das Gewaltverbrechen zum Wendepunkt. Er distanziert sich von den einstigen Kumpanen. Seine Freundin, die keinen Kontakt zur Szene hat, unterstützt ihn dabei. Im Stockholmer Jugendclub *Fryshuset* findet er Anschluss. Hier wird Niklas bald Vorbild für andere junge Schweden, die sich aus dem Kreislauf der Gewalt herauslösen wollen. »Für diese Leute muss die Tür immer offen stehen, was auch immer sie tun. Man muss ihnen sagen, dass das, was sie machen, falsch ist. Aber man muss ihnen auch sagen, dass sie als Menschen akzeptiert sind«, sagt Niklas. Im Jahr 1997 wird in Stockholm die Organisation *Exit* gegründet. Von steten Geldsorgen geplagt, hat *Exit* nach eigenen Angaben bereits Hunderten Jugendlichen beim Ausstieg aus der rechten Szene geholfen.

Auch die schwedische Presse engagiert sich im Kampf gegen Intoleranz und Gewalt. Im November 1999 vereinbarten die vier größten Zeitungen eine mutige Aktion: Auf ihren Titelseiten veröffentlichten sie eine Fotogalerie und Auszüge aus den Strafregistern der 62 führenden Neonazis im Land. Die weltweit beachtete Kampagne hatte tatsächlich einen gewissen Erfolg: Ein gutes Dutzend der öffentlich angeprangerten Gewalttäter ist inzwischen ausgestiegen.

Die Zahl der Straftaten mit extremistischem Hintergrund nimmt in Schweden dennoch stetig zu. Mit großer Sorge registrieren die Behörden immer öfter Übergriffe auf Richter, Rechtsanwälte und Politiker. Bei einer Umfrage des Gemeindeverbands unter 900 Lokalpolitikern antwortete jeder Fünfte, dass er schon einmal per E-Mail, Brief oder durch tätliche Angriffe auf der Straße bedroht worden sei.

Anna Lindh etwa zog als Gesicht der Euro-Befürworter im Herbst 2003 die Schmähungen gleich kübelweise auf sich – in Anrufen, E-Mails und anonymen Briefen. Sie war an jeder Straßenecke auf Plakaten zu sehen, sie warb auf Marktplätzen im ganzen Land, im Radio und Fernsehen für die europäische Einheitswährung. Viele verstehen nicht, wie die Außenministerin vier Tage vor der Abstimmung über die Einführung des Euro ohne jeden Schutz in der Stadt unterwegs sein konnte. Die für den Schutz der politischen Prominenz zuständige Polizeieinheit Säpo, die Sicherheitspolizei, wies nach dem Mord jede Verantwortung weit von sich. Es habe kein Bedrohungsbild gegeben, und damit meinte man: Anna Lindh stand nicht im Fadenkreuz von Terroristen.

Auch heute werden nur die Mitglieder der Königsfamilie und der Ministerpräsident rund um die Uhr bewacht. In der Stockholmer Innenstadt trifft man auf Minister ohne Leibwächter. Abgeordnete wie Mona Sahlin fahren auch weiterhin mit der U-Bahn zum Reichstag, machen nach Dienstschluss einen Einkaufsbummel oder gehen abends in die Kneipe: »Nicht wir Politiker sind anders hier in Schweden, die politische Kultur ist eine andere«, meint Sahlin. »Die schwedischen Parteien sind nach wie vor tief im Volk verwurzelt, und unsere Politiker sind oft ganz normale Leute. Sie würden niemals darauf verzichten wollen, Mutter oder Vater zu sein, auf dem Markt einzukaufen oder ins Kino zu gehen. Wir sind nicht so naiv zu glauben, es gäbe keine Terroristen, Rassisten, Neonazis oder Psychopathen. Aber Politik ist für uns nicht anders vorstellbar.«

Auf der Trauerfeier für Lindh im September 2003 beschwört Göran Persson noch einmal das Ideal der offenen Gesellschaft, »einzigartig im Zusammenhalt«. Mit Tränen in den Augen erinnert der Ministerpräsident an die politische Gefährtin, die so ganz anders war als die vielen grauen Männer auf dem diplomatischen Parkett: »Anna Lindh, mit flatternder, offener Jacke, den Rucksack über die Schultern geworfen, die an uns vorbeirauschte, das Mobiltelefon in der einen Hand, mit der anderen heftig gestikulierend. Anna Lindh weigerte sich, zwischen Politik und Familie eine Entscheidung zu treffen. Sie wählte beides und zeigte, dass man so leben kann. Sie verwirklichte ihre Vision der Welt im Alltag.«

Videobilder aus dem Kaufhaus sowie der genetische Fingerabdruck vom Tatort hatten die Fahnder im September 2003 innerhalb weniger Tage zu ihrem Hauptverdächtigen geführt, einem zur Tatzeit 24-jährigen Schweden aus serbischer Familie. Nach neun Wochen beharrlichen Schweigens gestand Mijailo Mijailovic den Mord an Schwedens Außenministerin. Im Prozess wirkte der junge Mann wie ein verwirrter Einzeltäter, der sich die eigene Mordlust nicht erklären kann: »Ich hörte Stimmen, die mich zur Tat aufforderten. Es hätte jeden anderen treffen können. Ich habe persönlich nichts gegen Anna Lindh. Sie war eine feine Person.«

Mijailovic war schon mehrfach wegen Körperverletzung, Drogendelikten und illegalem Waffenbesitz verurteilt worden. Frühere Gutachten hatten eindeutig eine psychische Störung festgestellt, die ambulant mit Medikamenten behandelt werden sollte. Klassenkameraden beschreiben ihn als einen verschlossenen, geradezu autistischen Eigenbrötler, der von einer Karriere in der Stockholmer Unterwelt träumte. Mijailovic wurde 1978 im Stockholmer Vorort Lidingö geboren. Die Eltern waren 1970 aus dem früheren Jugoslawien nach Schweden gekommen. Kontakte zu den Nachbarn gab es kaum. Mit sechs Jahren schickten die Eltern Mijailo Mijailovic und seine jüngere Schwester in die alte, den Kindern weitgehend unbekannte Heimat. Bis zum Ausbruch des jugoslawischen Bürgerkriegs lebten die beiden bei den Großeltern in einem Dorf nördlich von Belgrad. Zurück in Schweden, rutschte der junge Mann noch weiter in die Isolation: Er nahm Drogen und

Schlafmittel, ging mit dem Messer auf den Vater los, weil der immer öfter Mutter und Schwester misshandelte. Noch wenige Tage vor dem Mord an Anna Lindh hatte Mijailovic vergeblich in einer psychiatrischen Klinik um Hilfe gebeten.

In den letzten 25 Jahren wurde die Zahl der Pflegeplätze in der Psychiatrie drastisch reduziert – von 35 000 Ende der 70er Jahre auf heute gerade noch 6000. Die Patienten bleiben oft sich selbst überlassen oder werden mit Medikamenten ruhiggestellt. Die Folgen der Einsparungen seien bis heute als eine Art Gesellschaftsexperiment mit Langzeitwirkung zu besichtigen, meint der bekannte Anwalt Peter Althin, der Mijailovic verteidigte. Gedacht war alles ganz anders: Als der Reichstag vor gut zehn Jahren die Psychiatriereform auf den Weg brachte, feierten die Politiker ihr Vorhaben als Meilenstein, um die Lebensbedingungen der psychisch kranken Bürger zu verbessern und »ihnen mehr Möglichkeiten zur Gemeinschaft und Teilnahme am Gesellschaftsleben zu bieten«. Daraus geworden ist Stückwerk. Niemand fühlt sich mehr zuständig. Wie konnte es geschehen, dass sich Mijailovic in einem einzigen Jahr von sechs Ärzten mehr als ein Dutzend Rezepte für verschiedene Medikamente besorgen konnte, ohne ein einziges Mal unter Aufsicht behandelt zu werden?

Althin erinnerte im Prozess an ähnliche Gewalttaten durch psychisch gestörte Täter, die im Jahr 2003 die Schweden aufgeschreckt hatten: Im Mai hatte ein Mann mit einer Eisenstange in der U-Bahn um sich geschlagen. Einige Wochen später waren bei der Amokfahrt eines 50-Jährigen durch eine enge Altstadtgasse in Stockholm ein Mann und eine Frau getötet und 28 Passanten zum Teil schwer verletzt worden. Am Tag nach dem Lindh-Mord wurde ein kleines Mädchen auf dem Spielplatz erstochen.

Eines haben die Täter gemeinsam: Sie hatten sich alle in psychiatrischer Behandlung befunden oder hatten eine solche gesucht und waren abgewiesen worden. Nicht von ungefähr nutzte der Anwalt sein Plädoyer für die Feststellung, die Gesellschaft trage eine gehörige Mitschuld an der Tragödie vom 10. September: »Eine psychiatrische Betreuung, die nicht funktioniert: Wenn nichts geschieht, sieht die Zukunft für uns alle düster aus. Und wir werden gute Gründe haben, viele Tränen über uns und andere zu vergießen.«

Oberstaatsanwältin Agneta Blidberg und Fahndungsleiter Leif Jennekvist haben sich vom Pathos des Star-Strafverteidigers nicht beeindrucken lassen. Die Fahnder glauben nicht an die Zufallstat eines Psychopathen. Doch die Motive des Mörders sind nie wirklich ergründet worden. Für die Schweden war es bei allem Unglück wohl noch die erträglichste Vorstellung, dass die beliebteste Politikerin des Landes zu Tode kam, weil Mijailovic seinen rätselhaften inneren Stimmen folgte.

Vielleicht sind die Schweden auch einfach nur erleichtert, dass ihnen das Trauma eines weiteren ungeklärten Mordanschlags erspart geblieben ist. Der bis heute rätselhafte Mord an Olof Palme hat ein undurchdringliches Gespinst von Mythen und Verschwörungstheorien erschaffen. Das mag auch daran liegen, dass Palme bei weitem nicht die unbefleckte Lichtgestalt war, wie die Legende glauben macht.

Der Sozialdemokrat war nicht nur Friedenspolitiker, sondern auch Chef-Lobbyist der schwedischen Waffenindustrie. Und im eigenen Land ließ er Gewerkschafter, Publizisten und Künstler – überwiegend aus dem linken Spektrum – von einer geheimen Polizeitruppe überwachen.

Seine engagierte Politik trug Olof Palme nicht nur Freundschaft ein, sein scharfer Verstand rief auch härteste Ablehnung hervor. Die von ihm so schwer gebeutelte Opposition stellte einerseits sein Format als Weltpolitiker in Abrede, meinte andererseits, Schweden sei wohl eigentlich zu klein für ihn. Für schwedische Verhältnisse waren die Kampagnen gegen den brillanten Redner Palme ungewöhnlich heftig und verletzend. Der im Ausland so hochgeschätzte Schwede wurde zu Hause wechselseitig als paranoider Eiferer, als Agent des Kreml oder schlicht als Geisteskranker tituliert. »Als abgehobenen, überheblichen Machtmenschen wollten ihn seine Gegner abstempeln«, ärgert sich Marita Ulvskog, langjährige Generalsekretärin der Sozialdemokraten, noch heute. »Aber wir sahen ihn durch die Stadt laufen in seinem knittrigen Regenmantel. Er sah aus wie ein ungemachtes Bett. Er wollte sich nie nach vorn drängen oder sich im Glanz der Popularität sonnen. Er war vielmehr ganz und gar unverstellt und zutraulich zu den Leuten.«

Mehr als 20 Zeugen wollen in der Mordnacht vom 28. Februar 1986 den Täter gesehen haben, es gab Tausende Hinweise, doch Fahndungsleiter Hans Holmér verbiss sich in die »Kurdenspur«. Separatisten der kurdischen PKK sollten demnach Palme ermordet haben, weil der Schwede ihnen keine Zuflucht im Norden gewähren wollte. Am Ende wurde der eifrige Holmér aber selbst zur tragischen Figur: Die eigenen Ermittler nahmen seine bizarr ausufernden und wirren Theorien nicht mehr ernst. Nach einem Jahr ergebnisloser Fahndung wurde er abgesetzt.

Dabei war Fahndungsleiter Holmér nicht der einzige, der sich wilden Spekulationen hingab. Die Schweden nahmen die Regierung des Ajatollah Khomeini in Teheran ins Visier, die sich durch die schwedische Vermittlermission zwischen Iran und Irak während des Ersten Golfkriegs gestört fühlte. Sie suchten die Verschwörer in der Szene des internationalen Waffenhandels, verdächtigten südafrikanische Rassisten und die deutsche Terrorbande von der Roten Armee Fraktion. Hinweise, Spuren, Anhaltspunkte gab es für jede dieser Theorien.

An die Nacht, in der sein Vater ermordet wurde, erinnert sich Mårten Palme auch nach 20 Jahren noch bis ins kleinste Detail. Der mittlere der drei Palmesöhne hatte seine Eltern damals ins Kino begleitet. Den Film sah man sich gemeinsam an: »Ich ging danach mit meiner damaligen Freundin nach Norden. Meine Eltern gingen nach Süden, und wir trennten uns vor dem Kino. Und da sah ich eine Gestalt am Rande stehen, die in ein Schaufenster schaute. Ich glaube, dass er meine Eltern im Spiegelbild gesehen hat. Ich habe nicht gesehen, dass er ihnen folgte, aber er schaute ihnen nach.«

Zwei Jahre später, im Dezember 1988, bekommt der Schatten im Fenster ein Gesicht: Nach zähen Ermittlungen präsentiert die Anklage mit Christer Pettersson endlich einen Hauptverdächtigen für den Palme-Mord. Ein labiler Alkoholiker mit schweren psychischen Problemen, 50-mal vorbestraft, unter anderem wegen Totschlags, Misshandlung und anderer Gewaltverbrechen.

Pettersson war in jener Winternacht nachweislich am Tatort, und Lisbet Palme hat ihn zweifelsfrei als den Mörder ihres Mannes identifiziert. Am 27. Juli 1989 verurteilt ihn das Amtsgericht in Stockholm zu lebenslanger Haft.

Der bis heute verschwundene Revolver sowie die von Psychologen und Augenzeugen in Zweifel gezogenen Aussagen von Lisbet Palme führen jedoch bald darauf zur Aufhebung des erstinstanzlichen Urteils durch den Obersten Gerichtshof.

Pettersson macht fortan durch bizarre Auftritte in Rundfunk und Fernsehen von sich reden, wo er für viel Geld mal den Mord gesteht und dann wieder seine Unschuld beteuert.

Wunden in der Seele: Am 28. Februar 1986 wird Olof Palme nach einem Kinobesuch erschossen.

So rätselhaft wie sein Leben ist auch sein Tod. Im September 2004 wird Christer Pettersson bewusstlos und mit schwersten Kopfverletzungen in eine Stockholmer Klinik eingeliefert. Aus dem Koma wacht er nicht mehr auf. Einige Wochen zuvor hatte der mutmaßliche Mörder noch den Kontakt zur Familie Palme gesucht.

Bis heute werden Gewässer und Landstriche von Lappland bis Schonen nach der Tatwaffe abgesucht. Im Stockholmer Hauptquartier wühlt ein Dutzend Fahnder der Ermittlungsgruppe Palme nach wie vor in den über 20 Jahre alten Spuren. Ihr Chef Stig Edkvist würde den Fall gern zu den Akten geben. Doch das ist undenkbar. Es wäre ein Eingeständnis der Hilflosigkeit und des Versagens der Justiz.

Ist der Traum von der offenen Gesellschaft, vom konfliktfreien Miteinander am Ende doch nicht lebbar? »Der war doch ohnehin ein Trugbild, die große Lebenslüge meiner Landsleute«, stöhnt der Schriftsteller Per Olov Enquist. In seinen psychologischen Dramen gräbt Enquist in der dunklen Vergangenheit der Schweden. Er machte die Kumpanei mit den Nazis zum Thema und die Auslieferung baltischer Deserteure aus der Wehrmacht in Stalins Todeslager. Für heuchlerischen Weltschmerz fehlt dem nachdenklichen Schweden einfach die Geduld. »Man sagte, wir hätten unsere Unschuld verloren. Man sagte, es gehe ein eiskalter Wind durch das Land. Man hatte so viele Metaphern. Das ist Unsinn! Ich habe nie gedacht, dass Schweden ein besonders unschuldiges Land ist. Man weiß, dass niemand etwas weiß. Und immer wenn in den Zeitungen von einer neuen Spur die Rede ist, dann seufzen alle und denken: Jaja, schon wieder! Wir sind alle unglaublich müde.«

Quälerische Ungewissheit ist bis heute auch mit dem Untergang der Ostseefähre »Estonia« in der Nacht auf den 28. September 1994 verbunden. 852 Passagiere starben bei diesem furchtbarsten Unglück, das sich in Friedenszeiten auf der Ostsee zutrug. Seither wird über die Ursache gerätselt. Da der staatliche Untersuchungsbericht viele Fragen nicht beantwortet, fühlen sich Überlebende und Angehörige im Stich gelassen.

Um kurz nach sieben Uhr am Abend war die Fähre aus dem Hafen von Tallinn in Estland ausgelaufen. Das 14 Jahre alte Schiff, gebaut auf der Meyer-Werft im niedersächsischen Papenburg, hat 989 Menschen an Bord. Eigentümer des Schiffes sind die schwedische Nordström & Thulin AB und die estnische Estonian Shipping Co.

Es ist stürmisch in dieser Nacht, die Ostsee ist aufgewühlt, die meisten Passagiere ziehen sich früh in ihre Kabinen zurück. Tief unten im Schiffsbauch beginnt die Katastrophe mit seltsamen Geräuschen, über die heute, mehr als zehn Jahre später, die Havarieexperten immer noch rätseln.

Um 1.21 Uhr fangen elf Schiffe und Radarstationen den Notruf der »Estonia« auf. Eine halbe Stunde später verschwindet das Schiff von den Radarschirmen. Nach fünf Stunden Fahrt in stürmischer See versinkt die Fähre rund 22 Seemeilen südwestlich der finnischen Insel Utö.

Bis zum Mittag gelingt es den Besatzungen von zwei Dutzend Hubschraubern und zehn Schiffen, über hundert Passagiere und Besatzungsmitglieder aus der Ostsee zu fischen, die meisten im Schlafanzug und vor Kälte völlig erstarrt. Viele überleben nur, weil sie auf ihren Instinkt gehört haben, gleich an Deck gelaufen sind, sich rechtzeitig in das eiskalte Wasser warfen und es auf eine der Rettungsinseln schafften. An einem Treppenaufgang wird der junge Schwede Magnus Lindström von seiner Verlobten und seinen Eltern getrennt. »Lauf weiter«, rufen sie ihm zu, »rette dich!« Er sieht sie nie wieder.

Die Überlebenden waren kaum geborgen, da gab es schon die ersten Spekulationen. War die »Estonia« mit einem U-Boot zusammengestoßen? Hatte es an Bord der Fähre einen Sprengstoffanschlag gegeben, um einen illegalen Atomtransport zu vertuschen? War das Schiff schlecht gewartet, die Mannschaft unkundig oder ahnungslos?

Bereits am Morgen nach dem Untergang beschließen die Regierungschefs von Schweden, Finnland und Estland, eine Kommission einzusetzen, die die Ursachen der Katastrophe erforschen soll. Kritiker klagen die Behörden auch heute noch an, vertuscht und gelogen, Beweise vernichtet und Zeugenaussagen unterdrückt zu haben. Die Ermittlungen der Havariekommission ziehen sich über Jahre hin – erst im Dezember 1997 wird der Schlussbericht vorgelegt. Die Kommission kommt zu dem Ergebnis, Konstruktionsmängel am Bugvisier seien die Hauptursache für den Untergang gewesen. Die Befestigungsbolzen und der Verschlussmechanismus hätten dem Druck der Wellen nicht standgehalten. Die Offiziellen waren sich einig, doch Schuldige oder zumindest Verantwortliche für den Tod von 852 Menschen konnte man nicht finden. Die deutsche Meyer-Werft gab ein Gegengutachten in Auftrag, das angebliche Konstruktionsmängel widerlegte, und konterte mit den Erkenntnissen privater Ermittler, die belegten, dass die Fährlinie die Wartung des Schiffes vernachlässigt hatte. 2002 wies der Oberste Gerichtshof in Stockholm die Klagen von Angehörigen endgültig ab – damit ist eine juristische Klärung in Schweden nicht mehr möglich.

Lennart Berglund, der seine Schwiegereltern bei der Katastrophe verloren hat und einer der Sprecher der Hinterbliebenen ist, kann das nicht akzeptieren. Er vertraut weder der schwedischen Regierung noch Experten aus Schweden, Estland oder Finnland, also aus den Ländern, die die meisten Opfer zu beklagen hatten und die an der Havariekommission beteiligt waren. »Wir haben bei mehreren Gelegenheiten geltend gemacht, dass es neue Beweise gibt, dass einiges im Schlussbericht nicht stimmt, aber jedes Mal hieß es: Hört endlich auf, vergesst es! Deckel drauf und blickt nach vorn! Die Vetternwirtschaft in Schweden verhindert meiner Ansicht nach, dass wir der Wahrheit auf den Grund gehen können.«

Bereits im Dezember 1994 hatte die schwedische Regierung beschlossen, die Passagierfähre mit den Opfern nicht zu bergen und stattdessen per Gesetz Grabfrieden rund um das Wrack zu verhängen. Doch viele Überlebende und Angehörige sehen das Wrack der »Estonia« nicht als Grab an. Sie wollten ihre Mütter, Väter und Kinder an Land beerdigen. Trauer braucht einen Ort. Nun, da nach mehr als zehn Jahren an eine Bergung der Opfer kaum noch zu denken ist, verlangen sie wenigstens eine neue Untersuchung. Das Vertrauen in die Behörden ist schwer erschüttert, weil stets nur das eingeräumt wird, was längst bewiesen ist – von der absurden Idee, die »Estonia« mit einem Betonmantel abzudecken, ganz zu schweigen. Der Betonsarg sollte die Totenruhe gewährleisten und das Wrack vor Grabräubern schützen. Das einzige Ergebnis der bizarren Idee war, dass die schwedische Regierung nun überhaupt nicht mehr ernst genommen wurde. Jeder fragte: Was soll hier eigentlich vertuscht werden?

Der Schlussbericht verdunkelt mehr, als er erhellt, meint die frühere Präsidentin des schwedischen Rechnungshofes, Inga-Britt Ahlénius: »Der große Fehler war, dass alle widerstreitenden Interessen berücksichtigt werden sollten. So kann man die Wahrheit nicht herausfinden, denn den Schlussbericht müssen am Ende alle unterschreiben, und die unausgesprochene Forderung der drei Regierungen war, Konsens herzustellen. Die Leute hatten sicher

Warum sank die Ostseefähre »Estonia«? Denkmal auf Djurgården in Stockholm

keine bösen Absichten, das Wichtigste hatten sie ja erreicht, nämlich Einigkeit. Mit Wahrheit hat das aber nichts zu tun. Über die kann man weder verhandeln noch Kompromisse schließen.«

Der Ingenieur Mikael Öun, der mehrfach schwedische Hilfslieferungen nach Estland gebracht hatte und jedes Mal mit der »Estonia« unterwegs war, gehört zu den Überlebenden. Auch mehr als zehn Jahre nach dem verheerenden Unglück hat er seine Meinung nicht geändert. »Es war einfach Pech, Schlamperei vielleicht. Der alte sowjetische Schlendrian nach dem Motto ›Planerfüllung auf Kosten der Sicherheit‹ war in Estland drei Jahre nach der Unabhängigkeit noch nicht verschwunden. Es war wichtiger, rechtzeitig loszufahren, als dass alles in Ordnung ist. In estnischen Augen war die Fähre vielleicht gut, für uns war sie schon ziemlich heruntergekommen.«

Zwei schwedische Journalisten legten vor einigen Jahren ein Buch vor, in dem die schwedische Seeschifffahrtsbehörde indirekt für den Untergang mit verantwortlich gemacht wird. Nur wenige Stunden vor dem Auslaufen der Fähre am 27. September 1994 befanden sich nämlich zwei schwedische Schiffssicherheitsexperten in Tallinn, um estnische Kollegen weiterzubilden. Eine inoffizielle Besichtigung der »Estonia« nach den internationalen Regeln der sogenannten Hafenstaatkontrolle gehörte mit zum Seminar, und dabei stellten die Inspektoren so gravierende Mängel fest, dass die Fähre niemals hätte auslaufen dürfen, erst recht nicht bei schwerem Wetter. So waren unter anderem Dichtungen am Bugvisier des Schiffes defekt. Doch der erste Steuermann und die Besatzung der »Estonia« weigerten sich, den Vorgaben zu folgen, die Lage war unübersichtlich und unklar, einige schwedische Verantwortliche waren nicht zu erreichen, andere wollten sich lieber nicht einmischen.

Andere Journalisten wie die Deutsche Jutta Rabe gehen dagegen noch weiter, als den Behörden »nur« eine Mitschuld vorzuwerfen. Die Journalistin spricht von Urkundenfälschung und Beweismittelvernichtung, von Vertuschungsversuchen und Falschaussagen. 2001 lässt sie sogar Tauchgänge zum Wrack vornehmen, was ihr in Schweden einen Haftbefehl wegen Bruchs des Grabfriedens einbringt. Über die »Estonia« hat sie ein dickes Buch geschrieben, das belegen soll, dass hinter der Tragödie ein Verbrechen steckt. Ihre Recherchen nutzt sie auch für einen Spielfilm über das Unglück. In der Darstellung des Films haben russische Nationalisten aus Geheimdienstkreisen ihre Finger im Spiel, um Waffentransporte aus dem zerfallenen Sowjetreich zu unterbinden.

Dass die »Estonia« zumindest für Transporte von elektronischer Ausrüstung aus ehemals sowjetischen Armeebeständen genutzt wurde, haben die schwedische Regierung und das Militär inzwischen eingeräumt. Adressat der Ladung: der schwedische militärische Geheimdienst *Must*, der möglicherweise in Zusammenarbeit mit anderen westlichen Geheimdiensten handelte.

Neue Ungereimtheiten brachte die Veröffentlichung von Filmen der schwedischen Marine zutage, die bei zuvor unbekannten Tauchgängen entstanden. Wie sich herausstellte, wurde das Schiffswrack in den ersten vier Tagen nach dem Untergang mit einer technisch aufwendigen Tauchausrüstung aufgesucht, womöglich wurde sogar in den Laderaum eingebrochen.

Dass Stockholm diese Aktion erst zehn Jahre später einräumte, als man durch Insider-Aussagen dazu gezwungen war, rief auf der Stelle Verschwörungstheoretiker auf den Plan. War die »Estonia« nicht wie behauptet durch eine Kombination aus Sturm, technischen Fehlern und menschlichem Versagen untergegangen, sondern wegen eines Bombenanschlags im Zusammenhang mit den Militärtransporten?

Verdunkeln und Vertuschen – das ist das übliche Muster, nach dem die Schweden alles von ihrem Selbstbild abspalten, das nicht zur heilen Oberfläche der »Bullerbü«-Gesellschaft passt. In der schwedischen Gesellschaft bedeutet das Wohl aller weitaus mehr als die Erfahrungen und die Integrität des Einzelnen, hat der Schriftsteller und Essayist Richard Swartz beobachtet. Zugleich klagen viele über herzlose Verwaltungsakte und mangelnde Zivilcourage.

Das wurde an Weihnachten 2004 besonders deutlich. Damals starben 562 Schweden bei der verheerenden Tsunami-Katastrophe in Südostasien. Die Nation war zutiefst erschüttert. Es war das Schlimmste, was Schweden seit dem Untergang der »Estonia« passiert war. Plan- und hilflos, viel zu spät und unkoordiniert lief die Katastrophenhilfe aus Schweden an. Deutschland und viele andere betroffene Länder hatten da längst Suchtrupps geschickt und Hilfsflüge eingerichtet. In Schweden aber fühlte sich niemand richtig zuständig: Informationen wurden nicht weitergeleitet, Angehörige am Telefon abgewimmelt. Nicht einmal das Königshaus wurde über die kritische Lage Tausender vermisster Urlauber informiert. Insbesondere der Regierungschef musste sich vorwerfen lassen, er habe gleichgültig auf die Krise reagiert und seine in Südostasien gestrandeten Landsleute im Stich gelassen. Doch Göran Persson gab sich uneinsichtig. Er wies die Schuld an dem Versagen den niederen Chargen zu.

Daraufhin entschloss sich König Carl Gustav zu einem gewagten Schritt. In einem Zeitungsinterview wurde er deutlich: »In diesem Land übernimmt einfach niemand mehr Verantwortung. Keiner wagt es, die Initiative zu ergreifen.« Die so Gescholtenen verbaten sich umgehend den »unerhörten Übergriff« des Staatsoberhauptes. Doch seinen Untertanen hatte der König aus der Seele gesprochen.

Auch auf der Gedenkfeier für die Opfer des Tsunami am 10. Januar 2005 fand Carl Gustav genau die richtigen berührenden Worte und eroberte sich damit einen Platz in den Herzen der Schweden: »Viele Kinder haben ihre Eltern verloren. Ich war selber ein solches Kind. Ich weiß, was es bedeutet, ohne einen Vater aufzuwachsen.« Wie vielen Männern seiner Generation falle es ihm schwer, Gefühle zu zeigen: »Wenn ich doch wie der König im Märchen alles wieder in Ordnung bringen könnte. Aber ich bin auch nur ein trauernder und suchender Mensch.«

Geraubte Kinder
Die stolze Minderheit der Saami

An diesem eiskalten Winterabend haben die meisten Besucher des *Beáivváš Sámi Theáhter* einen dicken Kloß im Hals. Gespielt wird »Das Internat«, die Geschichte von Gáisá und Ráste, die als kleine Kinder in die Stadt verschleppt und ins Internat verfrachtet werden, weit weg von Freunden und Familie.

Das Thema war lange Zeit ein Tabu in Skandinavien: Über Jahrzehnte betrieben die Nationalstaaten im Norden Europas eine Politik der zwanghaften Integration der samischen Minderheit. Kirche, Schulen und Behörden mühten sich nach Kräften, die Jugend des kleinen Nomadenvolkes zu angepassten Staatsbürgern und guten Christen zu erziehen. Der schwedische Staat setzte auf Drill und Disziplin. Wer seine Muttersprache benutzte und nicht Schwedisch sprach, wurde geschlagen und gedemütigt. Was das für die Kinder bedeutete, zeigt Mary Sarre. Auf der Bühne spielt sie die zarte einsame Gáisá. Die Jugendliche ist verstummt, hat sich in ihre eigene Welt zurückgezogen, wie so viele aus dieser Generation der »geraubten Kinder«.

Svein Birger Olsen gibt den gestrengen Zuchtmeister. Der beleibte Schauspieler mit dem runden Gesicht und der leuchtenden Glatze kommt ins Schwitzen, als er die Hygienevorschriften für die Kinder im Internat rezitiert: Baden einmal in der Woche, Putzdienst im Haus und Spüldienst in der Küche täglich. Die mürrische Haushälterin mustert unterdessen die Kinder: »Die werden doch wohl keine Läuse haben?«

Die Rolle des Pädagogen kennt Olsen aus dem richtigen Leben. Er ist ausgebildeter Lehrer, doch seine Liebe gilt dem Theater. Sein ganzes Leben lang hat er auf der Bühne gestanden, sich für sein Volk in Nordskandinavien stark gemacht. »1970 habe ich angefangen, mich für die Saami zu engagieren. Ich habe mich aus der Staatskirche abgemeldet, den Militärdienst verweigert und meine Kinder als stolze Saami aufgezogen. Das war zu viel für meine Familie – sie haben nicht mehr mit mir gesprochen. Erst Jahre später haben sie mich um Verzeihung gebeten.«

Die Autorin des Theaterstücks, Harriet Nordlund, vor mehr als 50 Jahren in einem kleinen Dorf im Norden Schwedens geboren, hat die Schrecken ihrer eigenen Schulzeit bis heute nicht vergessen. Als junge Saami musste sich die Regisseurin im Internat von den Mitschülern als »Lappenteufel« beschimpfen lassen: »Als kleines Kind ist es schwer zu verstehen, dass deine Sprache nicht geachtet wird, dass deine Kleider, dein Geschmack, deine Ansichten von der Welt ganz und gar falsch sein sollen. Und wenn das Kind dann nach Hause kommt, stellt es fest, dass es in keiner Welt mehr dazugehört. So haben das viele erlebt.«

Das Unrecht, das die nordischen Staaten der Minderheit der Saami angetan haben, ist vergleichbar mit der Situation der Inuit in Kanada oder der sogenannten »verlorenen Generation« der Aborigines in Australien. Studien von Psychologen und Sozialarbeitern dort zeigen, dass sich das Trauma der entwurzelten Kinder oft bis in die dritte Generation fortsetzt. Die Folgen sind Trunksucht und Drogenmissbrauch, berufliches Versagen und Arbeitslosigkeit, Depressionen und Selbstmordgedanken. Derart grundlegende Forschung fehlt in Schweden bis heute, mahnt Nordlund.

Auch im Theaterstück begeben sich Gáisá und Ráste auf die Suche nach ihrem Platz in der Gesellschaft. Als sie sich Jahre später wiederbegegnen, trägt Gáisá eine funkelnde Abendrobe, ist inzwischen eine gefeierte Geigerin. Ráste hingegen trägt die traditionelle Kleidung der Saami, kämpft mit glühendem Herzen für die Selbstbestimmung seines Volkes. Und doch fragen sich beide, ob sie da angekommen sind, wo sie hingehören. Doch das eine schließt das andere nicht mehr aus. Man kann Schwede, Norweger oder Finne sein und sich dennoch als Saami fühlen. Die Identitäten verschmelzen.

Das ist auch bei Harriet Nordlund so. Sie ist samische Regisseurin und Schwedin. Die Sprache ihrer Eltern musste sie jedoch erst wieder mühsam erlernen. In den 70er Jahren besuchte sie die Schauspielschule in Stockholm und gründete danach die erste samische Bühne. Damals war sie Pionierin in ihrem Bereich, heute ist sie eine von mehreren Saami, die Theater machen – in Schweden, Norwegen und Finnland. »Die Zeiten haben sich geändert«, spottet die attraktive Mittfünfzigerin. »Heute ist es geradezu der letzte Schrei, ein Saami zu sein. Unsere Sprache wird vom Staat anerkannt. Und die meisten Saami leben heute in Städten und Dörfern. Niemand muss seine Kinder mehr in Internate stecken – denn wer will das schon?«

Die schwedische Regierung im fernen Stockholm hat sich offiziell bei der Urbevölkerung entschuldigt – für ihre Unterdrückungspolitik der vergangenen Jahrzehnte. Und doch sind den hehren Worten nur wenig Taten gefolgt. Mehr als kulturelle Autonomie haben die Saami für sich nicht erreicht. Von politischer Selbstbestimmung kann keine Rede sein. Stattdessen droht der Verlust ihrer Kultur. Mittlerweile sind alle samischen Sprachen gefährdet, warnt die UNESCO-Kommission, und damit die kulturelle Identität der Saami.

Die ersten Vorfahren von ihnen kamen vor etwa 10 000 Jahren an den Polarkreis; sie sind die Urbevölkerung Skandinaviens. Schriftlich erwähnt wurden sie zum ersten Mal im Jahre 98 n. Chr. vom römischen Geschichtsschreiber Tacitus. Der beschrieb sie als Volk, das mit Pfeilen aus Tierknochen jagt, sich in Tierhäute hüllt und auf dem blanken Boden schläft.

Ihr Geschick im Umgang mit Pfeil und Bogen entging auch den Mächtigen nicht. Im Jahre 890, als in Nordeuropa die Wikinger herrschten, berichtete der norwegische Stammeshäuptling Ottar in einem Schreiben an König Alfred von England von seinem Reichtum, den er auch den Saami verdanke. Die hatte er zuvor gezwungen, Bärenfelle, Vogeldaunen und Rentierhäute als Steuer zu entrichten.

Das Rentier, eine Hirschart, die heute in Nordeuropa und Nordasien, in Kanada und auf Grönland verbreitet ist, wurde von den nomadisierenden Saami zunächst als Zug- und Packtier genutzt. Als in Arjeplog, Abisko und Gällivare in Nordschweden im 17. und 18. Jahrhundert Silber, Kupfer und Eisenerz abgebaut werden sollten, wurden die Saami gezwungen, ihre Tiere vor die Erz-Schlitten zu spannen. Das letzte wilde Ren wurde in Nordschweden im Jahre 1880 geschossen. Heute ist die Rentierzucht industrialisiert. Die großen Herden werden mit Hubschraubern und Motorschlitten getrieben. Ein harter Job, trotz der technischen Neuerungen.

Die Tiere gehen nach wie vor auf ihren alten Pfaden. Mit Landesgrenzen können auch ihre Besitzer wenig anfangen. *Sápmi* nennen sie ihr Land und meinen damit die samischen Siedlungsgebiete in Schweden, Finnland, Norwegen und auf der russischen Halbinsel Kola. Heute sind viele der etwa 70 000 Saami in ganz Nordeuropa längst sesshaft geworden. Im Norden Schwedens ziehen jedoch viele von ihnen immer noch in der Unwirtlichkeit der beinahe menschenleeren Tundra mit ihren Rentieren umher. Nils Gustav ist einer von ihnen. »Im Winter haben wir in Häusern gewohnt, im Sommer in der Kote, dem traditionellen Wohnzelt der Saami. Ich bin auch auf dem Ren geritten, das habe ich noch selbst erlebt.«

Nils Gustav stammt aus einer Rentierzüchterfamilie mit langer Tradition. Vater, Großvater, Urgroßvater: Seit Generationen lebt seine Familie im Samedorf Jokkmokk, malerisch gelegen zwischen der weichen Silhouette der waldlosen nordschwedischen Hochflächen. Im Sommer folgt der Mittvierziger seinen Herden ins Fjäll, das nordschwedische Hochland, im Winter betreut er die Tiere in kleineren Einheiten. Dazu werden sie in überschaubare Gruppen aufgeteilt. *Renskiljning* nennt sich das Verfahren, das wir einmal aus nächster Nähe beobachten durften, »Rentierscheide«. Die Saami treiben dazu die Tiere auf eine runde Koppel zu, an die einzelne Gehege angeschlossen sind. Dann geht das Gatter hoch, und eine kleinere Gruppe prescht hinein.

Die Tiere knurren und schnaufen, das Ganze sieht aus wie eine brodelnde Masse, die sich im Kreis bewegt. Und trotz der Panik, mit der die Rene ihren Besitzern zu entkommen suchen, stoßen sie nie mit den Menschen zusammen, die sie am Geweih packen, um sie in ihre Gehege zu bugsieren.

Nils Gustav steht am Rand und beobachtet, welches seine Tiere sind. Das kann er an Schnittzeichen in den Ohren erkennen. 600 verschiedene Muster gäbe es allein in der Gemeinde Jokkmokk, erklärt er. Sie werden unterteilt in zwei verschiedene Typen von Schnitten: die großen, die an der Außenseite des Ohres sitzen, und die kleineren Schnitzer auf der anderen Seite. »Du darfst die Markierungen nicht beliebig groß machen. Das ist ein altes System, dass du an den Ohren ablesen kannst, wem ein Tier gehört. Das gab es auch in der Landwirtschaft, lange bevor die EU kam mit ihren blauen Plastikschildchen.«

Früher haben die Saami die Tiere gehalten, um sie zu beladen und sie vor den Schlitten zu spannen. Heute dienen sie vor allem als Fleischlieferanten. Etwa zehn Prozent der schwedischen Saami leben noch von der Rentierzucht. Ihr Leben wird dabei vom Lebenszyklus der Tiere bestimmt. Im Mai ziehen die Renkühe ins Kahlgebirge und kalben. Eineinhalb Monate später fangen die Saami sie ein, um die Kälber mit Schnittzeichen zu kennzeichnen.

An den Ohren sollst du sie erkennen: Rentierzucht in Schweden

Im September dann, vor der Brunstzeit, werden die männlichen Tiere zum Schlachten ausgesucht. Im Winter schließlich wandern die Herden hinab zu den Weidegründen im Tiefland, wo genügend Flechten unter dem Schnee versteckt sind.

Wer Rentierzüchter werden will, muss die Natur lieben. Und er muss sorgsam mit ihr umgehen, besagt die samische Tradition. »Sei nicht zu gierig. Wenn du zu einem Fischteich kommst, fische ihn nicht leer, sondern nimm nur, was du brauchst. Dann kannst du nächstes Jahr wiederkommen«, erklärt Nils Gustav, was er von seinen Ahnen gelernt hat. Die verarbeiteten früher jeden Teil des Tieres: das Fleisch als Nahrungsmittel, die Haut als Material für Schuhe, das Fell, um die Kote auszulegen. Aus dem Geweih schnitzten sie kunstfertig Griffe für Messer oder Knöpfe für ihre Kleidung.

Doch das romantische Bild von der Nomadenfamilie, die ihren Rentieren im Lauf der Jahreszeiten in bunten Trachten durchs nordschwedische Fjäll folgt, existiert für die Saami nur noch in den Erzählungen der Alten. Längst haben die meisten von ihnen das Nomadentum aufgegeben, sind mit Motorscootern und Hubschraubern im Einsatz bei der Verfolgung ihrer Herden.

Die Motorisierung in den 60er Jahren hat das beschauliche Leben zerstört, hat Hans Ulrich Schwaar beobachtet. Die Rentiere wandern heute nicht mehr, sie rennen, überqueren Gewässer auf ihren Routen nicht mehr schwimmend, sondern werden in Schiffe gepfercht und hinübergefahren, was den Stresspegel steigen lässt, bemerkt der 1920 geborene Lapplandfan in seinem Buch »Am Rande der Arktis – Abenteuer Lappland«. Schwaar ist einer der produktivsten deutschsprachigen Autoren, die im letzten Jahrzehnt aus persönlicher Sicht den Alltag der Saami geschildert haben. Anschaulich beschreibt er, womit es zusammenhängt, dass seine liebenswerten Gastgeber Verabredungen nicht immer in mitteleuropäischer Weise einhalten – die Saami lassen sich eben nicht durch Termine einengen. Und warum ein teures Gastgeschenk wie ein Schweizer Messer gleich weiterverschenkt wurde: Der Beschenkte besaß bereits ein kleines und ein großes Messer für die täglichen Arbeiten mit den Tieren.

Heute kommen wir problemlos mit Flugzeug und Auto in den Norden Europas, doch als die ersten Forscher und Entdeckungsreisenden ihre Eindrücke von den Saami niederschrieben, bestimmten noch unwegsame Gebiete und das beschwerliche Reisen per Kutsche oder Segelschiff die Szene. Die erste umfassende Monographie über Lappland und seine Einwohner stammt aus dem Jahre 1673. In Uppsala forschte damals Johannes Schefferus, Professor aus Straßburg. Seine gesammelten Erkenntnisse im lateinischen Werk »Lapponia« hatte er mithilfe der Berichte von Pfarrern aus Schwedisch-Lappland zusammengetragen. Das Werk wurde später auch ins Deutsche übersetzt. In 35 Kapiteln beschreibt der Gelehrte so verschiedene Themen wie Herkunft, Sprache und Lebensweise der Saami, die damals noch als »Lappen« bezeichnet wurden. Sie seien von kurzem Wuchs, aber auch keine Zwerge, was vielleicht mit der Kälte zusammenhängt. Sie hätten dicke Köpfe, eine breite Stirn und Katzenaugen, die ihnen tief im Kopfe lägen, eine kurze breite Nase und offene große Mäuler, schreibt der Mann der Wissenschaft und bezieht sich auch auf die Kenntnisse der schwedischen Geistlichen Olaus Magnus und Olaus Petri aus dem 16. Jahrhundert.

Auch die Vermutung, dass die Saami Zauberer haben, die im Sold des Teufels stehen, lässt Schefferus anklingen und beschreibt ausführlich Bauweise und Funktion der samischen Trommel, der man magische Kräfte zuschrieb. Zu widerlegen, dass Schweden bei der Kriegsführung in der Großmachtzeit im 17. Jahrhundert Unterstützung durch samischen Zauber erhalten hatte, war einer der Gründe für Reichskanzer Magnus De La Gardie, die wissenschaftliche Untersuchung über die Saami in Auftrag zu geben. Eine Abhandlung, die auch bei der *Royal Society* in London auf reges Interesse traf. Sie druckte nicht nur Auszüge aus dem Werk des Professors aus Uppsala, sie lud auch einen seiner Assistenten ein, ihnen den Gebrauch der »Zaubertrommel« vorzuführen – Schefferus war der erste Wissenschaftler aus Schweden, der in direktem Kontakt mit der ehrwürdigen britischen Wissenschaftsinstitution stand.

Weniger als ein Jahrhundert später nahm sich Johann Heinrich Zedler der Thematik an. In der ersten modernen deutschen Enzyklopädie, die er Mitte des 18. Jahrhunderts herausgab, spekuliert er darüber, wie der Begriff Lappland entstanden sein könnte. Kommt er vom »Teutschen Worte Lappe, welches so viel als einen tölpischen ungeschickten Menschen bedeutet« oder ist er mit der Bedeutung des Wortes Lumpen verwandt? Oder lässt sich die Bezeichnung gar daraus ableiten, dass es der letzte und äußerste Teil Skandinaviens ist, der selbigem gleichsam als ein Lappen oder Lumpen anhängt?

Bereits einige Jahre zuvor, im Sommer 1732, war der große schwedische Botaniker Carl von Linné nach Norden gereist, um vor allem die Pflanzenwelt zu studieren. Dem Urteil früherer Forscher, die Saami seien ein primitives Volk von Magiern mit niedriger Moral, konnte der Gelehrte dabei nicht zustimmen. Vielmehr hielt er sie für ein unschuldiges Naturvolk.

Als Halbnomaden hatten die Saami nie ein Bedürfnis nach privatem Besitz. Bis heute fordern sie auch keinen Staat in eigenen nationalen Grenzen. Aber sie pochen auf ihre alten Rechte, die ihnen über Jahrhunderte abgesprochen worden sind. Zuerst kamen christliche Missionare und trieben ihnen den Naturglauben aus. Dann folgten die Siedler aus dem Süden, die ihnen ihren Lebensraum streitig machten. Heute kämpfen sie um das Recht, ihre Tiere ungehindert weiden lassen zu können. Das haben ihnen schwedische Waldbauern und Grundbesitzer in den vergangenen Jahren erfolgreich streitig gemacht.

Überhaupt war die Einstellung der Mehrheitsbevölkerung im letzten Jahrhundert zunächst recht abweisend. Die samische Kultur war etwas, wovon der Durchschnittsschwede lange wenig wusste. Das änderte sich erst, als die Saami begannen, stärker für ihre Rechte zu kämpfen. 1956 wurde der nordische Saami-Rat gegründet, eine erste grenzüberschreitende Interessensvertretung. Gleichzeitig verfolgten sie das Ziel, in den verschiedenen Ländern eigene Parlamente für die Minderheit zu schaffen. 1973 bekamen die Saami eine eigene Volksvertretung in Finnland, 1989 folgte Norwegen, 1993 Schweden. Heute weiß jedes Kind in Schweden, was ein Saami ist. Mit diesem Wissen über die Minderheit im eigenen Lande hört es dann bei vielen Schweden, vor allem in den südlichen Landesteilen, auch schon wieder auf. Die Saami werden respektiert, viel berichtet wird in den Medien über ihr Leben jedoch nicht. Eine Ausnahme ist die Wahl des *Sameting*. Das samische Parlament hat eine beratende Funktion. Seine Aufgabe ist es, die Belange der Saami zu vertreten und ihre Kultur lebendig zu erhalten. Es ist dem Reichstag in Stockholm unterstellt und hat keinerlei legislative Kompetenzen.

In Schweden werden alle vier Jahre, immer am dritten Sonntag im Mai, 31 Abgeordnete neu gewählt, zuletzt im Jahr 2005. Wahlberechtigt sind alle Einwohner, die ihre samischen Wurzeln nachweisen können. Dabei ist vor allem der aktive Sprachgebrauch ausschlaggebend: Wer zu Hause Samisch spricht oder gesprochen hat, einen Vorfahren hat, der das getan hat, oder einfach bereits auf der Liste der Wahlberechtigten steht, der darf mitwählen.

Derzeit leitet Lars Anders Baer die Geschicke des schwedischen *Sameting*. Baer stammt aus einer Familie, die Rentierzucht betreibt, hat selbst aber Jura studiert. Nicht alle Saami sind Rentierzüchter, gibt der 1952 geborene Vollblut-Politiker zu bedenken. Über diese Definition gebe es immer wieder Streit, denn die Ansicht, dass nur ein richtiger Saami ist, wer Rentiere aufzieht, ist weit verbreitet.

Auch einer der größten Konflikte zwischen schwedischer Mehrheitsbevölkerung und samischer Minderheit berührt diesen Bereich. Es geht um die Frage, ob die Saami ihre Rentiere im Winter auf dem Land privater Waldbesitzer weiden lassen dürfen. Dies leiten sie aus dem Gewohnheitsrecht ab. Für die Nutzung gewisser Landstriche zahlten ihre Vorfahren in alter Zeit Steuern an den Staat. Doch mit der Besiedlung und der Ausweitung der Landwirtschaft auch im rauen Norden gingen viele Gebiete in den Besitz des Staates über. Auf welche Art das geschah, darüber gibt es inzwischen schon den einen oder anderen Forschungsbericht, zum Beispiel zur Region Tornedalen am nördlichen Ende des Bottnischen Meerbusens.

Doch die Faktenlage ist nicht ganz eindeutig, weshalb die Rentierzüchter immer wieder vor Gericht ziehen, erzählt Baer. »In der Region Härjedalen boten einige hundert Waldbesitzer vier Samedörfern jüngst einen Kompromiss an: Sie sollten umgerechnet gut 50 Cent pro Hektar zahlen, um ihre Tiere im Winter auf den Waldgebieten weiden lassen zu dürfen. Das wäre auf eine Rechnung über mehr als 160000 Euro im Jahr hinausgelaufen – ein Preis, der die Rentierzucht unrentabel machen würde.«

Auch die Gesellschaft für bedrohte Völker in Göttingen protestierte immer wieder gegen die Missachtung der Rechte der Saami. Auf den Konflikt mit den Waldbesitzern machte sie vor einigen Jahren mit einer spektakulären Aktion vor den nordischen Botschaften in Berlin aufmerksam. In einem jüngst herausgegebenen Bericht zu den Folgen des Klimawandels für indigene Völker prangerte sie die Abholzung großer Areale des Nadelwaldes in Nordskandinavien an. Die Menschenrechtsorganisation forderte die schwedische Regierung auf, die ILO-Konvention 169 zum Schutz indigener Völker zu ratifizieren. Diese garantiert eine Vielzahl von Grundrechten für diese Völker, wurde in Skandinavien bisher jedoch nur von Dänemark und Norwegen angenommen.

ILO steht für *International Labour Organisation* (Internationale Arbeitsorganisation), eine den Vereinten Nationen angegliederte Behörde, die sich für die Lebens- und Arbeitsbedingungen von Menschen in mehr als 170 Staaten engagiert. Der Begriff »indigen« löste Mitte der 90er Jahre den Begriff »eingeboren« ab, der wegen des kolonialen Beiklangs belastet ist. In der Definition der Vereinten Nationen gilt er für Völker, die ein bestimmtes Gebiet als Erste besiedelt und genutzt haben, die ihre kulturellen Besonderheiten wie Sprache, Religion oder Gesellschaftsorganisation bewahren wollen und die Unterdrückung, Enteignung oder Diskriminierung erlebt haben. All dies trifft auf die Saami zu.

Ihre Stellung hatte in vergangenen Jahrhunderten oft mit der Frage nach Rohstoffen zu tun. Als sie Ende des 17. Jahrhunderts mit Fellen handelten, standen sie weit oben in der Gunst der Herrschenden. Dann kamen die Siedler, und Ende des 19. Jahrhunderts wurden die Eisenerzgruben, die Eisenbahnverbindungen und die Energiegewinnung durch Wasserkraft ausgebaut. Und in Zukunft könnten die vielgepriesenen erneuerbaren Energien zum Streitfall werden. Wenn die bürgerliche Regierung ihre Ankündigungen wahr macht und in Nordschweden massenhaft Windparks baut, könnte das auch für die Saami zum Problem werden – zumindest, wenn sich die Windräder bis in die Fjälls hinein erstrecken, meint Baer.

Doch er sieht auch all das, was sich seit der Anerkennung der Volksgruppe durch das schwedische Parlament vor 30 Jahren zum Guten gewandelt hat. »Wenn wir heute in unserer Tracht über die Straße gehen, beschimpft uns keiner mehr. Wenn wir so gekleidet in eine Kneipe gehen, fühlt sich keiner mehr provoziert. Heute sind wir integriert. Wir gehören dazu, und manche Landsleute sind uns sogar dankbar, dass wir in dünnbesiedelten Gegenden die Infrastruktur aufrechterhalten«, sagt der Politiker.

In Zukunft wollen die Abgeordneten des schwedischen *Sameting* ihre Position weiter stärken, indem sie intensiver mit Kollegen aus Finnland und Norwegen zusammenarbeiten. Man könnte die vorhandenen Ressourcen besser einsetzen, wenn Politik oder Schulwesen harmonisiert werden, glaubt Lars Anders Baer. Was das bringen kann, könne man bereits bei der Produktion des öffentlich-rechtlichen Fernsehens und Radios auf Samisch sehen, das bereits in Zusammenarbeit der drei nordischen Länder produziert und in ganz *Sápmi* ausgestrahlt wird. Stein des Anstoßes bei einer übergreifenden politischen Zusammenarbeit sei bisher aber noch der Streit um die Weiderechte, die in den drei nordischen Ländern unterschiedlich gehandhabt werden.

In Bolivien ist mit Evo Morales mittlerweile ein Mann indianischer Abstammung Präsident geworden. Dass irgendwann einmal ein Saami Staatschef in Schweden wird, hält der Vorsitzende des *Sametings* nicht für unmöglich. Doch es gehe ihm gar nicht darum, dass ein Vertreter seines Volks »über die Schweden bestimme«. Es würde ihm schon reichen, wenn die Saami selbst über ihre Ressourcen bestimmen könnten.

Dreimal im Jahr treffen sich die Abgeordneten des *Sameting* zum Plenum. Ab 2009 sollen diese Sitzungen in einem eigenen Parlamentsgebäude stattfinden. Das Architekturbüro Murman aus Stockholm hat für die schwedische Minderheit einen Bau entworfen, der aussieht wie eine halbe Kote.

Wie eine Kote in natura aussieht, das kann man im *Ájtte*-Museum in Jokkmokk betrachten – anhand eines Samenzeltes aus den 1940er Jahren. Als Isoliermaterial für den Boden dient Birkenrei-

Gebändigte Natur: Staudamm im Land der Saami

sig, darüber liegen Rentierfelle. Sie halten im Winter die Kälte ab, denn die einzelnen Haare des Fells sind innen hohl und isolieren daher hervorragend. Holzstangen und ein rund gebogener Balken bilden das Gerüst der Behausung. Oben ist ein Loch im Zeltstoff, damit der Rauch des Feuers, das in der Mitte brennt, abziehen kann. Am hinteren Rand des Zeltes steht ein kleines Holzregal mit Aufbewahrungsdosen aus Metallblech und größeren Schachteln aus gebogenem Holz. Die Gegenstände im Küchenbereich mussten handlich sein, damit sie die nomadisierenden Saami auf ihre Rentiere laden konnten, wenn sie den Standort im Fjäll wechselten.

Im *Ájtte*-Museum wird alles Wissen über Kultur und Natur der Saami zentral gesammelt. Der Name des Museums ist Programm: *Ájtte* bedeutet auf Samisch Lager oder Vorrat. In den Vitrinen glitzert traditioneller Silberschmuck, farbenfroh leuchten die samischen Trachten aus den verschiedenen Regionen *Sápmis*. Ausgestopfte Vögel aus der nordischen Lebenswelt scheinen sich aus den Lüften auf die Besucher zu stürzen.

Einen Raum weiter sind Siedler bei der Feldarbeit zu sehen. Hier wird gezeigt, wie die Besiedlung des Nordens nach und nach den Lebensraum der Saami einengte. Als Anfang des letzten Jahrhunderts das Kraftwerk von Porjus gebaut wurde, um das Wasser des Luleälv für die Energiegewinnung zu nutzen, löste das in der Region eine regelrechte Goldgräberstimmung aus. Es wurden Arbeitsplätze geschaffen, Menschen zogen in den Norden, und es gab deutlich mehr Einwohner als die 5500 Menschen, die heute in der Kommune Jokkmokk wohnen, zu der Porjus gehört. Für die Saami ging der Fortschritt jedoch mit einer Überflutung von Weideland einher. Staudämme, der Erzabbau und der Bau von Straßen durch die alten Weidegebiete beschnitten ihr Siedlungsgebiet und bedrohten ihren traditionellen Erwerbszweig, die Rentierzucht.

Naturphänomene wie Donner, Sonne, Mond und Wind, die das tägliche Leben beeinflussten, verehrten die Saami als Götter. Daneben gab es den Schamanen, der sich mit Hilfe seiner Trommel in Ekstase versetzte und so seinen Körper verlassen konnte, um in den Himmel oder in die Unterwelt zu gelangen. Auf diese Weise konnte er Kontakt zwischen den Menschen und der übernatürlichen Welt herstellen. Dabei erhielt er Hilfe von Geistern, oft in der Gestalt eines Tieres – einer Fliege oder eines Vogels. Mit diesen Fähigkeiten konnte er auch kranke Seelen retten.

Seine Trommel war aus Holz gefertigt, die Membran bestand aus enthaarter Rentierhaut und war mit Symbolen bemalt, die das Universum der Saami beschrieben. In der Mitte die Sonne, in den verschiedenen Himmelsrichtungen Götter, Figuren aus dem Leben der Saami wie Nachbarn, Rentiere oder Vögel und die Ahnen. Wenn es auf die Bärenjagd ging, legte der Schamane kleine Stäbe aus Knochen oder Messing auf die Symbole und begann zu trommeln. Die Bewegungen zeigten an, ob es eine erfolgreiche oder weniger erfolgreiche Jagd werden sollte. Der Bär war ein heiliges Tier und die Jagd mit vielen Riten verbunden.

Die Missionare, die die Saami im 17. und 18. Jahrhundert zum christlichen Glauben bekehren wollten, machten dem Schamanismus den Garaus. Der Ritus, sich in Trance zu trommeln, war ihnen unheimlich. Sie verbrannten die Trommeln, vertrieben die Schamanen, und die rituellen Gesänge gerieten in Vergessenheit.

Der Jojk, der eigentümliche Gesang, mit dem die Saami ihre Welt beschreiben, wurde als sündig gebrandmarkt. Bis in die 70er Jahre des letzten Jahrhunderts traute sich kein Kind, öffentlich zu jojken. Doch das hat sich mit dem internationalen Durchbruch der samischen Sängerin Marie Boine in den 80er Jahren geändert. Inzwischen gibt es Vereine, die das Weiterleben des Jojks sichern und seine Techniken in Workshops weiterverbreiten.

Eine der Teilnehmerinnen ist Irene aus Kiruna, die das Jojken zu ihrem Hobby gemacht hat. Die kleingewachsene Saamifrau mit dem spitzen Gesicht presst die Stimmbänder zusammen und singt von Mutzinjaite, dem Rentier mit hellem Fell und einem Geweih, das stark nach hinten gewachsen ist. Und von einem Saami, der auf diesem Tier alle anderen überholt.

Es ist ein alter, traditioneller Jojk, der schon seit Jahrhunderten von einer Generation an die nächste weitergegeben wird. Die Gesänge sind das Gedächtnis der Volksgruppe; sie existierten lange bevor es Notensysteme oder Tonbänder gab. Sie klingen archaisch, fast wie improvisiert. Der Rhythmus wird mal schneller, dann schleppt er wieder.

Der Jojk kann von einer Person handeln, einem Fjäll, einer Sache oder einem Tier. Die Saami drücken damit ihr Verhältnis zu ihrer Umwelt aus. »Du jojkst nicht *über* etwas, sondern du jojkst *etwas*. Natürlich kann das auch ein Ereignis sein. Die Reise eines Bräutigams zu seiner Liebsten, wie dein Rentier geht oder wie du empfangen wirst, wenn du ankommst.«

Irene ist stolz auf ihre samische Herkunft. Zuhause in ihrem Wohnzimmer hängen Messer mit geschnitzten Griffen aus Rentiergeweih an der Wand und Schöpfkellen, von ihren Großvätern aus Holz geschnitzt. Daneben Bilder von kleinen Kindern in der Tracht der Region, dem blauen Kolt, nach vorn spitz zulaufende Lederschuhe an den Füßen.

Um den Jojk singen zu können, muss man erst ganz lange zuhören, sich gewissermaßen einleben, sagt die 36-Jährige. Denn es geht nicht nur um die Melodie, sondern vor allem um die spirituelle Kraft des Jojks – schließlich nahm der Schamane durch ihn früher Kontakt mit der Geisterwelt der Toten auf: »Das merkt man, wenn man selbst jojkt, dass man in eine Art Trance kommt. Und wenn du anfängst und etwas singst, was du magst, dann willst du nicht mehr aufhören. Dann wird es lauter und lauter, die Stimme findet einfach kein Ende.«

Im Jojken wird der Same ein Teil der Natur, der Jojk ist Ausdruck der Verbundenheit mit Tieren und Mitmenschen. Und er spiegelt bis heute den Alltag der Saami, der traditionell vom Zyklus der Rentiere geprägt ist, erklärt Berit, die selbst eine Rentierherde besitzt. Sie hat einen Verein gegründet, die Mitglieder veranstalten Kurse in Schulen, organisieren Konzerte und arbeiten auf politischer Ebene für das Überleben des samischen Kulturgutes.

Inzwischen interessieren sich auch junge Leute wieder für den traditionellen Gesang. »Der Jojk hat nichts Mystisches«, betont Berit. »Es ist einfach eine andere Art, ein Lied zu singen. Das geht wie beim Lernen einer Sprache: Du benutzt erst einfache Worte. Auch im Jojk singst du erst einzelne Elemente. Als ich klein war, habe ich Rentiere gejojkt oder Fische. Ich war so eifrig beim Fischen, und als ich einen gefangen hatte, habe ich das auch mit Gesang ausgedrückt«, sagt sie und singt etwas vor sich hin, was sich anhört wie ein munter plätschernder Bach.

Berit hat das Jojken schon als kleines Kind bei ihren Eltern abgelauscht, wenn sie draußen mit den Rentierherden arbeiteten und sich mit dem Jojkgesang unterhielten: »Der Jojk ist eine mündliche Tradition; die Gesänge, die ich kann, habe ich gehört, die kommen nicht aus Gesangsbüchern. Denn das Notensystem kann die Zwischentöne des Jojks nicht abbilden, zum Beispiel diese Töne, die sich falsch anhören. Ich traf mal einen Musiklehrer, der fragte mich, warum ich falsch jojke, auch nach drei, vier Wiederholungen. Dann hat er verstanden, dass das nicht falsch war. Das Notensystem reicht nur nicht aus, um alle Töne abzubilden.«

In einem Forschungsprojekt mit Mitteln der EU sammelt und katalogisiert das *Ájtte*-Museum derzeit alle Gesänge, die in Norwegen, Finnland und Schweden bisher aufgezeichnet worden sind. Die Einspielungen reichen bis zum Anfang des 20. Jahrhunderts zurück und liegen verstreut in verschiedenen Archiven, bei Forschern und Privatpersonen. Ziel ist es, für Forschung und Musiker ein Archiv zu erstellen, das die verschiedenen Dialektgebiete des Samischen abdeckt.

Jokkmokk ist nicht nur bekannt für seine umfangreiche samische Sammlung. Der Ort ist auch seit mehr als 400 Jahren Handelsplatz der Saami. Anfang des 17. Jahrhunderts erließ König Karl IX. das Gebot, im Norden des Landes feste Marktplätze zu errichten. In Jokkmokk kamen Saami, Kaufleute von der Küste und Handelsreisende ins Geschäft. Sie tauschten Rentierhäute und geschnitzte Gefäße gegen Salz und Mehl. An den Markttagen wuchs der Ort auf ein Vielfaches seiner normalen Einwohnerzahl.

Das ist bis heute so. Normalerweise ist Jokkmokk im Winter eine trostlose Ansammlung von Holzhäusern mit einer Tankstelle, einem Kino, einem Hotel und vielen Rentieren. Es ist kalt, und die Sonne schafft es nur wenige Stunden über den Horizont. Doch wenn Wintermarkt ist, ist alles anders. Jedes Jahr, rund um den samischen Nationalfeiertag am 6. Februar, erwacht im Ort für einige Tage ein turbulentes Treiben. Aus allen Teilen von *Sápmi* kommen die Saami dann in Schwedisch-Lappland zusammen, aus Karasjok in der Finnmark in Nordnorwegen genauso wie aus Karigasniemi in Finnisch-Lappland und inzwischen auch von der Halbinsel Kola in Russland.

Doch der Handel mit traditionellem samischem Handwerk weicht immer mehr dem Touristentrubel: Bis zu 40 000 Besucher strömen jedes Jahr nach Jokkmokk, und die Bilder gleichen sich jedes Jahr aufs Neue: Die Hauptstraße ist schwarz von Menschen. Links und rechts sind Stände aufgebaut, die Schuhe aus Rentierfell, Schöpfkellen aus Holz oder Messer mit Griffen aus Rentiergeweih feilbieten. Vor allem die samischen Familien und Rentierzüchter sind es, die das Gewimmel der Touristen mit ihren traditionellen Kolten auflockern: Blaue Trachten mit bunten Borten, zu denen die Frauen rote Wolltücher mit Fransen tragen. Zusammengehalten werden sie von großen Silberbroschen über der Brust – je reicher die Familie, desto größer der Schmuck.

Die Männer haben sich Lederhosen und Fellschuhe angezogen und ein langes blaues Wollhemd. Es erinnert vom Schnitt her an ein Fischerhemd und endet unter einem breiten bunten Gürtel in einer Art wippendem Röckchen.

Händler und Besucher haben sich in dicke Pelze gehüllt, tragen warme Wintermäntel oder Thermobekleidung. Hier und da steigt der Dampf heißer Rentierbouillon auf, verspricht der würzige Duft von Glühwein innere Wärme bei 20 Grad unter null.

Anders kommt jedes Jahr in den kleinen Ort am Polarkreis. An seinem Stand hat der stämmige Nordschwede mit den roten Pausbacken seine Ware ausgebreitet: Rentierfleisch in allen Formen, von der Wurst bis zum Steak. Ein Stempel aus Buchstaben und Ziffern zeigt an, welcher Güteklasse das Fleisch zugeordnet ist und welchen Fettgehalt es hat. Sogar die Körperform des Tieres beeinflusst die Qualität, erklärt er.

Das Fleisch kommt aus der Nähe von Arvidsjaur, südlich von Jokkmokk, erzählt der Händler. Die Rentierzucht ist per Gesetz den Saami vorbehalten. Wer sie ausüben will, muss Mitglied in einem von über 50 Samedörfern sein, die sich von Idre in der Region Dalarna bis in den äußersten Norden nach Könkämä in Lappland an der Grenze zu Norwegen und Finnland erstrecken. Die Züchter haben diese politischen und wirtschaftlichen Einheiten gebildet, um ihre Angelegenheiten gemeinsam zu vertreten. Doch nur noch etwa zehn Prozent der Saami sind Mitglied in Samedörfern. Zusammen betreuen sie mehr als 200 000 Rentiere. Im Sommer bewegen sich die Tiere frei im Fjäll, im Winter werden sie in kleinere Gruppen eingeteilt und auf weitläufigen Winterweiden betreut. Der Umsatz beträgt umgerechnet etwa 16 Millionen Euro pro Jahr – ein Geschäft, das sich immer weniger lohnt.

129 Kronen kostet das Kilo Rentiersteak ohne Knochen, umgerechnet 14 Euro, erzählt Erik, der sich im kleinen Wohnwagen hinter dem Rentierfleischstand gerade eine Aufwärmpause gönnt. Auf seine Ware lässt er nichts kommen. »Rentierfleisch ist ein Qualitätsprodukt. Die Tiere wachsen in Schweden in der freien Wildbahn auf und werden nicht mit Wachstumshormonen oder solchen Mitteln gefüttert. Während in Europa BSE und die Maul- und Klauenseuche grassierten und das alles ein Thema war, da haben wir deutlich mehr verkauft, in einem Monat sogar das Doppelte wie sonst.«

Als 1986 der Reaktor von Tschernobyl explodierte, stand die Rentierzucht jedoch kurz vor dem Aus. Östliche Winde hatten die radioaktive Wolke nach Nordschweden geblasen. Die Strahlung setzte sich in Flechten und Moosen fest – die Nahrung der Tiere war verseucht. Im ersten Jahr nach der Katastrophe wurden knapp 80 Prozent der Rene beschlagnahmt, weil ihre Cäsiumwerte zu hoch waren. Heute sind es nur noch wenige Tiere, die deswegen nicht zur Schlachtung freigegeben werden.

Inzwischen wird die Arbeit mit den Tieren auch von den Gesetzen der EU bestimmt. Das hat Vor- und Nachteile. So wollen die Bürokraten in Brüssel den Saami zum Beispiel verbieten, dass sie ihre Tiere am Geweih festhalten, da das gegen den Tierschutz verstoße. Andererseits erhält der wirtschaftlich schwache Norden Schwedens Zahlungen aus den Strukturfonds der EU. Über die Strukturförderprogramme flossen zwischen 2000 und 2006 umgerechnet 27 Millionen Euro aus der EU-Kasse gen Norden. Damit wurden nicht nur samische Wirtschaftszweige unterstützt, sondern auch die überregionale Zusammenarbeit in ganz *Sápmi*.

Im Bereich der Spracharbeit gibt es ebenfalls Fortschritte. 2003 erkannte Schweden das Samische offiziell als Minderheitensprache an. Wer heute in den nördlichen Gemeinden Kiruna, Jokkmokk, Gällivare oder Arjeplog einen Behördengang macht oder vor Gericht steht, hat das Recht, sich auf Samisch mit den Beamten zu unterhalten. Ein Recht, das jedoch nur selten genutzt wird. Zum einen, weil die Saami heute alle Schwedisch sprechen, zum anderen, weil die Beamten das Samische oft nicht ausreichend beherrschen.

Die mangelhafte Förderung des Samischen brachte Schweden jüngst eine Rüge des Europarates ein: Nur noch die Hälfte der schwedischen Saami benutze ihre Muttersprache, nur jeder Vierte könne noch auf Samisch schreiben. Wenn das so weitergehe, sei die Sprache vom Aussterben bedroht.

Samisch gehört zur finno-ugrischen Sprachfamilie und ist in die drei Haupdialekte Nord-, Lule- und Südsamisch eingeteilt. Südsamisch wird in den vier südlichsten Provinzen des samischen Siedlungsgebietes gesprochen, von Västerbotten und Jämtland bis hinunter nach Härjedalen und Dalarna. Lulesamisch kann man von Jokkmokk und Gällivare in Schweden bis zur Region um den Tysfjord, südlich von Narvik in Norwegen, hören. Nordsamisch wird nördlich von dieser Linie gesprochen, auf der russischen Halbinsel Kola gilt Kola-Samisch als Umgangssprache der Saami. Rentierzüchter Nils Gustav kann diese Variante gerade eben noch verstehen, denn er spricht Nordsamisch. Sein Vater kommt aus Karesuando, an der Grenze zu Finnland. Weiter südlich wird es mit dem Verstehen ebenfalls schwieriger für ihn. »Beim Südsamischen zum Beispiel muss ich ganz genau zuhören, wenn ich dem Gespräch folgen will. Das verstehe ich nur, wenn sie langsam sprechen und ich mich stark konzentriere.«

Früher war die Sprache der Saami verpönt. Nils Gustav hatte in seiner Jugend pro Woche gerade einmal zwei Stunden Unterricht auf Samisch, Samisch schreiben kann er bis heute nicht. Doch gerade in der Rentierzucht hat die Sprache deutliche praktische Vorteile. Wie die Inuit den Schnee, so können die Saami vor allem ihr Rentier ganz genau beschreiben, sagt der Rentierzüchter und streichelt ein Ren, das auf den Namen Hjärrik hört: »Von der Gestalt her kann ich feststellen, dass das hier ein *tjuojvuk* ist, so heißt das auf Samisch. Das bedeutet, dass es ein gelbgraues Fell hat. Wenn ich mehr ins Detail gehen will, kann ich es als *rijmektjuosek* beschreiben, ein Ren mit einer schwarzen Blesse. Und wenn es dann noch ein abgewetztes Geweih hat, dann ist es ein *tjalánoajvve*.«

Die Rentierzucht betreiben die Saami seit Jahrhunderten. Doch mit dem Nachwuchs sieht es düster aus. In Jokkmokk gebe es wenig junge Leute, die Rentierzüchter werden wollen, sagt Nils Gustav. Die Jugendlichen lernen meist andere Berufe. »Die Rentierzucht ist nicht sehr einträglich. Und wenn du Rene züchtest, musst du extrem naturinteressiert sein, fast schon ein Naturfanatiker. Und diese Eigenschaft haben nicht alle. Aber die Rentierzucht wird es weiterhin geben, davon bin ich überzeugt.«

1980 erhielt die Minderheit in Schweden das Recht, Bildung und Ausbildung selbst zu steuern. Seit 1989 gibt es in Kautokeino in Norwegen sogar eine samische Hochschule mit 200 Studierenden, die aus allen Teilen *Sápmis* kommen. In sechs Orten in Schweden gibt es inzwischen samische Kindergärten. Dort wird das Erbe gepflegt, sagen Carina und ihre Kolleginnen von der samischen Kindertagesstätte »Giella« in Kiruna. Sie setzen auf traditionsbewusste samische Früherziehung. »Bei uns wird viel Wert darauf gelegt wird, dass die Kinder sich in der Natur allein zurechtfinden«, sagt die Erzieherin, die seit 25 Jahren samische Kinder betreut.

Zurück zu den Wurzeln, hinaus in die Natur, in die verschneite Winterwelt zwischen Jokkmokk und Kiruna, heißt es bei der Kita »Giella« an diesem trüben Wintertag. Jedes Jahr stehen Ausflüge in die Wildnis an, ins Reich der Vorväter. Zuerst werden die Vierjährigen eingepackt in warme Daunenjacken, Schals und Handschuhe, denn draußen ist es kalt. Zehn Grad minus sind im Winter nichts Ungewöhnliches. Dann geht es hinaus in die Tundra. »Wir versuchen, den Kindern die samische Lebensweise beizubringen. Das heißt, der Natur mit Respekt zu begegnen und sie nicht zu missbrauchen. Samische Kinder wachsen heute wie alle anderen in Schweden mit Computerspielen und Fernsehen auf. Aber wir wollen, dass sie sich auch außerhalb des Hauses zurechtfinden, wenn sie auf sich gestellt sind. Dass sie wissen, was sie gegen Kälte und Wind tun können und wie sie wieder nach Hause finden.«

Draußen rumort ein Schneepflug und räumt die Straße frei. Ein Kleinbus steht vor der Kita, und mit vereinten Kräften verstauen Erzieherinnen und Kinder alles, was sie heute brauchen: Schlitten, Brennholz und etwas Proviant. Dann geht es los nach Süden, über vereiste Pisten, vorbei an Felsen und verschneiten Fichten. Ab und an springen Rentiere über die Straße.

Die letzten Meter rumpelt der Bus durch die weglose Wildnis. Jetzt geht es nur noch zu Fuß weiter. Die Kinder laufen voraus, die Erzieherinnen mit Schlitten, Feuerholz und Proviant hinterdrein. »Achtet darauf, wo wir langgehen, damit ihr den Weg zurück findet«, ermahnt Carina ihre Schützlinge.

Im fahlen Licht des Winters ist schließlich eine Kote auszumachen. Das Zelt wird die Gruppe später wärmen, es ist im Innern rundum mit Fellen ausgelegt. Carina spaltet Holzscheite; im Handumdrehen hat sie ein kleines Feuer entfacht. Den Umgang mit dem Messer lernen die Kinder erst mit acht oder zehn Jahren, sagt sie. »Sie sind freie Kinder. Aber für das, was sie machen, sollen sie Verantwortung übernehmen. Wir fordern auch, dass sie gehorchen und die Erwachsenen als Autorität anerkennen.«

»Diese Form der Pädagogik wird in der traditionell antiautoritären schwedischen Erziehungstradition oft mit Skepsis betrachtet«, sagt Carina. »Für die Familien war sie früher jedoch lebenswichtig. Wenn sie im Fjäll waren, konnten die Saami sich nicht ständig darum kümmern, was ihre Kinder gerade machen. Sie mussten eigenverantwortlich handeln, sich allein zurechtfinden und auf das hören, was ihre Eltern ihnen sagten.«

Inzwischen ist die Gruppe auf Erkundungstour gegangen. Neugierig beugen sich die Kindergartenkinder über Fährten im Schnee. »Das war ein Hase«, sagt die 4-jährige Gunvor. »Und wie heißt der auf Samisch?«, fragt die Erzieherin. »Njoammel«, schreit die Kleine. Und dann üben sie, den Weg zurück zu finden. »Und was mache ich, wenn plötzlich ein wildes Tier vor mir steht?«, fragt ein kleiner Junge. Nicht provozieren, das ist das Wichtigste, lautet die Antwort.

Die Kinder und Kindeskinder der Saami sprechen ihre Sprache, singen die alten Lieder und erfahren spielerisch alles, was man zum Überleben in der Tundra wissen muss. Nach einer Stunde sind die Finger aber klamm vor Kälte. Das Feuer in der Kote wirkt Wunder. Carina sitzt mit Kolleginnen und Kindern auf dem Rentierfell. Für die Großen gibt es Kaffee und Brote, die Kinder braten sich Würste in den Flammen. Die samische Lebensweise wird nicht aussterben, da sind sie sich sicher.

Die neuen Schweden
Zuwanderung und Integration

In den Werbebroschüren der Tourismuszentralen wird der typische Schwede gern als blonder Naturbursche verkauft, der im Sommer Beeren und Pilze sammelt und im Winter die Skier unterschnallt. Es gibt sie tatsächlich, die notorischen Pilzsammler und patenten Skiasse. Aber es gibt auch Schweden, die zu Beginn des Ramadan ihre Essensgewohnheiten ändern oder sich bereits morgens um vier auf ihrem Gebetsteppich gen Mekka neigen.

Davon kann sich überzeugen, wer einmal die Fahrt mit der U-Bahn von Stockholms Zentrum in den Vorort Rinkeby macht, im Volksmund »Orientexpress« genannt. Auf dieser Strecke wird Kurdisch, Somalisch oder Polnisch gesprochen. Dort begegnet der Reisende Frauen, die sich mit einem Ganzkörperschleier verhüllen, Männern, die einen Turban tragen, oder Kindern, die in bunten afrikanischen Kleidern an der Hand ihrer Mutter gehen. Schweden ist ein Einwanderungsland, die Zahlen sprechen eine deutliche Sprache. Besonders in den großen Städten des Landes macht sich bemerkbar, dass inzwischen 1,1 Millionen Einwohner Zugewanderte sind. Gut zwölf Prozent der Bevölkerung sind im Ausland geboren oder haben Eltern, die eingewandert sind, wie auch in Deutschland hat beinahe jeder Fünfte somit einen Migrationshintergrund.

Doch anders als in Deutschland heißen sie in Schweden »Einwanderer«. Mit dieser Bezeichnung wird nicht vornehmlich darauf hingewiesen, dass es um Menschen geht, die nicht dazugehören, weil sie von außen kommen – wie das in Deutschland gebräuchliche Wort »Ausländer« betont. Vielmehr wird betont, dass sie dabei sind, nach Schweden hineinzukommen, dass sie vermutlich bleiben und vielleicht irgendwann sogar die schwedische Staatsangehörigkeit beantragen werden.

Das Wort »Gastarbeiter«, mit dem man sich in Deutschland lange Zeit über die sozialen Realitäten hinwegtäuschte, gibt es im Schwedischen auch. Es wird aber sehr selten benutzt. Wenn von den Griechen und Jugoslawen die Rede ist, die direkt nach dem

Zweiten Weltkrieg nach Schweden gingen, um in der Industrie ihr Auskommen zu finden, ist von »Arbeitskrafteinwanderung« die Rede. Wie lange sie bleiben, ob sie vorübergehende Gäste sind oder sich für immer in Schweden niederlassen, ist damit nicht gesagt. Nur, dass sie ein Gut besitzen, das Schweden nachfragt: ihre Arbeitskraft.

Die ersten, die kamen, waren die Deutschen. Findige Kaufleute und geschickte Handwerker setzten im 13., 14. und 15. Jahrhundert zahlreich über. Die Zugewanderten passten vom Aussehen und Gemüt her gut in die Landschaft, arbeiteten fleißig und murrten nicht. Die Gastgeber waren als Wikinger einst selbst weit herumgekommen und folglich im Umgang mit fremden Sitten und Gebräuchen nicht ungeübt. Doch dass alsbald in den größeren Orten an der Ostseeküste, in Kalmar, Söderköping und Stockholm, die Fahnen der Hanse im Wind flatterten, dass Deutsche die Kneipen bevölkerten und in Amt und Würden kamen, beobachteten sie dennoch mit Skepsis.

Um 1250 schloss der schwedische Reichsstatthalter Birger Jarl einen Vertrag mit der Hansestadt Lübeck, der den Umgang mit den deutschen Hanseaten in Schweden regelte. Lübecker, die länger blieben und im Lande zu wohnen wünschten, sollten den Gesetzen des Landes unterworfen sein und Schweden genannt werden – eine frühe und sehr pragmatische Form der Integrationspolitik. Und an einem guten Miteinander musste Birger Jarl, der als der Gründer Stockholms gilt, gelegen sein, eroberten sich deutsche Kaufleute doch nach und nach führende Positionen in Kalmar und Stockholm. Das wird auch im Gesetzbuch deutlich. Zu dieser Zeit wurde ein einheitliches Stadtrecht entworfen, das festschrieb, dass die Hälfte der Bürgermeister von Stockholm fortan Deutsche sein sollten; auch der Stadtrat und die Ratsherrenplätze mussten zur Hälfte deutsch besetzt werden. Doch die wachsende Zahl der Deutschen weckte auch Ängste, die teilweise zur Benachteiligung der Einwanderer führten: Fehlten deutsche Bewerber für die prestigeträchtigen Posten an der Spitze der Stadtverwaltung, konnten auch Schweden die quotierten Ämter bekleiden. Anders herum war dies jedoch nicht erlaubt, schließlich wollte man verhindern, dass der deutsche Einfluss allzu groß wird.

Auch die Finnen kamen fleißig nach Schweden. Bereits im 16. Jahrhundert fand eine größere Einwanderungswelle statt. Herzog Karl hatte ihnen sieben Jahre Steuerfreiheit versprochen, wenn sie Grund und Boden bestellten. Mehr als 40 000 Finnen machten sich gen Westen auf und besiedelten vor allem die Regionen Dalarna und Värmland in Mittelschweden, wo noch bis in die 50er Jahre des letzten Jahrhunderts Finnisch gesprochen wurde. Später waren sie Pioniere bei der Erschließung des kargen schwedischen Nordens. Nach dem Zweiten Weltkrieg schufteten die Einwanderer auf den Äckern und halfen bei den Rodungsarbeiten im Wald. In den 60er Jahren schweißten Finnen an der Seite von Griechen und Italienern auf den Werften des Landes Schiffsnähte und montierten Kugellager.

Die Auswanderer

Mitte des 19. Jahrhunderts schnürten viele Schweden selbst ihre Bündel und suchten ihr Glück in der Fremde. Karge Äcker, schwierige Witterungsverhältnisse, Unzufriedenheit mit den politischen Verhältnissen und religiöse Unterdrückung bewogen sie zu diesem Schritt. In der Hoffnung auf ein besseres Leben verließen zwischen 1850 und 1930 1,2 Millionen Schweden ihre Heimat in Richtung Amerika – ein Fünftel der damaligen Einwohner! Sie ließen sich im mittleren Westen nieder, wo sie günstig eigenes Land erwerben konnten, aber auch in den schnell wachsenden amerikanischen Städten, die großen Bedarf an Bauarbeitern hatten. Chicago etwa brachte es Ende des 19. Jahrhunderts auf mehr schwedische Einwohner als Göteborg, wo im Jahr 1900 130 000 Bürger gezählt wurden. Amerika hat seinen erfindungsreichen schwedischen Einwanderern einiges zu verdanken: zum Beispiel das Design der Colaflasche und den Reißverschluss.

Wie es den Auswanderern erging, hat Vilhelm Moberg seinen Landsleuten nähergebracht. Die Geschichte der Bauernfamilie Nilsson, die sich eines Morgens vom schonischen Acker macht, um ihr Glück im fernen Amerika zu suchen, kennt in Schweden beinahe jedes Kind. Für den Schriftsteller selbst war sie Familienchronik: Sämtliche Geschwister seiner Mutter waren nach Amerika emigriert. 1949 erschien mit »Die Auswanderer« der erste Band seiner Romanserie, eine flammende Philippika gegen Armut, Ausbeutung und die Dekadenz der Kirchenfürsten in der alten Heimat. Als Jan Troell die gleichnamige Verfilmung mit Liv Ullmann und Max von Sydow 1971 in die Kinos brachte, war die Erinnerung an die Hungerjahre allerdings längst verblasst.

Zu Beginn des letzten Jahrhunderts waren die Schweden noch weitgehend unter sich. In der Volkszählung von 1910 wurden 21 708 ausländische Einwohner registriert, 0,4 Prozent der damaligen Bevölkerung. Schweden war eines der Länder, in denen die Anzahl der Fremden am niedrigsten war, stellten die Statistiker fest. Das sei wohl mit der abgelegenen Lage zu begründen. Die größten Ausländergruppen kamen aus dem Norden, aus Deutschland, England und aus Amerika, von wo aus viele Schweden und ihre Nachkommen in die alte Heimat zurückkehrten.

Das Asylrecht hatte Schweden bereits 1914 in seine Gesetzgebung aufgenommen. Doch schon bald nach der Machtergreifung der Nationalsozialisten 1933 in Deutschland sollte das Gesetz auf die Probe gestellt werden. Denn weiterhin war es das Bestreben der Regierung, um beinahe jeden Preis außenpolitische Konflikte zu vermeiden. Hinzu kam die überwiegend ablehnende Haltung der schwedischen Öffentlichkeit gegenüber Ausländern in den 30er Jahren. Die Weltwirtschaftskrise hatte das Land hart getroffen. Der Verfall des Eisenerz- und Papierexports schädigte die gesamte Volkswirtschaft. Steigende Preise und hohe Arbeitslosigkeit weckten die Furcht vor der ausländischen Konkurrenz um den Arbeitsplatz. Flüchtlinge unterlagen dem seit 1927 gültigen Fremdengesetz, das in erster Linie auf den protektionistischen Schutz des Arbeitsmarktes abzielte und auf eine überaus restriktive Aufnahmepraxis hinauslief.

Immerhin nahm das neutrale Schweden nach dem Überfall der deutschen Wehrmacht auf die Sowjetunion im Juni 1941 Zehntausende Kinder aus Finnland auf: Nach dem »Winterkrieg« von 1939 war die kleine Republik schon wieder zum Aufmarschgebiet für fremde Mächte geworden. In den letzten Kriegsjahren retteten sich zudem mehr als 30 000 Litauer, Esten und Letten über die Ostsee. Unter den in Schweden Gestrandeten war auch Ilon Wikland, die langjährige Illustratorin von Astrid Lindgrens Kinderbüchern. Ihre »lange, lange Reise« hat die gebürtige Estin, Jahrgang 1930, in den 90er Jahren in dem gleichnamigen Kinderbuch gezeichnet.

Die Zahl der aus dem deutschen Sprachraum nach Schweden Geflohenen blieb vergleichsweise gering. Politische Flüchtlinge wie Willy Brandt, Bruno Kreisky und Herbert Wehner durften auf die Unterstützung ihrer schwedischen Parteifreunde vertrauen. Einige Emigranten schrieben für die deutsche Exilpresse und berichteten als Autoren und Korrespondenten auch für schwedische Zeitungen. Die Kernphysikerin Lise Meitner setzte, nachdem die Nazis sie aus Wien vertrieben hatten, ihre Forscherkarriere am Nobel-Institut und an der Technischen Hochschule in Stockholm fort. Dem Philosophen Ernst Cassirer wurde 1935 ein Lehrstuhl in Göteborg angetragen. Der Flüchtling David Katz bekleidete zwei Jahre später die erste Professur für Psychologie an der Universität Stockholm.

Mit dem letzten Flugzeug aus Berlin gelangte die Lyrikerin Nelly Sachs (»Flucht und Verwandlung«) mit ihrer Mutter Margarete im Mai 1940 nach Schweden. Die Schriftstellerin Selma Lagerlöf und der »Malerprinz« Eugen hatten alle Hebel in Bewegung gesetzt, um die Frauen vor dem sicheren Tod zu retten.

Auch Bertolt Brecht machte auf seiner Odyssee durch halb Europa in Schweden Station. In seinem Exil auf der Insel Lidingö bei Stockholm schrieb der Dichter »Mutter Courage und ihre Kinder« – ein Epos über die Profitgier und die Unmenschlichkeit des Krieges.

Abgeschnitten vom deutschen Publikum, verbrachte Kurt Tucholsky seine letzten unglücklichen Jahre in Schweden: Der große Spötter litt wohl auch unter der emotionalen Kühle seiner Gastgeber. Und so sind es vor allem die vielen deutschen Besucher, die auf seinem Grab am Stadtrand von Mariefred Blumen und handgeschriebene Zeilen niederlegen. Der Schriftsteller und Maler Peter Weiss (»Die Ermittlung«) hingegen fand im Norden seine neue Heimat. Es waren Emigranten wie Weiss, die den Schweden nach dem Krieg halfen, einen neuen Zugang zur deutschen Sprache und Kultur zu finden.

Großzügig öffnete das aufblühende Industrieland in den Nachkriegsjahren seine Grenzen. Bis in die 70er Jahre warb Schweden um billige Arbeitskräfte aus dem bitterarmen Süden. Italiener, Jugoslawen und Griechen machten sich auf den weiten Weg nach Norden. Durchschnittlich rund 30 000 Zuwanderer pro Jahr fanden bis Anfang der 70er Jahre in Schweden eine neue Heimat. Sie schufteten in den Erzgruben und Sägewerken, auf dem Bau und in den Kneipen und Hotels des Königreiches. Vier Prozent Wirtschaftswachstum pro Jahr registrierten die Statistiker zwischen 1946 und 1975 im Durchschnitt.

Was die Gastarbeiter in ihrem Land so trieben, war den Schweden am Anfang relativ gleichgültig – man brauchte sie halt. Entsprechend pragmatisch war das Verhalten gegenüber den Fremden. Mitte der 60er hatten sie bei der Ausbildung und im Gesundheitswesen die gleichen Rechte, auch Kranken- und Arbeitslosenversicherung standen ihnen zu. Die damalige Volkspension bekam ausgezahlt, wer lange genug im Lande gearbeitet hatte – das »Volksheim« war für alle da.

Neben der Sprache ist das Recht zu wählen ein Schlüssel zur Integration. Anders als in Deutschland, wo die »Gastarbeiter« mehr geduldet als willkommen waren, erhielten Einwanderer in Schweden schon früh das kommunale Wahlrecht. 1975 durften Zugewanderte, die länger als drei Jahre im Land waren, auf Gemeindeniveau abstimmen – ein Recht, auf das Einwanderer, die aus Ländern außerhalb der EU kommen, in Deutschland bis heute warten. Im gleichen Jahr wurde eine neue Einwanderungspolitik entworfen, die drei Ziele formulierte: Gleichberechtigung, Wahlfreiheit und Mitwirkung. Zugewanderte sollten die gleichen Rechte und Pflichten bekommen, sie sollten mit den Schweden in gesellschaftlichen Fragen zusammenarbeiten und sich eine schwedische Identität aneignen, ohne ihre ursprüngliche Kultur aufzugeben. Dass der Kontakt in die Heimat nicht abbricht, dafür sorgen auch die Programme des schwedischen Rundfunks. In den 70er Jahren startete er seine Sendungen auf Türkisch. Heute strahlt das sechste Programm *SR International* Sendungen in mehr als einem Dutzend Einwanderersprachen aus, von Persisch über Serbisch bis hin zu Somalisch.

Allmählich nahm auch die Zahl der politischen Flüchtlinge zu. Nicht die Verhältnisse in der beschaulichen Heimat trieben Nachwuchstalente wie Olof Palme in die Politik, sondern die Empörung über Verfolgung, Unterdrückung und Gewaltherrschaft andernorts. Vietnam, Südafrika und Chile waren die heißen Brennpunkte im Zeitalter des Kalten Krieges, und Olof Palme machte das neutrale Schweden zum Fluchtpunkt für Regimekritiker und Freiheitskämpfer aus aller Welt. Nach dem Ungarnaufstand von 1956 waren es ungarische Flüchtlinge, in den 60ern die Verfolgten des Apartheidregimes in Südafrika. Schriftsteller wie Per Wästberg und Sara Lidman beschrieben die dortigen Missstände in ihren Büchern, die schwedische Bevölkerung bekundete ihre Solidarität durch Kaufboykotte und gründete Komitees zur Unterstützung der Verfolgten. Mit Beginn der 70er Jahre stieg die Zahl der Flüchtlinge nochmals deutlich an, jetzt kamen die politisch Verfolgten aus Chile und den anderen Diktaturen Lateinamerikas. Mehr als 40 000 Menschen pro Jahr nahm Schweden in den 70er und 80er Jahren im Durchschnitt auf, in den 80ern waren es vor allem Iraner und Iraker. Allerhand Exilgruppen ließen sich in Stockholm nieder, darunter Funktionäre der kurdischen PKK und der Palästinenser sowie indonesische Rebellen. 1979 hatte Prinz Hasan di Tiro, Thronfolger der letzten Sultan-Dynastie der indonesischen Provinz Aceh im Norden von Sumatra, in Stockholm politisches Asyl beantragt. Die Verhandlungspartner empfingen er und seine selbst ernannte Exilregierung in einem tristen Plattenbau in Alby, einem Vorort von Stockholm.

Verglichen mit den Dänen, die die Schotten nahezu ganz dichtgemacht haben, sind in Schweden die Aussichten für Asylsuchende deutlich besser. Anfang des neuen Jahrtausends empörte sich Stockholm über den Kurs des dänischen Premiers Anders Fogh Rasmussen in der Ausländerpolitik. Im Bunde mit der offen fremdenfeindlichen Volkspartei und ihrer Vorsitzenden Pia Kjærsgaard hatte die rechtsliberale Regierung in Kopenhagen die schärfsten Zuwanderungsgesetze Europas erlassen. Die Familienzusammenführung wurde stark eingeschränkt, eine unbefristete Aufenthaltsgenehmigung sollte es erst nach sieben Jahren geben, heiratswillige Partner mussten 24 Jahre alt sein, sonst durften sie nicht einreisen. Viele multinationale Paare aus Dänemark ließen sich daraufhin in Südschweden nieder und pendelten über den Öresund nach Dänemark. Der dänische Verein »Ehe ohne Grenzen« kämpft für ihre Rechte und eröffnete 2003 auch ein Büro auf der schwedischen Seite.

Aber auch in Schweden selbst ist es schwieriger geworden, Asyl zu bekommen. 2001 trat das Land dem Schengenabkommen bei: Bürger der Teilnehmerländer müssen an den gemeinsamen Grenzen keine Kontrollen mehr über sich ergehen lassen, während Einreisende aus Drittstaaten genau überprüft und die Außengrenzen des Schengenraumes abgeschottet werden. 2002 wurde das Asylrecht überarbeitet, danach waren die Zahlen der Asylbewerber rückläufig. Wer über einen »sicheren Drittstaat« einreist, muss dorthin zurück. Wurden vor gut 15 Jahren noch rund 60 Prozent der Asylanträge anerkannt, sind es 2007 nach Prognosen der Integrationsexperten gerade noch 15 Prozent. Wer Glück hat, darf trotzdem bleiben – geduldet, auf Zeit. Asylbewerber müssen bis zu zwei Jahre auf einen Bescheid warten. In dieser Zeit können sie

Sprach- und Fortbildungskurse besuchen, ab vier Monaten Wartezeit dürfen sie – anders als Asylsuchende in Deutschland – auch arbeiten. 2006 waren rund 31000 Asylbewerber registriert, die meisten erhielten ein Aufenthaltsrecht aus humanitären Gründen. Von Fluggesellschaften fordert Schweden inzwischen einen Dokumenten-Check vor dem Abflug und kassiert Strafen von den Airlines für jeden Passagier, der ohne gültiges Visum nach Schweden gebracht wird. Immer wieder versuchen Flüchtlinge daher, illegal per Schiff oder auf dem Landweg mach Schweden zu kommen. Oder sie tauchen ab, wenn ihr Asylantrag abgelehnt wird.

2004 ging der Begriff »Apathiesyndrom« durch die schwedischen Medien. Richtig betroffen waren die Schweden, als das Fernsehen Bilder von den Flüchtlingskindern zeigte, die monatelang apathisch in ihren Betten lagen. Auf die Ungewissheit, was ihre Zukunft bringen mag, reagierten sie mit Verweigerung. Sie hörten auf zu sprechen und mussten künstlich ernährt werden. Schicksale wie das der 11-jährigen Elita wurden damals öffentlich. Drei Jahre zuvor war sie mit ihrer Familie nach Schweden gekommen, geflüchtet aus Tschetschenien. Sie erlebte einen Bombenangriff mit und sah, wie Kinder aus der Nachbarschaft schwer verletzt wurden. Doch die schwedische Ausländerbehörde lehnte den Asylantrag der Familie ab. Als der Bescheid kam, brach Elita zusammen, erzählte ihre jüngere Schwester Madina den Reportern des schwedischen Rundfunks. »Viele Länder wollten uns nicht aufnehmen. Wir hoffen noch immer, dass wir alle irgendwo bleiben können.« Etwa 150 Kinder zwischen vier und 17 Jahren wurden damals in den Kliniken im ganzen Land behandelt. Wie Elita erlebten viele von ihnen traumatische Situationen. Nach Schweden gekommen, entwickelten sie Depressionen, Ess-Störungen, Aggressionen, wurden nach und nach immer passiver, bis sie nur noch stumm und bewegungslos dalagen. Die Leute müssten schneller ihren Bescheid bekommen, hieß es aus dem Ministerium für Einwanderung und Asyl damals; Schweden müsse die Möglichkeit immer neuer Einsprüche gegen die Bescheide einschränken. Auch gegen Schleuser und Menschenhändler solle entschiedener vorgegangen werden, weil sie Menschen in höchster Not ausnutzten und ihnen vortäuschten, es sei leicht, in Schweden Zuflucht zu finden, so die Überlegungen der Politiker.

Die Bilder der hilflosen Kinder rüttelten die Bevölkerung wach. Im Frühjahr 2005 gingen mehrere tausend Schweden in allen Teilen des Landes für eine Flüchtlingsamnestie auf die Straße, 160 000 unterschrieben eine Petition mit dem gleichen Ziel. Mit Erfolg: Einige Tausend »Altfälle« wurden geduldet, neue Richtlinien für die Prüfung entwickelt: Vor allem Familien mit Kindern, die bereits längere Zeit in Schweden lebten, sollten bessere Chancen auf eine Aufenthaltsgenehmigung bekommen, darunter auch Familien mit apathischen Kindern. Zudem schöpften Familien, die bisher im Verborgenen in Schweden gelebt hatten, neue Hoffnung auf ein normales Leben.

Anders sah es ein Jahrzehnt früher aus. In den 90er Jahren kamen die Flüchtlinge aus dem auseinanderbrechenden Jugoslawien. Allein 1994 gingen 65 000 Asylanträge von Bosniern, Serben und Kroaten beim staatlichen Einwanderungsamt ein, 90 000 waren bereits bewilligt worden. Darunter waren die Anträge von Slatko und seiner Familie. 1993 flüchtete der Bosnier mit seiner Frau und dem damals 11-jährigen Sohn vor dem Bürgerkrieg in seiner Heimat. »Nach einem Jahr Belagerung in Sarajevo haben wir versucht, unser Kind zu retten«, erzählt der Jurist. Heute wohnt die Familie in Kista, einem Vorort im Norden Stockholms. Die Eigentumswohnung hat ein kleines Vermögen gekostet, die Möbel sind von IKEA. Aus der Heimat ist nichts geblieben als dunkle Erinnerungen. Auch der Anfang im neuen Land war schwer. »Ich habe 15 Jahre als Anwalt in Bosnien gearbeitet, doch als ich herkam, stellte man fest, dass mein Diplom in Schweden nichts wert ist. Da habe ich mich entschlossen, hier noch einmal Jura zu studieren. Nur deshalb habe ich Arbeit gefunden.« Slatko spricht inzwischen fließend Schwedisch und arbeitet heute als juristischer Berater für ein Wirtschaftsinstitut. Seine Frau ist gelernte Architektin und für die Stadtverwaltung tätig. Nach mehr als zehn Jahren im Land sind die beiden Bosnier beruflich voll in Schweden integriert.

Slatko und seine Familie kamen zum Zeitpunkt der schweren Wirtschaftskrise Anfang der 90er Jahre nach Schweden. Knapp die Hälfte der Sozialleistungen ging in diesem Jahrzehnt an Haushalte mit mindestens einem Einwanderer. Die Arbeitslosenquote unter Ausländern war dreimal so hoch wie unter schwedischen Bürgern.

Ausländerfeindliche Populisten witterten Morgenluft: Im Februar 1991 gründeten der Musikproduzent Bert Karlsson und der Unternehmer Ian Wachtmeister, Spross einer Adelsfamilie, die rechtspopulistische Partei *Ny Demokrati* (Neue Demokratie). Mit ausländerfeindlichen Parolen gingen sie auf Stimmenfang. Bei der Reichstagswahl im September des gleichen Jahres kamen sie mit 6,7 Prozent der Stimmen ins Parlament und errangen 25 Mandate. Unter dem bürgerlichen Ministerpräsidenten Carl Bildt gerieten sie somit zum Zünglein an der Waage. Auf einer Tournee durch 65 schwedische Städte malte Parteimitglied Vivianne Franzén 1993 das Schreckensszenario von Radikalislamisten und fundamentalistischen Eiferern an die Wand. »Wollen wir das so haben in Schweden?«, rief sie provokativ ihren Zuhörern zu. Bert Karlsson nannte die Flüchtlinge aus Bosnien »Luxustouristen«. Am 14. Juli 1993 erklärte er seinen Anhängern, dass es in seiner Vision des Schwedens von morgen nicht mehr so viele Moscheen gäbe wie heute. In derselben Nacht brannte das Gotteshaus der Muslime von Trollhättan. Die »braven« Nachbarn spendeten den jugendlichen Brandstiftern Beifall – Szenen, die den deutschen Beobachter an die abstoßenden Bilder aus Rostock-Lichtenhagen, Hoyerswerda, Solingen und Mölln Anfang der 90er Jahre erinnerten.

Der »Lasermann«

Im August 1991 beginnt in Stockholm eine unheimliche Serie von Mordanschlägen. Ein unsichtbarer Heckenschütze mit einem Gewehr mit Laser-Zielvorrichtung richtet seine Waffe gezielt auf Einwanderer. Der sogenannte »Lasermann« schießt in sechs Monaten auf elf Menschen, tötet einen von ihnen und fügt vielen lebenslanges Leid zu. Ganz Stockholm ist wie paralysiert; Menschen mit dunkler Hautfarbe trauen sich abends und nachts nicht mehr auf die Straße. Die schwedische Polizei startet die größte Rasterfahndung seit dem Palmemord. Zehn Monate nach dem ersten Anschlag kann sie den Schuldigen endlich fassen. 1994 wird John Ausonius, Sohn einer deutschen Mutter und eines Schweizer Vaters, zu lebenslanger Haft verurteilt. Die Ärzte attestieren ihm eine Persönlichkeitsstörung.

Nach den Wahlen 1994 verschwindet *Ny Demokrati* mitsamt ihren schlichten Rezepten zur Vertreibung der Fremden in der politischen Versenkung. Erstmals werden die Probleme des multikulturellen Zusammenlebens ungeschminkt und in sachlicher Atmosphäre diskutiert. Ziel ist fortan eine Integrationspolitik, die auf gleichen Rechten und Pflichten für Schweden und Zugewanderte beruht.

Schwedische Behörden fordern heute keine Anpassung bis zur Selbstaufgabe mehr. Dass aber Einwanderer die schwedische Sprache nicht beherrschen, würde man im Norden niemals akzeptieren. Bereits seit Mitte der 60er Jahre hatte das Schwedische Arbeitsamt Sprachkurse für die Arbeitsmigranten organisiert. Anders als in Deutschland haben heute alle Zugewanderten, auch Flüchtlinge, das Recht auf kostenlose Sprachkurse während der Arbeitszeit. *Svenska för invandrare* (Schwedisch für Einwanderer) nennt sich das Angebot. Allerdings ist in den letzten Jahren wiederholt Kritik laut geworden, weil viele Zugewanderte von den Sachbearbeitern der Arbeitsämter in immer neuen Integrations- und Sprachkursen »geparkt« werden, um die lästigen Sozialfälle aus ihrer Statistik streichen zu können.

In den 70er Jahren wurde der Muttersprachenunterricht eingeführt. Die Sprache, die Einwandererkinder zu Hause sprechen, sollten sie auch in der Schule pflegen. Nilofar und Dennis von der Näsby-Park-Grundschule in einem Vorort von Stockholm sind ganz begeistert von dem Angebot: Einmal die Woche bekommen die Zweitklässler 45 Minuten Unterricht in der Sprache ihrer Eltern, maximal sieben Jahre lang. »Wir lernen Buchstaben, wie man Wörter ausspricht und aus persischen Büchern liest«, sagt Dennis, der zu Hause Persisch, mit seinen Freunden aber Schwedisch spricht. Auch mit den Cousinen: »Wir sind ja alle in Schweden aufgewachsen.« Ihr Lehrer heißt Mahmoud und kam vor 20 Jahren als Flüchtling nach Schweden. Auch im Iran hat er unterrichtet – bis ihn die islamischen Religionswächter außer Landes zwangen. In Schweden müht sich der knapp 60-Jährige inzwischen mit der dritten Einwanderergeneration. »Ich bringe ihnen erst ein paar nützliche Wörter für den Alltag bei: Wochentage, Körperteile, Begriffe für den Sommer und Winter. Oft fällt es ihnen leichter, wenn sie das Wort aus dem Schwedischen übersetzen, weil sie das viel besser beherrschen.« Mahmoud ist davon überzeugt, dass der Muttersprachenunterricht seine kleinen Schüler stark macht, ihnen zeigt, was das Gute in beiden Kulturen ist, und ihnen hilft, ihren eigenen Weg zu gehen. Betrachtet man die Situation vieler junger Einwanderer der dritten Generation in Deutschland, ist man geneigt, ihm recht zu geben: Keine Sprache richtig zu beherrschen verstärkt die massiven Identitäts- und Anpassungsprobleme.

Doch bei aller Toleranz: Auch in Schweden gab es in den vergangenen Jahren immer mal wieder Versuche, einen »Wertekanon« vorzuschreiben. Berichte über Kinderehen und die Unterdrückung junger Frauen aus Einwandererfamilien führten auch hier zu einer lebhaften Debatte über die Grenzen der Toleranz.

Doch anders als in den 90er Jahren haben ausländerfeindliche Parteien im Reichstag heute kein Mandat mehr, auch wenn die nationalkonservativen Schwedendemokraten bei den letzten Wahlen im Herbst 2006 ihre Stimmen auf lokaler Ebene mehr als verdoppeln konnten. Inzwischen spricht sich eine Mehrheit der Schweden für die Zuwanderung aus. Eine Greencard-Debatte wie in Deutschland, wo erwünschte Fachleute gegen unerwünschte Flüchtlinge aufgerechnet wurden, gab es nicht. Alle Experten sind sich einig, dass Schweden auf lange Sicht mehr Zuwanderung braucht, um sich die teure Wohlfahrt auf Dauer leisten zu können.

Offiziell sind Rassismus und Diskriminierung per Gesetz verboten. Wer glaubt, aufgrund seiner Herkunft schlechter behandelt zu werden als ein Schwede in der gleichen Situation, der kann sich zur Wehr setzen. Bereits 1986 wurde ein Gesetz erlassen, das die Diskriminierung von Zugewanderten auf dem Arbeitsmarkt verhindern soll. Gleichzeitig wurde das Amt des Ombudsmanns gegen ethnische Diskriminierung eingerichtet – *Ombudsmannen mot etnisk diskriminering*, kurz DO. Immer mehr Menschen wenden sich an diese Behörde, um eine Ungleichbehandlung zu melden. 2005 gingen knapp 900 Anzeigen ein, und es werden immer mehr. Behördenchefin Katri Linna führt das darauf zurück, dass DO immer bekannter wird und in der Bevölkerung das Bewusstsein wächst, dass man etwas gegen Diskriminierung tun kann. Bei den Anzeigen geht es um alle Bereiche des öffentlichen Lebens. Die Fälle reichen von der griechischen Frau, der das Wohnungsamt immer wieder nur Wohnviertel mit einem hohen Ausländeranteil anbietet, obwohl sie dort nicht wohnen will, bis zum farbigen Kleinunternehmer, der sich nach einem Einbruch in sein Geschäft von der Polizei schlechter behandelt fühlt als sein Nachbar mit schwedischen Wurzeln. Auch Fälle aus dem Arbeitsleben tauchen häufig auf, zum Beispiel wenn sich eine Muslimin mit Schleier bei der Jobsuche benachteiligt fühlt.

Die Ambitionen der Behörde sind hoch, die Zahl der gewonnenen Verfahren ist dagegen niedrig. Ende 2006 wurden gerade einmal 20 Fälle vor Gericht verhandelt. Nach ihrem Wahlsieg 2006 beschloss die bürgerliche Regierung, DO mit den anderen Ombudsmännern gegen Diskriminierung zusammenzulegen.

Wer lange im Land lebt, einen gefragten Beruf hat und auf eine gute Arbeitsmarktlage trifft, hat die besten Chancen auf einen Job. Das ist auch in Deutschland nicht anders. Kommt er oder sie dann noch aus einem nordischen Land, steigt in Schweden die Wahrscheinlichkeit weiter, einen Arbeitsplatz zu finden. Menschen aus Afrika und Asien hingegen haben es bei der Arbeitssuche am schwersten.

Nach Ansicht von Masoud Kamali hat das mit einer Ungleichbehandlung zu tun, die sich aus den Normen und Regeln der Mehrheit der Gesellschaft ergibt. Kamali, gebürtiger Iraner, ist Professor am Zentrum für multiethnische Forschung an der Universität Uppsala. Dort nimmt er die aktuelle Integrationspolitik Schwedens unter die Lupe. Der Soziologe macht eine starke Einteilung in ein »Wir«, die Schweden, und »die Anderen«, die Einwanderer, für die strukturelle Diskriminierung verantwortlich. »Die Integrationspolitik und ihre Auswertung waren stets auf ›die Anderen‹ ausgerichtet. ›Die Anderen‹ sollen sich verändern, und das Schwedische ist die Norm und das Ziel. Schweden und die gesichtslose Gruppe, die Einwanderer genannt wird, werden deutlich unterschieden. Wer in dieses Land kommt, wird als jemand angesehen, der ein Defizit im Schwedischsein hat. Und das hört nie auf. Was ›die Anderen‹ mitbringen, ist immer weniger wert.«

Wer mit seinem Namen signalisiert, dass er aus Nordafrika, Asien oder Osteuropa kommt, muss zudem mit weniger Einkommen rechnen, hat die Untersuchung der Stockholmer Universität »Måste alla heter som Svensson?« (Müssen alle so wie Svensson heißen?) 2006 herausgefunden.

Viele Einwanderer lassen daher ihren Namen ändern. Zuständig dafür ist *Patent- och registreringsverket* (PRV), das staatliche Patent- und Registeramt. 2005 war dort annähernd jeder fünfte neu geschaffene Name eine Kreation, die einem Einwanderer zu einem schwedischer klingenden Namen verhalf. Doch nicht jeder Einfall, der vorgetragen wird, ist mit dem schwedischen Gesetz vereinbar. Auch für Neuschöpfungen gibt es bestimmte Regeln, sagt Runo Swärd vom PRV:

»Wir dürfen keine Namen genehmigen, die Unbehagen auslösen können. Am liebsten sind uns ganz neue Namen, die es noch nicht so oft gibt im Land. Das Patentamt hat ein eigenes Vorschlagsbuch. Darin stehen eine Menge geschmackvoller Namen, zum Beispiel Björksveden, Blankenskans, Gårdenbjörk, Kransenberg oder Hammerblom.«

Wenn er gefragt wird, ob ein Namensvorschlag in Ordnung ist, schaut Swärd im Register nach. Doch wenn nichts darauf hindeutet, dass er nicht wenigstens in einem anderen Land gebräuchlich ist, empfiehlt er, den Namen nicht zu verwenden. »Es gibt Namen, die einfach nicht gehen. Ich denke da an solche, die zwar in Schweden unüblich sind, aber einer berühmten Persönlichkeit im Ausland gehören, vielleicht Bonaparte.«

Dieser Name wäre Herrn Daradschi nicht im Traum eingefallen, als er vor ein paar Jahren bei Runo Swärd vorstellig wurde. Auch, wenn er aus dem Libanon stammt, der Anfang des letzten Jahrhunderts mehr als 20 Jahre unter französischem Mandat stand. Als Teenager erlebte er Krieg und Zerstörung in seiner Heimat, flüchtete mit seiner Familie nach Schweden. Damit es seine Kinder einmal besser haben, entschied er sich für den Namenswechsel. »Ich heiße James mit Vornamen, da lag es nahe, einen englisch klingenden Nachnamen zu wählen«, sagt der Cafébesitzer. Bei Verwandten und Freunden löste sein Entschluss Unverständnis aus. Er selbst hat den Namenswechsel jedoch nicht bereut und bestätigt damit die Erfahrungen von Runo Swärd. »Ich bekomme viele Anrufe von Leuten, die mir erzählen, wie froh sie über ihre Wahl sind. Sie erzählen, wie viel besser es ihnen geht, und bedanken sich bei mir.«

Ein neuer Name ist wie ein neuer Anzug, sagt Runo Swärd. Kleider machen Leute, Namen auch, weiß der Beamte vom Patent- und Registeramt. Nach dem Neuanfang in Schweden empfinden viele den Namenswechsel als zweiten Start in der neuen Heimat: »Viele glauben, dass sie mit dem veränderten Namen ein ganz neues Leben anfangen, noch einmal von vorn beginnen. Da sind sehr viele Gefühle im Spiel.«

Wichtiger als ein schwedisch klingender Name ist für Einwanderer jedoch die Möglichkeit, eine Arbeitsstelle zu finden. Arbeit ist das große Thema der bürgerlichen Regierung. Zu ihrem Programm gehört, Einwanderern bessere Chancen zu bieten, in der Gesellschaft Fuß zu fassen. Denn Integration läuft über Arbeit und Sprache, ist sich die bürgerliche Einwanderungs- und Gleichstellungsministerin Nyamko Sabuni sicher. Deshalb setzte sie sich gleich zu Beginn ihrer Amtszeit dafür ein, dass »Schwedisch für

Einwanderer« verbessert wird und die unterschiedlichen Behörden gegen Diskriminierung in Form der Ombudsmänner gebündelt werden. »Schweden soll ein Land für alle werden«, lautet ihr Motto. Die Einwanderer sollen als Individuen respektiert und nicht als homogene Masse angesehen werden, so wie es ihr selbst ergangen ist. Sabuni wurde 1969 in Burundi geboren, wohin ihr Vater aus seiner Heimat Kongo-Kinshasa geflüchtet war. Mit zwölf Jahren kam Sabuni nach Schweden. Hier studierte sie Jura, Soziologie und Kommunikationswissenschaften. Mit 27 trat sie dem Jugendverband der Liberalen bei, sechs Jahre später zog sie in den Reichstag ein. Bevor sie Ministerin wurde, machte sie mit provozierenden Vorschlägen wie dem obligatorischen Besuch von jungen Mädchen beim Frauenarzt von sich reden, um Klitorisbeschneidungen zu verhindern, und bekundete ihre Abneigung gegen religiös geprägte Privatschulen. Die Liberalenpolitikerin irritierte die politisch korrekten Schweden auch mit ihrem Votum gegen Schleier in der Schule. Sie setzte sich dafür ein, dass die Haushaltsmittel für den Diskriminierungsombudsmann aufgestockt werden. Und sogenannte Neustarterjobs, bei denen die Arbeitgeber für frisch eingestellte Langzeitarbeitslose keine Arbeitgeberabgaben berappen müssen, sollen zukünftig auch für Neuschweden zugänglich sein.

Nicht nur im Arbeitsleben werden Einwanderer in Schweden teilweise diskriminiert. Auch bei der Wahl des Wohnortes werden sie mitunter isoliert oder wählen selbst den Rückzug in eigene Welten, in Stadtteile, wo bereits viele Einwohner aus ihrer alten Heimat wohnen. Weil die finanziellen Mittel der Neuankömmlinge am Anfang in der Regel begrenzt sind, vermitteln ihnen die Kommunen zunächst eine Mietwohnung. Beispiel Göteborg: In der zweitgrößten Stadt des Landes gibt es vier Wohnviertel, in denen 75 Prozent des Baubestandes Mietwohnungen sind – für schwedische Verhältnisse ein sehr hoher Anteil. Vierzig Prozent der Einwanderer, die zwischen 2000 und 2004 kamen, wurden dorthin vermittelt. In den Stadtteil Torslanda, wo etwa 90 Prozent des Baubestandes Eigentumswohnungen oder Einfamilienhäuser sind, kamen im gleichen Zeitraum gerade einmal ein Prozent der Einwanderer.

Die Folge dieser Entwicklung ist eine Konzentration und Isolation, vor allem in den Stadtteilen des sogenannten Millionenprogramms. 1964 beschloss der schwedische Reichstag, innerhalb der nächsten zehn Jahre eine Million Wohnungen zu bauen, um der steigenden Nachfrage nach Wohnraum nachzukommen. Die Stadtplaner träumten von der klassenlosen Gesellschaft in der praktischen Vorortwohnung und machten sich an die Planungsarbeit. Die neuen Stadtzentren waren am Anfang heiß begehrt. Doch inzwischen haben sie sich zu Vierteln vor den Toren der Ballungszentren entwickelt, in denen der Ausländeranteil überdurchschnittlich hoch ist.

Lange glaubten die Sozialpolitiker, die neuen Schweden wohnten gern in der Nähe ihrer Landsleute. Inzwischen wissen sie, dass die Segregation mit fehlenden Ressourcen zusammenhängt, sich in besseren und damit teureren Vierteln niederzulassen, und damit, dass Einwanderer bei Mitarbeitern in Wohnungsbaugenossenschaften, bei Maklern und Bankangestellten häufig schlechter behandelt werden.

Ein oft angeführtes Beispiel ist dabei der Vorort Rinkeby nördlich von Stockholm. Hier wohnen Menschen aus allen Ländern der Welt, viele aus dem Nahen Osten. Auf dem Markt mit seinen tausend Stimmen und Düften verkaufen Händler mit schwarzen Haaren und Schnauzer Obst und Gemüse. Am Abend sieht man kurdische Männer im Café rauchen und ein Schwätzchen halten. Tiefverschleierte Frauen hetzen mit Einkaufstüten vorbei, Halbstarke sitzen lässig neben ihrem Ghetto-Blaster. Hier wird *Rinkeby-Svenska* gesprochen, eine ganz eigene Mischung aus Schwedisch und Ausdrücken aus den Sprachen der verschiedenen Heimatländer der Einwanderer. In Deutschland beschreibt der von dem Autor Feridun Zaimoğlu geprägte Begriff »Kanak Sprak« ein ähnliches Phänomen. Vorurteile vieler Schweden besagen, dass sich in Rinkeby Halbstarke ihre Klappmesser in die Rippen rammen, in die Gardine schnäuzen und den Hammel über offenem Feuer braten. Die Probleme in Rinkeby gleichen denen der Berliner Bezirke Kreuzberg, Neukölln und Wedding: ein hoher Einwandereranteil, verbunden mit hoher Arbeitslosigkeit und vielen sozial schwachen Einwohnern. Bildungseinrichtungen wie die Berliner Rütli-Schule, die aufgrund ihrer gewaltbereiten Schüler mit Migrationshintergrund 2006 Schlagzeilen machte, gibt es auch hier. Doch zugleich tun engagierte Pädagogen viel, um sich gegen den Abstieg zu stemmen – zum Beispiel in der Rinkeby-Schule.

Die Lehranstalt hat inzwischen eine Menge Preise zur Integration erhalten, Lehrerdelegationen aus aller Welt geben sich die

Stockholm, Rinkeby: In den Vororten bleiben Zugewanderte unter sich.

Klinke in die Hand. 1100 Schüler zwischen sechs und 16 Jahren drücken hier die Schulbank, und gerade haben sechs von ihnen aus der Klassenstufe neun beim nationalen Mathetest erste Preise gewonnen. Dafür sorgte die Teilnahme am Leistungskurs Naturwissenschaft. Auch Sprache und Kommunikation können die Schüler als Spezialkurs wählen, bei Sprachtests schneiden sie entsprechend besser ab. Das Geheimnis ihres Erfolgs ist das System von Bezugspersonen, erklärt Rektor Börje Ehrstrand. »Jeder Schüler hat einen Mentor, das sind Mitarbeiter, die für eine bestimmte Anzahl von Schülern eine ganz besondere Aufsichtspflicht übernommen haben. Sie beraten ihre Schüler bei Problemen und nehmen Kontakt mit deren Eltern auf, wenn die Schüler beispielsweise nicht zum Unterricht erscheinen. Wichtig ist, dass wir jeden Schüler persönlich betreuen. Da reden wir über Schwächen und Begabungen.«

Die Schule ist von früh bis spät geöffnet. Nachmittags gibt es Sportkurse, abends Nachhilfe oder Freizeitangebote. Die Räumlichkeiten reichen vom Computerraum bis zur Moschee. Zudem engagieren sich die Pädagogen in Arbeitsgruppen gegen Mobbing und Rassismus und klären die Schüler auf über Gewalt und die Folgen sexueller Übergriffe. Wer schwänzt, muss mit einem Anruf seines Mentors bei den Eltern rechnen. Wer sein Verhalten nicht ändert, wird zum Gruppengespräch geladen.

Sozialarbeiter sorgen sich um das Wohl der Schüler, Studenten halten Gastvorträge, und auch die Nobelpreisträger geben sich die Ehre, denn zur Schule gehört eine große Bibliothek. Das Lesen wird gefördert – mehr als 30 Sprachen sprechen die Eleven, ihre Vorfahren kommen aus aller Herren Länder, erzählt Rektor Ehrstrand. »In einem Europa ohne Grenzen ist das ein unbezahlbares Plus. Wir nutzen und fördern diese Erfahrungen und Sprachkenntnisse der jungen Leute. Das wird eines Tages auch der schwedischen Wirtschaft zugutekommen.«

Die Wirtschaft im Kleinen üben die Schüler bereits vor dem Eintritt ins Berufsleben. In berufsorientierten Projekten können sie Geschäftsideen entwickeln und auf die Probe stellen – inklusive Beratungstermin bei einem richtigen Unternehmer. Das heißt für die Jugendlichen am Ende, wenn es klappt: Sie üben, Verantwortung zu übernehmen, stärken ihr Selbstbewusstsein und gehen damit einen Schritt weiter in Richtung Zukunft und eigene Identität. Junge Einwanderer stehen heute zwischen den Welten. Da ist die

Elterngeneration, die die Traditionen wahrt. Wie auch in Deutschland gibt es in Schweden fundamentalistische Eiferer, die nicht wollen, dass ihre Söhne und Töchter nach schwedischen Normen leben. Auf der anderen Seite steht die schwedische Gesellschaft mit ihrer extrem liberalen Haltung – egal, ob es um den Sex mit 14 geht oder das Rauchen von Hasch. Den Spagat zu schaffen, ist nicht immer leicht. Oft passen die traditionellen Denkmuster der Familien, die aus Ländern außerhalb Europas kommen, nicht mit der modernen europäischen Lebensweise zusammen.

2002 erschüttert der »Ehrenmord« an Fadime Sahindal das Land. Die junge Schwedin hatte es gewagt, sich der Verheiratung in der Heimat der Eltern, dem kurdischen Teil der Türkei, zu widersetzen. Wenn sie in die Stadt ging, folgten ihr die Brüder, um zu sehen, ob sie mit fremden Männern spricht. Als sie sich in einen Mann *ihrer* Wahl verliebte, war ihre Familie außer sich. »Sie glaubten, dass Schweden weder Kultur noch Moral oder ethische Werte haben, dass sie nur saufen, ausgehen und tanzen und freizügig Sex haben«, fasste Sahindal 2001 im Reichstag die Haltung ihrer Eltern zusammen, die kaum Kontakt mit Schweden hatten. »Ich war total gespalten und verwirrt. Ich war gezwungen, ein Doppelleben zu führen – nur um die Erwartungen von beiden Kulturen an mich als junge Frau zu erfüllen.«

Zu diesem Zeitpunkt war sie bereits 25, Mitglied der Jungsozialisten und hatte über die Medien auf ihre Situation aufmerksam gemacht, weil die Polizei keinen Anlass sah, sie zu schützen. Ihr Vater und ein Bruder waren da bereits verurteilt, weil sie Fadime schwer misshandelt und ihr schließlich mit dem Tod gedroht hatten.

Doch die junge Kurdin ließ sich nicht unterkriegen. Sie zog nach Östersund in Nordschweden, studierte und baute sich dort ein neues Leben auf. Als sie sich am 21. Januar 2002 vor einer längeren Reise nach Afrika von ihren Schwestern und ihrer Mutter verabschieden will, wird sie in Uppsala von ihrem Vater aus dem Hinterhalt erschossen.

Fadimes Schicksal löste eine riesige Protestwelle aus. Mit Kundgebungen, Fackelzügen und Bekenntnissen der Politiker, etwa der damaligen Integrationsministerin Mona Sahlin. »Ich bin verzweifelt und zornig, weil Fadime eine schöne, mutige Frau war, die sehr vielen Frauen ein Vorbild gab. Und weil ich den furchtbaren Druck kenne, den ihre Verwandten ausübten. Es ist nicht nur der Vater, der seine Tochter gemordet hat, es sind auch die Leute, die gegen die Tochter gehetzt haben. Heute ist keiner unschuldig. Wir haben die Probleme dieser Frauen nicht ernst genommen.«

Eilig wurden Programme aufgelegt, die solche jungen Frauen schützen sollten. Umgerechnet 20 Millionen Euro reservierte die Regierung für die kommenden fünf Jahre, um Jugendlichen aus Einwandererfamilien in vergleichbaren Konflikten mehr Schutz gegen Gewalt zu bieten. Einige neue Beratungsstellen wurden eröffnet und 70 Plätze für geschütztes Wohnen in ganz Schweden eingerichtet, um bedrohte Mädchen und Jungen vorübergehend aufzunehmen. Glücklicherweise hat die Zahl der Frauen, die heute von ihren Verwandten ermordet werden, abgenommen, sagen Beraterinnen der entsprechenden Einrichtungen. Der psychische Druck und die Misshandlungen seien jedoch geblieben. Ihrer Meinung nach sind geschütztes Wohnen und einfühlsame Mitarbeiter bei den Sozialdiensten wichtig. Noch wichtiger sei es jedoch, die Wertevorstellungen der betroffenen Familien zu beeinflussen und auch Jungen bewusst zu machen, was ihr Verhalten für ihre Schwestern bedeutet.

Das ist auch die Strategie von »Elektra«. Im gleichnamigen Theaterstück für Jugendliche geht es um junge Frauen, die sich gegen die traditionellen Rollenerwartungen ihrer Familien auflehnen, die den Kampf um ihre Eigenständigkeit aufgenommen haben und dafür einen hohen Preis zahlen müssen. Warum werde ich von meinem eigenen Bruder bedroht? Warum ist ein intaktes Jungfernhäutchen eine wichtigere Eigenschaft bei einer jungen Frau als ihre Intelligenz oder ihr Humor?

Diese Fragen diskutieren die Jugendlichen nach dem Stück unter Leitung von Eduardo vom Jugendzentrum *Fryshuset*. Der Argentinier ist Mitte 50 und stämmig. In seinen wilden Jahren hat er für eine linke Guerilla gekämpft, jetzt macht er sich für die Rechte junger Frauen aus Einwandererfamilien stark. »Der Mord an Fadime war ein Schock für viele Schweden. Plötzlich wurde ihnen bewusst, dass in ihrem Land Zehntausende Frauen leben, die nicht die gleichen Rechte haben wie alle anderen. Zwangsehen sind der gewaltsame Versuch, die Töchter unter Kontrolle zu bringen.«

In der griechischen Sage rettet Elektra nach der Ermordung des Vaters durch die Mutter den Bruder und stiftet ihn zur Blutrache an. In der modernen Version des Stückes passiert das genaue Gegenteil: die Befreiung von patriarchalen Familienstrukturen, die

Freitagsgebet in Stockholm: In der Hauptstadt leben 75 000 Muslime.

endgültige Ankunft der Zugewanderten in der schwedischen Gesellschaft. Das Theaterstück wendet sich ganz bewusst auch an die jungen Männer im Publikum, die als Bruder, Onkel oder Lebenspartner oft überfordert sind. »Alle sind aufgerufen, sich gegen die Gewalt aufzulehnen. Die Söhne übernehmen sonst die Gedankenwelt ihrer Väter und Großväter, werden in den tödlichen Ehrenwahn hineingezogen«, warnt Eduardo.

Aus dem Stück hat sich inzwischen ein Projekt entwickelt, das sich *Sharafhjältar* nennt. »Sharaf« ist das arabische Wort für Ehre, »hjältar« bedeutet auf Schwedisch Helden. Die Ehrenhelden sind junge Schweden, deren Eltern aus der Türkei, dem Iran oder dem Libanon kommen und die zu Hause unter patriarchalen Familienstrukturen aufwachsen. Jugendliche, die darunter leiden und etwas dagegen tun wollen. Das *Fryshuset* unterstützt sie, sich klarzumachen, wie sie ihren Schwestern helfen können, die misshandelt und eingesperrt werden. Es geht um Gleichstellung und Menschenrechte. Ahmet ist einer der Teilnehmer: »Ich bin Moslem, und nach unserer Religion dürfen auch Jungs vor der Ehe keinen Sex haben. Ich finde, für Mädchen und Jungen sollten die gleichen Rechte gelten, auch bei der Ausbildung und im Beruf. Ich will ja selbst gleichberechtigt sein.«

Mit ihrem Wissen reisen die *Sharafhjältar* durch Schweden, halten Vorträge in Schulen und Jugendzentren. Sie erzählen, dass sie selbst früher keine Engel waren und warum sie jetzt für Mädchen eintreten. Sie zeigen Jugendlichen in einer ähnlichen Situation, wie sie sich daraus befreien können, und sind für Gleichaltrige ein Vorbild, das zeigt, dass es auch anders gehen kann.

Vorbilder im öffentlichen Leben gibt es inzwischen genug. Kinder von Einwanderern sind mittlerweile erfolgreiche Sportler oder erobern im Kulturleben wichtige Positionen. Der gebürtige Iraner Reza Bagher hatte mit seinem Spielfilmdebüt »Flügel aus Glas« im Jahr 2000 seinen Durchbruch. Darin schildert er die Probleme der 18-jährigen Nazli, die wie jeder andere schwedische Teenager sein will. Doch ihr Vater, der aus dem Iran stammt, hat ihr einen Ehemann ausgesucht, der die Familientradition nach seinem Willen weiterführt. Im gleichen Jahr hat auch Josef Fares' Komödie »Jalla! Jalla!« Premiere. Der Film erzählt die Geschichte von den Freunden Måns und Roro, die als Parkwächter arbeiten und ihre Tage mit dem Reinigen des Ententeichs und dem Beseitigen von Hundehaufen verbringen. Der eine hat Erektionsprobleme und deshalb Schwierigkeiten mit Frauen; der andere hat eine schwedische Freundin, aber eine libanesische Familie, die ihn mit Yasmin, der Frau ihrer Wahl, verheiraten will. Auf der Suche nach der Lösung ihrer Probleme geraten die beiden in aberwitzige Situationen, die die üblichen Missverständnisse zwischen Einheimischen und Zugewanderten auf die Spitze treiben.

Laleh Pourkarim, die in »Jalla! Jalla!« die Yasmin spielte, hat die Aufmerksamkeit genutzt und inzwischen eine eigene Karriere als Sängerin eingeschlagen. 2005 legte sie ihr erstes Album vor. Auch unter den Stand-up-Comedians sind einige Einwanderer, die die Vorurteile gegen ihre Landsleute geschickt in skurrile Monologe zu verwandeln wissen. Özz Nûjen hat damit begonnen. Heute moderiert der kurdischstämmige Künstler zudem Radioprogramme und hat bereits auf den Brettern der Nationalbühne *Dramaten* gestanden.

Im Medienbereich machte sich Zanyar Adami einen Namen. Gerade einmal Anfang 20, dachte sich der Sohn von Einwanderern aus dem kurdischen Teil des Iran das Zeitschriftenprojekt *Gringo* aus, das die Vorurteile über Einwanderer in Schweden auf den Kopf stellt – mit Witzen, lustigen Reportagen und Alltagsbetrachtungen zum Verhältnis von alteingesessenen Schweden und Einwanderern. »In den Fünfzigern waren wir Gastarbeiter«, schmunzelt Adami, »dann wurden wir Ausländer, dann Einwanderer und schließlich neue Schweden. Aber wir sind Schweden – das ist alles.«

Ausblick

In Schweden leben und sterben?

Auf unserem Steuerbescheid ist ein Posten aufgeführt, der uns beim ersten Lesen amüsiert hat: *begravningsavgift* (Begräbnisabgabe). Müssen wir jetzt schon dafür bezahlen, dass wir in Schweden irgendwann unter die steinige Erde kommen?, war unser erster Gedanke. Bekommen wir die umgerechnet 35 Euro, die wir gemäß unserem derzeitigen Einkommen jährlich bezahlen, irgendwann wieder, wenn wir auswandern? Ja, könnte Schweden gar ein Vorbild für die gesamte EU sein mit seiner sozialdemokratischen Planung auch des letzten Momentes im Leben eines Menschen?

Wir werden von Schweden oft und gern gefragt, wie lange wir noch bleiben wollen. Unserem Kollegen, der schon seit mehr als 30 Jahren im Land ist, geht das nicht anders. Er ist gebürtiger Amerikaner und hat einen deutlichen Akzent seiner Muttersprache im Schwedischen. Wenn die Leute nicht vorher fragen, wie lange er schon im Land lebt, sagen sie meist nach den ersten Minuten »Oh, du sprichst aber gut Schwedisch!«, um dann vor Scham im Boden zu versinken, wenn sie hören, dass er schon mehr als die Hälfte seines Lebens in Schweden wohnt. Die Abweichung von der Norm ist für Schweden eben immer interessant, und wer kein absolut akzentfreies Schwedisch spricht, dem antwortet das schwedische Gegenüber gern mal auch auf Englisch.

Seit wir eine Wohnung gekauft haben, sind die Fragen nach der voraussichtlichen Länge unseres Aufenthalts seltener geworden – die Integration schreitet nach außen sichtbar voran. Gleichzeitig wissen wir immer genauer, was uns an Schweden so gut gefällt. Die weite Natur, die flachen Hierarchien, die ruhige Gangart. Nie vergessen werden wir etwa die Begegnung mit Gunnar, den wir vor ein paar Jahren in Luleå in Nordschweden bei minus 20 Grad im Freien trafen. Er machte sich gerade an seinem Eissegler zu schaffen, einer Art flachem Schlitten mit Segel, mit dem es sich vorzüglich und in rasendem Tempo über die gefrorene Ebene sausen lässt. Gunnar war damals 70 Jahre alt, und Sport treibt der drahtige Pensionär vermutlich noch heute. Dass die Schweden bis ins hohe

Alter etwas unternehmen, das imponiert uns. Auch das unkompli-
zierte Miteinander von Jung und Alt ist uns in diesem Zusammenhang aufgefallen – vielleicht hängt es auch damit zusammen, dass
Schweden eine der ältesten Bevölkerungen der Welt hat.

Angenehm finden wir auch die flachen Hierarchien. Alle duzen
sich, und auch der Kontakt zu Menschen aus den oberen Etagen
ist meist unkomplizierter als in Deutschland. Hinzu kommt, dass
die meisten Schweden ihr geliebtes Handy in den Urlaub mitneh-
men und nicht einmal böse sind, wenn wir sie anrufen und etwas
Dienstliches wollen. Unvergesslich ist uns einer der ersten Arbeitstage, an dem wir den schwedischen Sonderbeauftragten der UNO
für den Balkan für ein Interview gewinnen wollten. Nicht nur, dass
er selbst ans Telefon ging – ohne ein zwischengeschaltetes Sekre-
tariat –, sondern auch, dass er mit »Kör på!« antwortete, was so
viel bedeutet wie »Leg los!«, und wir sofort unser Interview hätten aufzeichnen können, machte uns einigermaßen sprachlos.

An die Gelassenheit und den entspannteren Umgang im Alltag
kann man sich ebenfalls gewöhnen. Der Wahlspruch hier lautet:
»Det ordnar sig!« (Es ordnet sich!) – am Ende wird doch alles gut.
Darauf zu vertrauen, dass sich Probleme von allein lösen, das
kann jedoch manchmal auch fatale Folgen haben. Als im Sommer
2006 das Kernkraftwerk Forsmark knapp an der Kernschmelze
vorbeischrammte, war die Aufregung in Deutschland größer als in
Schweden selbst. Nicht denkbar, dass so etwas passieren kann im
»modernsten Land der Welt«, wie die Schweden ihre Heimat gerne
sehen und darstellen – beim Stichwort »PR fürs eigene Land«
kann Schweden durchaus ein Vorbild für Jammer-Deutschland
sein. Nicht umsonst hält sich in unserer alten Heimat immer noch
die Vorstellung vom nahezu unbegrenzten schwedischen Wohlfahrtsstaat und seinen Segnungen!

Natürlich gibt es auch Dinge, die uns immer noch stutzig machen. Etwa wenn beim Spaziergang durch unser Wohngebiet wieder mal ein Schwede wort- und blicklos an uns vorbeizieht oder
die Nachbarn uns nur grüßen, wenn sie uns in der vertrauten Umgebung des Wohnhauses treffen. Oder wenn wir uns wieder mal
durch eine Unterhaltung quälen, die von Oberflächlichkeiten geprägt ist und über Sport und Freizeit nicht hinauskommt. Auch
das lustvolle Streiten, das uns Deutschen so viel Spaß macht, das
Ausdiskutieren eines Themas, können wir in unserer Wahlheimat
nicht ausleben. Immer öfter grübeln wir in solchen Situationen

aber nicht mehr, ob es an uns liegt, sondern führen das Phlegma der Schweden auf die Landessitten und die Tatsache zurück, dass sich Schweden in der Regel schwertun mit Diskussionen, in denen sie eindeutig Stellung beziehen müssen, oder mit dem Knüpfen von Kontakten. Im Gegensatz zu Deutschland liegt ihr Land eben nicht umgeben von vielen anderen Ländern in der Mitte Europas – das ist nicht ohne Folgen geblieben.

Wir sind sehr viel gelassener im Umgang mit den »Ureinwohnern« geworden. Zwar versuchen wir immer noch, den Kreis unserer schwedischen Freunde weiter auszubauen. Gleichzeitig sind wir aber hemmungslos deutsch, backen Zimtsterne zu Weihnachten und treffen uns regelmäßig mit anderen Deutschen, um uns auszutauschen. Überhaupt nehmen wir unsere eigene Kultur durch den Kontakt zur schwedischen jetzt viel stärker wahr. Und allen, die uns früher weismachen wollten, Schweden und Deutsche seien sich ja so ähnlich, denen müssen wir jetzt widersprechen. Das fängt bei der Mentalität an und hört beim Staatswesen noch lange nicht auf. Oder würden Sie es normal finden, wenn Ihnen das Finanzamt Jahr für Jahr ein viertel Prozent ihres Einkommens zum Unterhalt von Friedhöfen abziehen würde?

Ob wir in Schweden sterben wollen, das müssen wir uns noch einmal genau überlegen ...

Basisdaten des Königreichs Schweden (Stand 2005)

Fläche: ca. 450 000 km^2 (Deutschland: ca. 357 000 km^2)

Einwohner: 9 Millionen (21 Einwohner pro km^2; Deutschland: 231)

Staatsform: konstitutionelle Monarchie

Staatsoberhaupt: Carl XVI. Gustaf, König von Schweden

Parlament: Einkammerparlament mit 349 Abgeordneten

Gliederung: 21 Regionen, 290 Gemeinden

Hauptstadt: Stockholm

Nationalfeiertag: 6. Juni

Religion: 84 % evangelisch-lutherisch

Amtssprache: Schwedisch

Minderheitensprachen: Samisch, Finnisch, Tornedalsfinnisch, Romani und Jiddisch

Maximale Nord-Süd-Ausdehnung: 1574 km

Höchster Berg: Kebnekaise mit 2111 m

Größter See: Vänern mit 5585 km^2 (Bodensee: 536 km^2)

Währung: 1 Krone = 100 Öre; 1 Euro = 9,1 Kronen (Stand: Februar 2007)

Exportgüter: Holzerzeugnisse, Papier, Karton, chemische Erzeugnisse, Eisenerz und Stahl, PKW, LKW, Maschinen, Elektro- und Telekommunikationsausrüstung, Informationstechnologie, Design und Musik

Importgüter: Öl, PKW, Maschinen, Bekleidung, Obst

Ausländeranteil: 5,3 % (Deutschland: 8,8 %)

Kinder je Frau: 1,7 (Deutschland: 1,3)

Lebenserwartung: Frauen 82,7; Männer 78,4 Jahre (Deutschland: Frauen 82,6; Männer 76,9 Jahre)

Bruttoinlandsprodukt: 2673 Mrd. Kronen (293,7 Mrd. Euro)

Beschäftigungsgrad: 77,8 Prozent (Januar 2007)

Arbeitslosigkeit: 5,9 % (Deutschland: 9,2 %)

Durchschnittseinkommen: 24 300 Kronen brutto (2670 Euro)

Gewerkschaftsmitgliedschaft: ca. 80 % (Deutschland: 21 %)

Steuerbelastung: 51 % (Deutschland: ca. ein Drittel)

Literatur zum Weiterlesen

Almqvist, Carl J. L.: Die Woche mit Sara. Hamburg 2006.

Austrup, Gerhard: Schweden. München 1997.

Buckley, Veronica: Christina, Königin von Schweden. Das rastlose Leben einer europäischen Exzentrikerin. Frankfurt am Main 2005.

Ekman, Kerstin: Geschehnisse am Wasser. München 2003.

Enquist, Per Olov: Die Kartenzeichner. Fragile Utopien. Frankfurt am Main 2003.

Enquist, Per Olov: Die Ausgelieferten. Hamburg 1970.

Findeisen, Jörg-Peter: Schweden. Von den Anfängen bis zur Gegenwart. Regensburg 2003.

Findeisen, Jörg-Peter: Gustav Adolf von Schweden. Der Eroberer aus dem Norden. Regensburg 2005.

Fölster, Kaj: Hinter den sieben Bergen. Deutschlandbilder aus vier Jahrzehnten. München 2001.

Hacker, Hans-Joachim: Die Schwedenstraße. Rostock 2003.

Lagerlöf, Selma: Wunderbare Reise des kleinen Nils Holgersson mit den Wildgänsen. München 2002.

Lagerlöf, Selma: Die Geschichte von Gösta Berling. München 2007.

Lindgren, Astrid: Mein Småland. Hamburg 1988.

Moberg, Vilhelm: Der Roman von den Auswanderern. Eine schwedische Chronik, 4 Bde. Hildesheim 1993–95.

Myrdal, Jan: Eine Kindheit in Schweden. Marburg 1990.

Neidhart, Christoph: Ostsee. Das Meer in unserer Mitte. Hamburg 2007.

Niemi, Mikael: Populärmusik aus Vittula. München 2006.

Nordqvist, Sven/Wahl, Mats: Die Leute von Birka. So lebten die Wikinger. Hamburg 2002.

Radowitz, Sven: Schweden und das »Dritte Reich« 1939–1945. Die deutsch-schwedischen Beziehungen im Schatten des Zweiten Weltkrieges. Hamburg 2005.

Schwaar, Hans Ulrich: Herbst in Lappland. Stimmungsbilder aus dem hohen Norden. Frauenfeld 2005.

Sjöwall, Maj/Wahlöö, Per: Die zehn Romane mit Kommissar Martin Beck. Hamburg 1989.

Steinfeld, Thomas: Wallanders Landschaft. Eine Reise durch Schonen. München 2004.

Strindberg, August: Das rote Zimmer. Schilderungen aus dem Leben der Schriftsteller und Künstler. Augsburg 2005.

Tamas, Gellert: Der Lasermann – Vom Eliteschüler zum Serientäter. Ein Buch über Schweden. Leipzig 2007.

Tucholsky, Kurt: Schloss Gripsholm. Eine Sommergeschichte. Hamburg 2007.

Valkeapää, Nils-Aslak: Ich bin des windigen Berges Kind: Gedichte, Lieder und Texte aus Lappland. Frauenfeld 1985.

Weber, Martin: Schweden und die Europäische Union: Europadebatte und Legitimität. Baden-Baden 2001.

Informationen über Schweden im Internet

Allgemeines

www.sweden.se (allgemeine Informationen vom Schwedischen
Institut auf Deutsch und Englisch)
www.sweden.gov.se (schwedische Regierung auf Schwedisch
und Englisch)
www.royalcourt.se (Informationen über das schwedische Königshaus
auf Schwedisch und Englisch)
www.scb.se (Statistisches Zentralamt auf Schwedisch und Englisch)
www.visitsweden.com (touristische Informationen in diversen Sprachen)

Schwedisch-deutsche Institutionen in Stockholm

www.goethe.de/stockholm (Goethe-Institut)
www.handelskammer.se (Deutsch-Schwedische Handelskammer)
www.stockholm.diplo.de (Deutsche Botschaft)
home.tyskaskolan.se (Deutsche Schule, Stockholm)
www.st-gertrud.se (Deutsche St.-Gertruds-Gemeinde)

Aktuelle deutschsprachige Berichterstattung über Schweden

www.radioschweden.net (Deutsches Programm des
Schwedischen Rundfunks)

Schwedisches in Deutschland

www.schweden.org (Schwedische Botschaft Berlin)
www.schwedenstrasse.com (schwedische Spuren in Norddeutschland)

Die Länderreihe des Ch. Links Verlages

Dik Linthout
Frau Antje und Herr Mustermann
Niederlande für Deutsche
ISBN 978-3-86153-301-6

16,90 € (D); 17,40 € (A)
29,00 sFr
Alle Bände

Marion Schmitz-Reiners
Belgien für Deutsche
Einblicke in ein unauffälliges Land
ISBN 978-3-86153-389-4

Norbert Mappes-Niediek
Österreich für Deutsche
Einblicke in ein fremdes Land
ISBN 978-3-86153-346-7

Susann Sitzler
Grüezi und Willkommen
Die Schweiz für Deutsche
ISBN 978-3-86153-395-5

Brigitte Jäger-Dabek
Polen
Eine Nachbarschaftskunde für Deutsche
ISBN 978-3-86153-407-5

Hans-Jörg Schmidt
Tschechien
Eine Nachbarschaftskunde für Deutsche
ISBN 978-3-86153-408-2

Günter Liehr
Frankreich
Eine Nachbarschaftskunde
ISBN 978-3-86153-430-3

Ch. Links Verlag, Schönhauser Allee 36, 10435 Berlin